福建理工大学马克思主义理论
重点学科系列成果编委会

主　编: 吴仁华

编　委: 袁小云　庄林丽　邹艳辉　邢建华　肖　行

本书得到福建省重点马克思主义学院培育建设经费支持

MULTIDIMENSIONAL MEASUREMENT AND GOVERNANCE OF RELATIVE POVERTY AMONG CHILDREN RELOCATED FOR POVERTY ALLEVIATION

郭真华 著

易地扶贫搬迁儿童

相对贫困的多维测度与治理

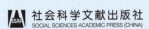
社会科学文献出版社
SOCIAL SCIENCES ACADEMIC PRESS (CHINA)

前　言

　　儿童相对贫困是世界各国共同面临的一项重大社会问题。实施有效的儿童反贫困战略不仅是联合国千年发展目标和可持续发展目标的重要内容，也是新发展阶段我国贯彻落实党的民族工作"两个共同"方针和实现民族地区全面建成小康社会的必然要求。作为"十三五"时期国家精准扶贫的战略规划之一，易地扶贫搬迁对于改善我国民族地区建档立卡贫困人口的生活状况发挥着重要的反贫困功能。在减贫发展领域，受限于基本可行能力和自我发展能力的相对不足，易地扶贫搬迁儿童相较于其他搬迁居民在安置社区面临着更高的相对贫困风险。因此，在后脱贫时代，无论是基于保障儿童基本权利的目标，还是基于儿童减贫发展的需要，社会各界都应对易地扶贫搬迁儿童的相对贫困问题给予高度重视，通过实施更具针对性的儿童反贫困政策，帮助相对贫困儿童实现多维可行能力的全面发展。

　　易地扶贫搬迁儿童相对贫困多维测度标准及识别指标体系该如何建构？易地扶贫搬迁儿童相对贫困的表现与特征是怎样的？易地扶贫搬迁儿童相对贫困的影响因素有哪些？以及如何有效治理易地扶贫搬迁儿童相对贫困？为了对上述儿童相对贫困问题进行有效回应，本书综合运用理论分析与实证分析相结合、定性分析与定量分析相结合的研究方法，对易地扶贫搬迁儿童相对贫困的测量指标体系建构、测度分析、影响因素以及治理策略展开研究。首先，界定儿童相对贫困等3个核心概念、阐明可行能力理论等3个基础理论，构建易地扶贫搬迁儿童相对贫困问题研究的理论分析框架；其次，选取易地扶贫搬迁儿童相对贫困测量指标体系的维度和指标，设置各指标的阈值和权重，建构易地扶贫搬迁儿童相对贫困的多维测度标准和识别指标体系;再次,选取凉山州 J 县 D 社区为田野考察点,采用 AF 多维贫困测量法对被访的 500 名 7~15 岁易地扶贫搬迁儿童的相对贫困状况展开测度分析和比较研究;从次,运用二元 Logistic 回归分析法,从个体特征、家庭结构和社会支持三个层面探析易地扶贫搬迁儿童相对贫困的影响因素;最后,在测度结果和因素分析的基础上,提出具有儿童群体特性的相对贫困治理策略。

本书的主要内容和分析结论归纳如下。

第一,遵循经典的"贫困测度—贫困归因—贫困治理"研究范式,构建了易地扶贫搬迁儿童相对贫困研究的理论分析框架,为后脱贫时代社会特殊群体的相对贫困问题研究提供了参考。

第二,从生存、健康、教育、保护和参与 5 个维度 21 项指标建构的易地扶贫搬迁儿童相对贫困多维测度标准和识别指标体系,为准确测度易地扶贫搬迁儿童相对贫困的内容和程度提供了指导。

第三,运用建构的易地扶贫搬迁儿童相对贫困多维测度标准和识别指标体系,对易地扶贫搬迁儿童的相对贫困状况展开了测度分析和比较研究,实证测度结果如下。(1)易地扶贫搬迁儿童普遍面临较为严重的相对贫困。从单指标测度结果来看,易地扶贫搬迁儿童在信息获取(69.0%)、一日三餐(65.6%)、适龄入学(63.2%)、学习决定(56.6%)、日常生活(53.8%)、经济贫困(49.8%)和家庭照顾(43.8%)七项指标上的相对贫困发生率(H)较高;从单维度测度结果来看,易地扶贫搬迁儿童相对贫困发生率位居前三的维度分别是教育(96.2%)、生存(95.0%)和参与(87.0%);从多维度测度结果来看,易地扶贫搬迁儿童在任意 1.5 个维度约 6 项指标上相对贫困的发生率(H)高达 69.8%,但处于极端相对贫困的儿童比例较低。(2)易地扶贫搬迁儿童相对贫困状况具有显著的组内差异。从相对贫困指数(M_0)分解结果来看,女童、留守儿童、7~9 岁低龄儿童和多兄弟姐妹儿童更易陷入相对贫困,其相对贫困指数(M_0)分别为 0.302、0.319、0.373 和 0.310。(3)易地扶贫搬迁儿童在生存、教育和参与等维度的相对贫困问题最为突出。从各维度对相对贫困指数(M_0)的贡献率来看,排名前三的维度分别是参与、教育和生存,贡献率均达到了 20%以上。其中,日常生活(10.23%)、信息获取(9.28%)和一日三餐(6.89%)在以上三个维度的指标贡献率最高。

　　第四，研究发现，易地扶贫搬迁儿童相对贫困是个体、家庭和社会等多重因素综合作用的结果。个体特征中的年龄、性别和身体健康状况对易地扶贫搬迁儿童相对贫困具有显著影响。其中，性别产生的影响最大，女童更易陷入相对贫困。家庭结构中的家庭人口规模、隔代抚养状况以及是否单亲家庭显著影响易地扶贫搬迁儿童相对贫困，而户主性别状况则不产生影响。社会支持中的是否享受低保政策福利和是否享受社区儿童服务显著影响易地扶贫搬迁儿童相对贫困。

　　第五，基于易地扶贫搬迁儿童相对贫困的多维测度及影响因素分析结论，借鉴以新发展主义为价值取向的福利治理逻辑，从制度设计、工具选择、实施路径等方面提出了有效治理易地扶贫搬迁儿童相对贫困的减贫策略。具体包括：从易地扶贫搬迁儿童相对贫困治理的理念、标准、体系等方面提出了顶层制度的设计思路；从供给、需求、环境等方面提出了易地扶贫搬迁儿童相对贫困治理的政策工具选择；从相对贫困儿童的分类帮扶、兜底保障、能力提升等方面提出了易地扶贫搬迁儿童相对贫困治理的实施路径。

　　本书的创新之处主要体现在以下三点：一是以儿童而非家庭为分析单元，从多维可行能力视角建构了易地扶贫搬迁儿童相对贫困的多维测度标准和识别指标体系，丰富了社会特殊群体相对贫困测度研究的理论内容；二是构建了包含生存、健康、教育、保护和参与5个维度21项指标的易地扶贫搬迁儿童相对贫困测量指标体系，弥补了传统货币分析法难以精准识别儿童相对贫困的不足，能够提供更为广泛的多元福利信息和更具包容性的价值标准；三是从相对基本需要和相对基本能力的二维视角明确了易地扶贫搬迁儿童相对贫困的内涵，建构了易地扶贫搬迁儿童相对贫困多维测度标准的概念框架，为我国在贫困治理形态由绝对贫困转向相对贫困的新发展阶段重新审视和治理易地扶贫搬迁儿童相对贫困提供了决策参考。

目 录
Contents

绪　论

第一节　研究背景与意义

一　研究背景

消除贫困，提升儿童福祉，逐步实现共同富裕，既是国家贫困治理的重要内容，也是中国特色社会主义的本质要求。作为脱贫攻坚的"头号工程"，我国易地扶贫搬迁取得了举世瞩目的减贫成就。截至 2020 年 12 月，960 多万建档立卡贫困人口的生存型贫困问题得到了历史性解决。对此，在推进国家第一个百年奋斗目标全面实现的关键节点，党的十九届四中全会审议通过的《中共中央关于坚持和完善中国特色社会主义制度 推进国家治理体系和治理能力现代化若干重大问题的决定》明确强调，要"坚决打赢脱贫攻坚战，巩固脱贫攻坚成果，建立解决相对贫困的长效机制"。这意味着在贫困形态转型变迁的后脱贫时代重点解决以妇女、儿童和老年人等社会特殊群体为主的相对贫困问题被正式提上了国家反贫困公共政策议程。当前，大量儿童跟随父母从农村搬迁到了城镇的易地安置社区，催生了易地扶贫搬迁儿童这一社会特殊群体。孙延杰和任胜洪指出，每个建档立卡易地扶贫搬迁家庭大致有 1~4 个儿童会跟随父母或长辈到城镇安置社区共同生活。① 由此可见，儿

---

① 孙延杰、任胜洪：《易地扶贫搬迁儿童的社会融入问题及其教育支持》，《当代青年研究》2021 年第 5 期。

童在易地扶贫搬迁群众中所占的比重相对较大。然而，与其他非搬迁儿童相比，易地扶贫搬迁儿童往往表现出更显著的脆弱性特征，加之宏观层面上的社会福利分层使国家现有的易地安置社区儿童服务机制尚不健全，导致易地扶贫搬迁儿童成为已脱贫人口中面临返贫风险最高的群体。也就是说，儿童及其家庭通过易地扶贫搬迁到一个比原居住地更为市场化的陌生社区，将面临因个体适应、生计转型以及社区融入等多主体、多维度和多因素共同作用所形成的"新贫困"问题。因此，在相对贫困治理阶段，我国易地扶贫搬迁儿童的反贫困任务将更加艰巨，亟须寻求摆脱"儿童贫困"陷阱的可持续减贫路径。

从本质上来看，儿童贫困是一种集政治、经济、社会和文化等多重因素于一体的结构性问题，具有特殊性、复杂性、多维性和相对性等特征。除了会遭受来自家庭内部资源的不平等分配影响外，儿童往往还面临着非收入层面的多维贫困风险。2021 年 10 月，联合国开发计划署（UNDP）发布的《2021 年全球多维贫困指数》报告指出，在全球 109 个国家的 59 亿调查人口中，被确定为处于多维贫困状态的人口有 13 亿人，占比为 21.7%。其中，6.44 亿人口为 18 岁以下儿童。[①] 这反映了儿童面临的多维贫困发生率要远远高于成年人。鉴于此，在减贫治理目标发生重大战略调整的新发展阶段，我国儿童反贫困应重点解决如下两个问题：其一，相对贫困儿童的精准识别；其二，关注儿童多维度相对贫困。其中，在相对贫困儿童的识别上，处于"三区三州"[②] 原深度贫困民族地区的易地扶贫搬迁儿童将成为我国相对贫困儿童瞄准的重点对象。当前，针对易地扶贫搬迁的相关研究，多数学者将关注焦点置于搬迁移民家庭的生计发展[③]、社

---

① UNDP, "Multidimensional Poverty Index 2021: Unmasking Disparities by Ethnicity, Caste and Gender", http://hdr.undp.org/en/2021-MPI.

② "三区"指西藏、新疆南疆四地州和四省藏族居住区；"三州"指甘肃的临夏州、四川的凉山州和云南的怒江州。

③ 谢大伟：《易地扶贫搬迁移民的可持续生计研究——来自新疆南疆深度贫困地区的证据》，《干旱区资源与环境》2020 年第 9 期；马明、陈绍军、陶思吉、曹志杰：《易地扶贫搬迁移民生计策略、生计资本与家庭收入影响研究——以云南少数民族深度贫困地区为例》，《干旱区资源与环境》2021 年第 8 期；阎小操、陈绍军：《重启与激活：后扶贫时代易地搬迁移民生计转型与发展研究——以新疆 W 县 P 村为例》，《干旱区资源与环境》2021 年第 5 期。

会适应①或社区融入②等层面，尚未将易地扶贫搬迁儿童的生存发展状况纳入相对贫困考察范畴。同时，儿童相对贫困治理也尚未进入主流反贫困公共政策研究视野。在后脱贫时代我国全面推进贫困人口多维度减贫的时代背景下，将以儿童为主体的特殊脆弱群体从社会总人口中抽离出来进行单独研究，同时从多维可行能力视角审视其在易地扶贫搬迁社区的相对贫困状况，具有十分重要的现实意义。

二 研究意义

明确易地扶贫搬迁儿童相对贫困本质、设定易地扶贫搬迁儿童相对贫困测度标准、厘清易地扶贫搬迁儿童相对贫困发生原因以及制定易地扶贫搬迁儿童相对贫困治理政策，是后脱贫时代重点解决儿童相对贫困问题的关键。本书依托已有的儿童减贫发展理论成果，致力于从多维可行能力视角分析易地扶贫搬迁儿童的相对贫困问题。这在理论和实践两个层面均具有十分重要的研究意义和现实价值。

（一）理论意义

第一，从多维可行能力视角辨析易地扶贫搬迁儿童相对贫困内涵，夯实并拓展了我国儿童相对贫困理论的研究基础。一般情况下，减贫研究主要呈现贫困元问题（贫困是什么）、贫困发生学（贫困如何产生）和贫困行动学（贫困如何治理）三个理论研究层次。于理论建构者而言，反贫困理论主要是基于对贫困元问题的研究。正是由这些具有内在逻辑关联的贫困概念才得以形成反贫困理论。当前，学术界对于儿童相对贫困内涵的理解仍较为模糊，缺乏对其概念的本土化界定。而政府在儿童反贫困实践中

---

① 王寓凡、江立华：《空间再造与易地搬迁贫困户的社会适应——基于江西省 X 县的调查》，《社会科学研究》2020 年第 1 期；谢治菊、李小勇：《您在他乡还好吗？——易地扶贫搬迁农户五层级社会适应研究》，《福州大学学报》（哲学社会科学版）2022 年第 2 期；张会萍、石铭婷：《易地扶贫搬迁女性移民的社会适应研究——基于宁夏"十三五"不同安置方式的女性移民考察》，《宁夏社会科学》2021 年第 3 期。

② 申云、贾晋、洪程程、张华泉：《安置区空间重构对农户社区融入的影响及其效应》，《中国人口·资源与环境》2022 年第 5 期；卢爱国：《制度重塑生活：民族地区扶贫移民融入城市社区的制度分析》，《湖湘论坛》2022 年第 1 期；董运来、王艳华：《易地扶贫搬迁后续社区治理与社会融入》，《宏观经济管理》2021 年第 9 期。

依然使用传统货币分析法作为识别贫困儿童的主要手段。可见，立足于单维家庭收入/消费指标的贫困识别标准，忽视了儿童相对贫困的特殊性，在一定程度上制约了对儿童相对贫困广度、强度和深度的认识和把握。因此，本书在总结共识和消弭分歧的基础上，致力于从多维可行能力视角出发对易地扶贫搬迁儿童相对贫困的内涵进行深入辨析，这对于我国后脱贫时代的儿童减贫政策体系制定、相关儿童服务开展以及儿童反贫困实践研究均具有至关重要的理论意义。

第二，遵循经典的"贫困测度—贫困归因—贫困治理"研究范式，关注易地扶贫搬迁儿童相对贫困问题研究，拓展并深化了具有中国本土特色的贫困治理理论。长期以来，我国"重整体/区域、轻特殊群体"的扶贫趋向，忽视了对社会特殊贫困人口的关注，尤其是忽略了对处于义务教育阶段易地扶贫搬迁儿童在贫困测度、贫困归因和贫困治理等方面的研究。事实表明，义务教育阶段不仅是儿童人力资本形成的关键时期，也是其成年后拓展多维可行能力集的重要成长阶段。从生命周期视角来看，儿童在义务教育阶段的贫困经历是引发其家庭贫困代际传递现象产生的重要根源。与此同时，儿童因物理空间转换后所面临的一系列返贫风险和发展脆弱性也将直接导致其家庭乃至社会持续陷入"贫困恶性循环"，不利于易地扶贫搬迁成果的巩固，最终影响国家的贫困治理效率。因此，在贫困形态从绝对贫困向相对贫困过渡转型的后脱贫时代，强化对易地扶贫搬迁儿童相对贫困问题的研究，能够最大程度全面把握该群体贫困发生的规模、特征与原因，从而进一步深化拓展包含易地扶贫搬迁儿童在内的社会特殊群体的相对贫困治理理论。

（二）实践意义

第一，构建易地扶贫搬迁儿童相对贫困测量指标体系，能够为新发展阶段制定包含易地扶贫搬迁儿童在内的社会特殊群体的相对贫困测度标准提供实践依据和经验指导。从区域发展差距视角来看，非均衡发展战略的实施，导致不同地区或同一地区内的不同社会特殊群体面临相对贫困。然而，在后脱贫时代，运用全国统一的相对贫困测度标准并非精准识别相对贫困儿童规模的最佳决策方案。因此，秉持"共建、共治、共享"的大扶贫格局观，以我国处于义务教育阶段 7~15 岁的易地扶贫搬迁儿童为研究对象，通过构建针对该群体的相对贫困测量指标体系，一方面能够为后脱贫时代重点以社会特殊贫困群体为减贫对象的相对贫困治理实践提供经验指导，从而实现弥合我国因过度重视解决社会整体/区域贫困问题而遗留下来的社会特殊贫困群体治理盲区的减贫发展鸿沟；另一方面，在国家贫困治理的"核心-边缘"二元结构减贫叙事语境中，以多维贫困方法建构易地扶贫搬迁儿童相对贫困测量指标体系，能够帮助各级政府依据贫困地区、贫困规模、贫困程度和贫困人口差异实施更具针对性的扶贫措施，从而为各地形成与经济社会发展水平相一致的反贫困政策体系提供有力的证据支撑。

第二，扎根易地扶贫搬迁儿童相对贫困治理实践，能够进一步提升国家对社会特殊群体反贫困的现代化治理能力和水平。在减贫发展领域，将相对贫困儿童置于国家反贫困政策议程的中心地位，不仅是一个关乎社会公平正义的道德伦理问题，同时也是消除家庭贫困代际传递现象的关键。本质上，将衡量、监测和帮扶相对贫困儿童纳入更为广泛的实践辩论场域，有利于扭转国家单向行政主义主导的贫困治理格局，并对设置"儿童优先"发展的反贫困战略产生持续影响。当前，基于探索建立缓解相对贫困长效治理机制的扶贫面向，我国迫切需要在以往针对社会特殊群体的反贫困政策辩论中引入具有可操作性的儿童相对贫困概念，并设置儿童相对贫困测度标准，以指导新时期儿童相对贫困治理政策的制定和完善，确保处于义务教育阶段的儿童能够得到应有的优先发展。鉴于此，秉持差异性贫困治理原则，探索易地扶贫搬迁儿童减贫政策的可行路径，能够为新发展阶段社会特殊群体的相对贫困治理实践提供参考，从而实现提升国家贫困治理能力现代化的可持续减贫发展目标。

第二节　文献述评

自福利国家诞生起，追溯到如今的联合国儿童基金会时代，思考如何消除任何形式的儿童贫困问题，始终是世界各国长期面临的一项艰巨性任务。然而，长期以来，儿童贫困不仅被排除于辩论场域之外，在衡量和解决贫困的努力中也遭到了严重忽视。从发展主义视角来看，如果缺乏对儿童贫困概念的理解和把握，将不利于世界各国制定出一套具有针对性的能够有效缓解儿童贫困问题的长效性减贫机制。鉴于此，本书围绕"儿童贫困"这一核心主题，从儿童贫困的内涵与外延、儿童贫困的识别与测度、儿童贫困的影响因素以及儿童贫困的减贫政策研究等方面对国内外文献进行了系统梳理，厘清儿童贫困问题的研究成果。

一　儿童贫困的内涵与外延研究

（一）国外研究

儿童贫困（Child Poverty）是一个需要国家政策直接给予干预的重大社会问题。因此，将儿童贫困概念化对于减贫政策设计与执行至关重要。迄今为止，在国际学术场域，关于如何界定、识别与测量儿童贫困尚未形成统一意见。国际社会各大学术性研究机构和相关学者主要基于各自的研究需要和目的，赋予了儿童贫困以丰富的概念内涵。传统贫困观认为，儿童贫困就是家庭贫困，尤其是收入贫困。[①] 因此，大多数发达国家主要使用货币分析法——相对贫困线，作为识别福利目标人群的基本手段。例如，欧盟将那些生活在家庭可支配收入处于中位数特定阈值（50%或60%）以下家庭之中的儿童认定为贫困儿童。从减贫视角来看，以收入为中心的传统货币性指标，往往侧重于将"家庭"作为分析单位，忽略了儿童贫困的多维性质[②]，无法提供贫困实际存在的确凿证据[③]。与此同时，用于衡量家庭贫困的资源共享假设，更是掩盖了包括妇女和儿童在内的特定群体的真实贫困程度。[④] 因此，受到了来自不同研究领域学者们的强烈批评。20世纪90年代以来，越来越多的经验证据表明，贫困对儿童的影响

---

① Gordon, D., Nandy, S., Pantazis, C., Pemberton, S., Townsend, P., *Child Poverty in the Developing World*, Bristol: The Policy Press, 2003.

② 贫困的多维性质包含收入、消费和获得基本服务的机会等具体可量化的指标，同时也包括那些不易衡量的能力发展指标，如参与社会而不受歧视的能力，等等。

③ Saunders, P., Brown, J.E., "Child Poverty, Deprivation and Well-Being: Evidence for Australia", *Child Indicators Research*, Vol. 13, No. 1 (2020): 1-18.

④ Minujin, A., Delamonica, E., Davidziuk, A., et al., "The Definition of Child Poverty: A Discussion of Concepts and Measurements", *Environment & Urbanization*, Vol. 18, No. 2 (2006): 481-500.

远远超过对成年人的影响，从而人们对儿童贫困的认识逐渐从单维的家庭收入贫困向多维贫困拓展。例如，联合国儿童基金会（United Nations International Children's Emergency Fund，UNICEF）、加拿大国际发展署（Canadian International Development Agency，CIDA）等研究机构提出了更具丰富性的儿童多维贫困观点。

UNICEF 观点：1989 年，联合国儿童基金会以《儿童权利公约》所规定的儿童权利集为依据，将儿童贫困定义为"对确保儿童福祉至关重要的一系列最基本的物质、社会支持和服务的剥夺"[①]，"生活在贫困中的儿童缺乏生存、发展和茁壮成长所需的物质、精神和情感资源，致使他们无法享有自身权利、无法充分发挥潜力，也无法作为完全平等的社会成员参与社会活动"[②]。联合国儿童基金会的定义表明，物资匮乏只是儿童贫困的一个至关重要的维度。获取基本服务的机会以及与影响儿童自尊心和心理健康发展等紧密相关的社会歧视和排斥问题，也是儿童贫困的核心要义所在。从本质上讲，儿童贫困是一个错综复杂的多维贫困问题。为此，联合国儿童基金会鼓励针对儿童贫困的不同维度表现采取相应的政策措施给予解决。同时，倡导以国际人权的方法来看待和定义儿童遭受的多维贫困问题，认为实现儿童权利将有助于促进其个人的全面发展。

CIDA 观点：加拿大国际发展署基于人权的方法对儿童贫困做出了详细定义，即将那些缺乏自由参与个体/社区发展的儿童视为贫困儿童。贫困阻碍了儿童内在潜能的充分发挥，剥夺了儿童受教育、健康、营养以及参与等发展权利，使其陷入虐待、剥夺以及排斥等生存困境。[③] 与其他研究机构一样，加拿大国际发展署也是依靠传统单维货币分析法来确定和衡量处于贫困状态的儿童。尽管该方法存在诸多弊端，但其始终坚持以人权框架作为消除儿童贫困问题的减贫战略。CIDA 认为，采取可持续性的儿童减贫措施保护那些被传统的健康、教育和营养干预项目所忽视的最为脆弱的儿童，对于实现儿童权利至关重要。

---

① UNICEF，"Children Living in Poverty：Overview of Definitions，Measurements and Policies"，https：//equityforchildren.org/2009/09/children-living-in-poverty-overview-of-definitions-measurement-and-policies/.

② UNICEF，"The State of the World of the Children 2005－Childhood under Threat"，2005.

③ Agency，C.，"CIDA's Action Plan on Child Protection"，Canadian International Development Agency，2001.

尽管，国际相关研究机构对儿童贫困的理解有所不同，但也存在共同之处。即"声音""参与"和"多维性"是上述定义涵盖的共同要素，它们以一种含蓄或明确的方式被合法纳入了人权的规则和概念框架之内。同时，性别问题虽未被明确提及，但基于人权框架来界定儿童贫困概念的方法明确意识到：在衡量儿童贫困时也需要着重考虑社会排斥或社会歧视对儿童影响的性别差异。此外，值得指出的是，国际相关研究机构对儿童贫困的定义过于宽泛，在试图将多维层面纳入其定义的过程中，不可避免的出现了淡化贫困核心内涵的潜在风险。例如，虽然缺乏发言权、遭受身体虐待和陷入家庭破裂危机等问题会严重阻碍儿童的全面发展，但并非一定与贫困的痛苦经历相互关联。从这个层面上来看，对于儿童贫困内涵的理解和把握还有待进一步深化。

（二）国内研究

现阶段，我国关于儿童贫困的定义仍未形成统一意见，不同学者对其内涵的理解和把握也有所不同。在早期研究阶段，为了使儿童贫困的测量标准更具统一性，相关学者和实践部门侧重于选择操作简单、易于实施的传统单维识别法，即以家庭经济收入状况作为评判儿童贫困与否的信息基础。例如，张时飞和唐钧的研究将家庭收入处于当地最低生活保障水平以下的所有贫困家庭儿童直接认定为贫困儿童。[1] 国务院扶贫办（即现今的国家乡村振兴局）以家庭为主要分析单位，运用收入识别法来认定建档立卡贫困户，生活于建档立卡贫困户的儿童则被判定为贫困儿童。事实上，以家庭收入为基准的传统儿童贫困界定法，能够较为清晰地识别出贫困儿童与非贫困儿童、绝对贫困儿童与相对贫困儿童两大类别。但需要指出的是，这种衡量儿童是否遭受贫困的识别手段其适用范围非常有限，仅适用于生活在贫困家庭的儿童，或者是那些获取发展资源和机会的能力极为有限的孤儿群体。因此，从儿童贫困观的内隐视角来看，传统单维收入识别法混淆了儿童贫困与家庭贫困、成人贫困两者之间的内在差异，忽视了儿童减贫与发展需求的特殊性。除了收入识别法外，衡量儿童贫困的方法还

---

① 张时飞、唐钧：《中国的贫困儿童：概念与规模》，《河海大学学报》（哲学社会科学版）2009 年第 4 期。

有地域识别法和类型识别法两种。例如，2010 年 5 月 20 日正式启动的
"中国儿童福利示范项目"（2010~2015 年）明确将项目地区覆盖的所有儿
童确定为民政服务对象，贫困儿童的区域特征首次得到强调。① 地方民政
部门主要采取类型学划分法，将失依儿童、孤儿（包括事实无人抚养儿
童）、生活在最低生活保障标准以下的贫困家庭儿童以及受艾滋病影响的
儿童确定为社会救助的帮扶对象。总体而言，传统意义上的儿童贫困更多
侧重于单一家庭收入贫困，这种界定方式因其对儿童主体性的忽视而受到
了国际社会的广泛批评。

　　随着对儿童贫困认识的不断深化，其内涵已从狭义的收入贫困拓展到
了广义的多维贫困，分析单元也逐步从家庭层面转向了儿童个体层面。王
作宝和满小欧指出，儿童贫困是一个包含"二维多元"丰富内涵的全新概
念，其有别于家庭贫困和成人贫困，实质是在生命早期成长阶段儿童所遭
遇到的阻碍其自身全面发展的资源短缺和机会匮乏。② 基于数据可获得性
和本土儿童发展状况，李晓明和杨文健将儿童贫困界定为：一定年龄范围
的儿童在物质条件和非物质福利条件，如教育、健康、医疗、文化以及娱
乐等维度中，有多项指标未达到社会公认的最低生活标准时所呈现出来的
生活状态。③ 祝建华研究指出，儿童贫困是一个极具复杂化的结构性社会
问题，不仅意味着儿童个体在经济、物质、文化、环境以及政治等多维层
面上成长资源和发展机会的相对缺乏，还包括因家庭社会关系网络资源贫
乏以及发表个人见解或建议和表达自己要求或希望的权利缺失等所引起的
福利不平等。④ 王小林和尚晓援则从权利视角出发来界定儿童贫困，并强
调实现儿童在生存权、健康权和发展权等权利层面上的基本可行能力，其

---

① 该项目由民政部社会福利和慈善事业促进司、联合国儿童基金会以及北京师范大学中国
　公益研究院共同开展，项目周期为 5 年。同时，将覆盖山西、河南、四川、云南和新疆
　五省（区）十二县下的 120 个行政村的所有儿童认定为服务对象，旨在摸索出一套为所
　有儿童托底的基层儿童福利服务体系。具体参见中华人民共和国民政部、中国公益研究
　院、联合国儿童基金会：《中国儿童福利示范项目年度报告 2015》，https：//www. unicef.
　cn/reports/barefoot-social-worker-annual-report-2015。
② 王作宝、满小欧：《儿童贫困治理的几个理论问题》，《人口与社会》2014 年第 3 期。
③ 李晓明、杨文健：《儿童多维贫困测度与致贫机理分析——基于 CFPS 数据库》，《西北人
　口》2018 年第 1 期。
④ 祝建华：《缓解贫困代际传递的低保家庭子女补贴制度设计》，《江汉学术》2013 年第
　3 期。

重点主要在于应切实保障社会所有儿童对安全饮用水、卫生设施以及清洁能源等福利物质的普遍获得，这是实现国家可持续性反贫困战略目标的基础。[①] 在后续的相关研究中，王小林补充了受保护权和参与权，从而建立起了儿童多维贫困的概念框架。[②] 在系统梳理儿童贫困与社会排斥之间的相关性基础上，王慧娟从利益相关者、资产建设、公民权利、能力建设等视角对儿童贫困概念进行了详细界定，即与成年人遭受的社会排斥不同，儿童贫困更具动态性，是一种集社会、经济、文化、身体和情绪等因素于一体的复杂现象。[③] 从这个层面来看，贫困儿童所遭受的社会排斥更多的是通过家庭经济、文化传导、环境影响以及社区/学校等的不良作用而得以实现。近年来，国务院扶贫办（即现今的国家乡村振兴局）参照联合国儿童基金会的实践做法，对儿童贫困做出了新的解释，即当处于生命早期发展阶段的儿童在能力、权利和外部资源上被剥夺了其中的任何一项甚至多项时，他们的贫困经历便由此深化。总体看来，相关学者和实践部门逐步从单维的传统界定法向更为合理规范的多维贫困界定法转变，他们在关注儿童发展能力和权利资源可获得性的同时，也开始注重从儿童视角来定义贫困概念。儿童贫困是个多维概念，而非单纯的家庭经济收入低下的研究观点，已被学术界广泛认可和接受。

二　儿童贫困的识别与测度研究

（一）　国外研究

儿童贫困是一种基于社会、政治、经济以及文化等多重因素综合作用的结构性问题，无法直接通过传统的货币性措施来加以应对。因此，普遍接受的贫困识别方法和测量指标是政策制定者的重要工具。它不仅能够提供深入掌握儿童贫困状况的机会，而且能够使更为科学的减贫战略、目标或政策的制定成为可能。事实上，在过去几十年中，以儿童为中心的贫困

---

① 王小林、尚晓援：《论中国儿童生存、健康和发展权的保障：基于对中国五省（区）的调查》，《人民论坛》2011 年第 14 期。

② 王小林：《贫困测量：理论与方法》（第二版），社会科学文献出版社，2016，第 225 ~ 246 页。

③ 王慧娟：《儿童贫困与社会排斥文献述评》，《社会工作与管理》2021 年第 1 期。

观得到了越来越多的关注。① 然而，对于如何精准识别和测量儿童贫困，学术界尚未达成统一共识。不同研究机构和学者主要基于各自的研究目的和研究需要来选取合适的识别方法和测量指标。

近年来，尽管针对儿童贫困的测度研究呈现稳定上升趋势，但大多数国家仍然使用传统货币分析法来定义和识别贫困儿童，即通过划定一条贫困线②来作为判定儿童遭受贫困与否的标准。在货币计量制的贫困评估中，以"家庭"为分析单位，而不是儿童个人。因此，它无法将儿童在现实社会中遭遇的多维贫困状况纳入其中。③ 为了克服上述弊端，许多学者试图通过多维的贫困定义和测量指标来识别贫困儿童。植根于既定的多维贫困研究传统，国际学术研究机构开发的儿童多维贫困测量方法主要有：布里斯托尔法（Bristol Approach）、多维重叠剥夺分析法（Multiple Overlapping Deprivations Analysis，MODA）以及多维儿童贫困指数（Multidimensional Child Poverty Index，MCPI）三种。其中，布里斯托尔法基于人类发展的基本需求，而不是随意的经济指标，首次对贫困儿童的数量做出了精准识别。然而，它存在的主要缺陷在于忽略了儿童遭受贫困的广度、深度和强度，同时它也无法按具体的维度来细分人数，以揭示不同地区、不同年龄或不同性别的贫困儿童构成特征，最终导致反贫困政策忽视了那些最贫困的儿童。为了克服这种缺陷，阿尔基尔（S. Alkire）和福斯特（J. Foster）基于阿马蒂亚·森的能力剥夺方法开发的多维儿童贫困指数（MCPI）④ 系

① Gordon, D., Nandy, S., Pantazis, C., Pemberton, S., Townsend, P., *Child Poverty in the Developing World*, Bristol: The Policy Press, 2003; Minujin, A., Nandy, S., *Global Child Poverty and Well-Being: Measurement, Concepts, Policy and Action*, Bristol: The Policy Press, 2012; Roelen, K., Gassmann, F., de Neubourg, C., "The Importance of Choice and Definition for the Measurement of Child Poverty-The Case of Vietnam", *Child Indicators Research*, Vol. 2, No. 3 (2009): 245-263.
② 货币贫困线可以划分为绝对贫困线和相对贫困线两种。其中，绝对贫困线由购买一定数量的商品和服务的能力所决定；而相对贫困线的设定则主要依赖特定国家的生活水准。
③ Kim, E., Nandy, S., "Multidimensional Child Poverty in Korea: Developing Child-Specific Indicators for the Sustainable Development Goals", *Child Indicators Research*, Vol. 11, No. 3 (2018): 1029-1050.
④ 阿尔基尔和福斯特开发的 MCPI 不仅能够体现儿童贫困的根源和本质，还克服了其他多维贫困测度和计量方法的缺陷，能够比较精准辨识贫困人口，已成为国际社会研究多维贫困的主要工具，也得到了许多研究学者的广泛认可。

统地处理了布里斯托尔法在儿童贫困识别领域的所有遗留问题。[①] 从权利视角来看，多维儿童贫困指数能够精准衡量儿童获得商品和服务（这些商品和服务是实现儿童充分发展和履行其权利的基础）的实际剥夺状况。因此，该方法被广泛应用于国际儿童贫困的比较研究中。关于识别儿童多维贫困的另一种常见方法是联合国儿童基金会办公室开发的多维重叠剥夺分析法（MODA）[②]，它旨在促进对社会不平等现象的分析，并提供识别贫困儿童的研究工具。多维重叠剥夺分析法的不同之处在于，它对儿童的福祉采用了全面的定义。通过考虑儿童的年龄组来定义和测量贫困，能够最大限度地考察儿童在不同发展阶段的特殊性需求。[③] 此外，英国贫困和社会排斥项目研究组开发的社会剥夺分析法（Poverty and Social Exclusion，PSE）也是儿童贫困多维测量的一种重要方法。社会剥夺分析法借鉴了彼得·汤森使用的"相对剥夺"概念，通过结合收入标准和生活水平来定义和衡量儿童多维贫困。在测量实践中，可以根据不同的年龄组来选择每个维度的具体指标，并将不同发展阶段的相关需求考虑在内。[④] 该方法目前被广泛应用于英国儿童的多维相对贫困研究领域。总体而言，每种测量方法在其所选择的识别机制、聚合方法和数据需求等方面都存在较大差异，但无论选择哪种分析方法，它们最终都是理论思考和价值判断的结果。

从操作层面来讲，测量指标的选择实质是围绕儿童贫困概念的多重维度展开子群分解。在单维贫困概念体系中，主要选取家庭收入作为识别儿童遭受贫困与否的测量指标，并以儿童生活在贫困家庭中所占的比例来加以衡量。例如，多数发达国家普遍使用全国居民家庭收入中位数的一定比

---

① Alkire, S., Foster, J., "Counting and Multidimensional Poverty Measurement", *Journal of Public Economics*, Vol. 95, No. 7(2011): 476-487.

② MODA 是一个以儿童权利集为基础所构建而起的概念框架。它利用低收入/中等收入国家的人口和健康调查（DHS）和多指标类集调查（MICS）数据来衡量儿童在各个领域的物质剥夺状况。目前，它被广泛应用于发展中国家的儿童绝对贫困测量。最为典型的研究案例是戈登等人通过设计内容涵盖儿童层面和家庭一级指标的调查问卷，提供了更加全面的儿童福祉图景。

③ Chzhen, Y., de Neubourg, C., Plavgo, I., de Milliano, M., "Child Poverty in the European Union: The Multiple Overlapping Deprivation Analysis Approach (EU-MODA)", *Child Indicators Research*, Vol. 9, No. 2(2016): 335-356.

④ Main, G., Bradshaw, J., "Child Poverty in the UK: Measures, Prevalence and Intra-Household Sharing", *Critical Social Policy*, Vol. 36, No. 1 (2016): 38 - 61; Pantazis, C., Gordon, D., Levitas, R., *Poverty and Social Exclusion in Britain*, Bristol: The Policy Press, 2006.

例——通常是 50% （欧盟）或 60% （OECD），作为相对贫困线，对儿童的物质剥夺状况展开测量。其中，与其他发达国家略有不同，英国在测量实践中主要采取由三个相互关联指标构成的 "分层方法"（Tiered Approach），即：（1）低于家庭收入中位数 60% 的 "绝对" 低收入指标，用以衡量最贫穷家庭的收入是否在实际增长；（2）低于家庭收入中位数 60% 的 "相对" 低收入指标，用以衡量最贫穷家庭是否能跟上社会经济的发展步伐；（3）低于收入中位数 70% 且低于物质剥夺阈值的综合性衡量指标，用以提供更为广泛的衡量人民生活水平的识别标准。① 尽管贫困是需求和手段之间的失衡，但这并不意味着只能用收入/消费/财富不足来对其进行衡量。作为 "最大的少数群体"，儿童的生存样态只能依据其个人的实际生活水平来加以衡量。鉴于此，与单维贫困概念体系相对应，许多研究学者植根于既定的多维贫困衡量传统，利用儿童权利框架确定了对儿童物质福祉至关重要的维度和指标。② 例如，Biggeri 和 Ferrone 基于可持续发展指标数据库，利用多维儿童贫困指数（MCPI），从营养、教育、健康、信息获取以及住房条件等 10 个维度，对全球 25 个国家的儿童多维贫困状况展开了全面评估。研究结果显示，尽管多数国家的儿童贫困状况有所缓解，但一些最贫穷国家的儿童多维贫困发生率却呈现大幅度上升的趋势。③

---

① Stewart, K., Roberts, N., "Child Poverty Measurement in the UK: Assessing Support for the Downgrading of Income-Based Poverty Measures", *Social Indicators Research*, Vol. 142, No. 2 (2019): 523-542.

② Milliano, M. D., Plavgo, I., "Analysing Multidimensional Child Poverty in Sub-Saharan Africa: Findings Using an International Comparative Approach", *Child Indicators Research*, Vol. 11, No. 3 (2018): 805-833; Fonta, W. M., Nkwenkeu, S. F., Mukesh, L., et al., "Multidimensional Poverty Assessment among Adolescent Children in the Mouhoun Region of Burkina Faso, West Africa", *Child Indicators Research*, Vol. 12, No. 4 (2019): 1287-1318; Agyire-Tettey, F., Asuman, D., Ackah, C. G., et al., "Multidimensional Child Poverty in Ghana: Measurements, Determinants, and Inequalities", *Child Indicators Research*, Vol. 14, No. 3 (2020): 957-979; Musiwa, A. S., "Extent and Depth of Child Poverty and Deprivation in Zimbabwe: A Multidimensional Deprivation Approach", *Child Indicators Research: The official Journal of the International Society for Child Indicators*, Vol. 13, No. 3 (2020): 885-915; Dutta, S., "Multidimensional Deprivation among Children in India and Bangladesh", *Child Indicators Research*, Vol. 14, No. 2(2021): 917-955; Mohaqeqi, K., Ghaedamini, H., Makki, A., et al., "Multidimensional Child Poverty Index in Iran: Distribution of Deprivation across Provinces", *Journal of Poverty*, Vol. 23, No. 4(2019): 353-364.

③ Biggeri, M., Ferrone, L., "Measuring Child Multidimensional Deprivation: A Sustainability Perspective", *Sustainability*, Vol. 13, No. 7(2021): 22-39.

儿童贫困的精准测量与高质量的数据获取紧密相关。因此，为了创建一个良好的信息平台，Dirksen 和 Alkire 提出了四项与官方人口水平的统计数据相一致，且又能够直接用于揭示儿童多维贫困经历的政策相关数据的贫困测量策略。具体内容为：（1）将儿童贫困作为多维贫困的指标纳入国家措施；（2）分解多维贫困指数及其相关信息平台，以比较儿童和成人之间的贫困差异；（3）分析个别儿童被剥夺的情况，探讨性别和家庭内部的不平等；（4）构建一个与官方减贫措施直接相关的多维儿童贫困指数，但应包含儿童整个生命过程中的附加指标。[①] 综观已有研究成果可以发现，国外学术界对于儿童贫困的测量研究发生了明显转变，从围绕以收入为中心的货币贫困线测量法转向了与实现提升儿童福祉的减贫目标紧密相关的多维贫困剥夺分析法。这表明从某种程度上来说，以非货币性的、直接的和基于结果为导向的物质剥夺指标作为收入贫困的补充，或许是一个良好的测度儿童贫困的方法。

（二）国内研究

识别贫困主体的前提条件是贫困标准的确定。一般而言，儿童贫困识别主要是通过构建相应的贫困测量指标体系来判定其是否陷入贫困状态，从而回答"谁是真正的穷人"的问题。这是儿童贫困治理需要解决的首要问题。

从传统以收入为标准的单一识别法向多维贫困测度转变，是我国儿童贫困测算研究的必然趋势。早期对于儿童贫困识别通常采用收入或消费指标，依据儿童所在家庭收入或消费的高低来确定贫困线。例如，陈云凡利用货币分析法（以各地最低生活标准作为绝对贫困线，以各地家庭户均收入中位数的 60% 作为相对贫困线）对我国 2005 年的 5409 名儿童的贫困状况进行了测算，发现儿童贫困普遍存在于全国各地，且与发达国家相比，其贫困发生率也处于较高水平。[②] 目前，我国各实践部门主要依据基本需求法来确定服务对象，属于绝对贫困范畴。然而，由于贫困人口的识别标准具有明显的绝对和相对之分，尤其是我国的贫困状况和实践标准在城乡

---

① Dirksen, J., Alkire, S., "Children and Multidimensional Poverty: Four Measurement Strategies", *Sustainability*, Vol. 13, No. 1(2021): 1-36.

② 陈云凡：《中国未成年人贫困影响因素分析》，《中国人口科学》2009 年第 4 期。

之间、地区之间以及群体之间仍存在较大的差异性，要识别出全部的贫困儿童实属不易。同时，贫困具有多维度特征，采用单一经济维度的识别标准无法全面反映儿童群体的实际贫困状况。近年来，随着对儿童贫困内涵研究的不断深化，儿童贫困视角发生了重大转换。学术界对儿童贫困的识别与测度开始从传统的单维收入/消费角度拓展到了多维度的福利角度，相关学者也逐渐意识到人类的诸多福祉无法完全用货币来加以全面衡量。尽管货币是度量儿童贫困的一个重要维度，但无法完整替代儿童全面发展所需的其他资源和机会。因此，除了传统意义上的收入或消费指标外，科学合理的儿童贫困测度理应涵盖诸如教育、健康、医疗、住房以及其他相关公共品的获得等非货币维度。

在儿童多维贫困的测量与应用研究中，相关学者开展了诸多颇为有益的实践探索工作。魏乾伟等基于山西和贵州两省贫困地区的调研数据，运用多维重叠剥夺分析法（MODA），从水和卫生设施、营养、健康、早期教育、保护、参与6个维度对1754名3岁以下儿童的多维贫困状况展开了系统测算。结果表明，3岁以下儿童的多维贫困发生率为53.08%，单纯依靠经济导向的扶贫方式难以改善他们的福利状况。[①] 金梅和何金凤采用上述测算方法，利用中国家庭追踪调查（CFPS2016）数据库，针对0~5岁和6~15岁两个年龄段的儿童，设计了不同的多维贫困测量指标体系，并进行了分层测算研究。结果显示，与6~15岁儿童相比，0~5岁儿童遭受更为严重的福利剥夺。[②] 在摸索建立适合本土化的儿童多维贫困测量指标体系研究成果中，应用Alkire和Foster于2007年开发的多维儿童贫困指数对儿童贫困进行测算的研究更多。例如，王小林以阿马蒂亚·森的"能力方法"为理论指导框架，采用Alkire-Foster多维贫困测量法（以下简称AF多维贫困测量法），从生存、健康、教育、保护和参与5个维度测算了中国五省（区）儿童福利示范区的儿童多维贫困状况。[③] 冯贺霞等使用中国国际扶贫中心2013年"集中连片特困地区农户多维贫困调查"数据，构

①　魏乾伟、王晓莉、郝波、张敬旭、罗树生、赵春霞、郭素芳、Scherpbier Robert：《山西和贵州贫困地区儿童多维贫困测量及现状分析》，《中国公共卫生》2018年第2期。
②　金梅、何金凤：《基于多维重叠剥夺分析方法的我国儿童贫困问题研究》，《兰州交通大学学报》2018年第5期。
③　王小林：《贫困测量：理论与方法》（第二版），社会科学文献出版社，2016，第225~246页。

建了涵盖生存、发展、健康、教育和参与 5 个维度 19 项指标的儿童多维贫困指数。研究发现，贫困地区存在收入之外的多维贫困。儿童留守时间越长，各指标的贫困发生率越高。① 吕文慧等基于阿马蒂亚·森的可行能力理论和 Alkire-Foster 模型，利用中国家庭追踪调查（CFPS）的面板数据，实证测算了农村留守儿童遭遇的多维贫困状况。研究结果表明，与农村非留守儿童相比，农村留守儿童在健康、BMI 指数（身体质量指数）和家用电器三个方面遭遇的剥夺更为严重。相较于东部和中部地区，西部地区的留守儿童受到的贫困剥夺也更为明显。② 杨晨晨和刘云艳沿用 AF 多维贫困测量法，从生存、健康、教育、参与和受保护 5 个维度对重庆市武陵山区 3~6 岁早期儿童的贫困状况进行了实证测算。发现早期儿童贫困已从单维跨越至多维，同时少数民族早期儿童的多维贫困问题比汉族儿童更加严重。③ 宋扬和刘建宏以我国"两不愁三保障"的扶贫目标为原则，结合 CHARLS 生命历程数据的可行性，采用"三临界值"法，重点考察了健康、家庭收入、温饱和住房 4 个维度下的儿童时期多维贫困状况。④

在儿童贫困的测算方法上，除了采用 AF 多维贫困测量法和多维重叠剥夺分析法（MODA）外，也有部分学者基于自身研究所需使用 GIS 空间插值法和持续时间分析法对其加以测算。例如，葛岩等利用"中国健康与营养调查"（CHNS）2000~2011 年的连续追踪调查数据，从教育水平、健康状况、生活条件和个体成长 4 个维度 11 项指标构建了儿童长期多维贫困指数。研究发现，当临界值为 0.3、持续期为 3 期时，全国 49.55% 的儿童陷入了长期多维贫困；农村长期多维贫困的儿童比例远高于全国平均水平和城市地区。⑤ 金梅和博正从经济、社会、自然环境和区域位置 4 个维度出发，可视化分析了甘肃省临夏回族自治州"七县一市"18 岁以下儿童的

① 冯贺霞、高睿、韦轲：《贫困地区儿童多维贫困分析——以内蒙古、新疆、甘肃、广西、四川五省区为例》，《山西农业大学学报》（社会科学版）2017 年第 6 期。

② 吕文慧、苏华山、黄姗姗：《被忽视的潜在贫困者：农村留守儿童多维贫困分析》，《统计与信息论坛》2018 年第 11 期。

③ 杨晨晨、刘云艳：《早期儿童多维贫困测度及致贫机理分析——基于重庆市武陵山区的实证研究》，《内蒙古社会科学》（汉文版）2019 年第 3 期。

④ 宋扬、刘建宏：《儿童时期多维贫困的长期影响——基于 CHARLS 生命历程数据的实证分析》，《中国人民大学学报》2019 年第 3 期。

⑤ 葛岩、吴海霞、陈利斯：《儿童长期多维贫困、动态性与致贫因素》，《财贸经济》2018 年第 7 期。

多维贫困发生率与多维贫困指数。维度分解结果表明，贫困地区儿童面临的最严重问题是自然环境与区位条件作用下的多维贫困问题，经济维度对儿童贫困的影响贡献力度较弱。① 综观上述研究成果我们不难看出，学者们为我国儿童多维贫困研究打下了较为坚实的前期基础。然而，从现实情况来看，尽管学界对儿童贫困的识别已从单一的收入维度向多维度转变，但多数学者对儿童贫困识别与测算的分析单元仍然停留于家庭层面，专门针对儿童的贫困研究稍有欠缺。因此，在现有的研究基础上，摸索建立以儿童为分析单元的多维贫困测量指标体系，对于全面衡量儿童贫困的深度、广度和强度至关重要。

三　儿童贫困的影响因素研究

（一）国外研究

从贫困归因视角来看，儿童贫困问题的产生是多元复合要素综合作用的结果。长期以来，相关研究学者重点围绕"儿童为什么会陷入贫困"这一科学问题展开了分析，并取得了较为丰富的研究成果。现阶段，关于儿童遭受贫困的致贫原因，国外学术界主要形成了以下四种观点。

第一，儿童贫困会受到经济和劳动力市场特征的影响。通常情况下，贫困儿童被定义为生活在低收入家庭的孩子。同时，家庭收入低往往也伴随儿童营养不良、教育质量差以及缺乏卫生保健等问题。因此，通过劳动力就业来提高家庭经济收入被认为是缓解儿童贫困程度的有效途径。② 研究表明，劳动力市场的参与模式存在较大的社会性别差异，儿童福祉的提升更多地取决于母亲在劳动力就业市场中的成功，而非父亲。③ 事实证明，母亲参与就业能够有效防止儿童陷入贫困的生活境地，也为越来越多的单

① 金梅、傅正：《儿童贫困多维测度、影响因素及政策研究——以甘肃临夏回族自治州为例》，《兰州交通大学学报》2021 年第 2 期。

② Baker, R. S., "The Changing Association among Marriage, Work, and Child Poverty in the United States, 1974-2010", *Journal of Marriage and Family*, Vol. 77, No. 5(2015):1166-1178.

③ Chen, W. H., Corak, M., "Child Poverty and Changes in Child Poverty", *Demography*, Vol. 45, No. 3(2008):537-553.

亲女性户主家庭及其子女提供了一条通往经济自给自足的减贫道路。[①] 此外，为了分析监禁对儿童贫困的影响，Defina 和 Hannon 利用北卡罗来纳州 1995~2007 年的面板数据，验证了大规模监禁[②]会显著提升儿童贫困发生率，而这种影响在非白人居民比例较高的县域表现得尤为明显。[③] 经验证据表明，监禁不仅会直接作用于被监禁者个人，还会对其所在的家庭和社区产生附带的消极影响，从而导致其家庭成员增加陷入贫困的可能性。

第二，社会或家庭结构变迁对儿童贫困具有显著影响。研究表明，儿童的生活水平并不完全取决于父母的经济收入和劳动市场参与。作为衡量生活质量的一项重要指标，儿童贫困也可能由社会结构的变化趋势或家庭结构中的人口变化所引起。例如，Ferriss 通过对乔治亚州 159 个县的人口调查数据分析发现，与被描述为"商业/金钱"或"进步/城市"的县相比，被视为"贫困/农村"的县的儿童贫困发生率明显偏高。[④] 此外，鉴于贫困的多维性质，Magadi、Curran 在考察影响儿童贫困的潜在风险性因素时发现，社区居住稳定性、家庭规模（子女数量）、低劳动强度、（外）祖父母育儿、低教育成就以及种族/族裔成分等结构性因素也会对儿童的生活状况造成影响。[⑤] 从某种程度上而言，正是由于社会制度或社会政策的不平等，催生了儿童贫困。

第三，空间属性影响儿童贫困在地理区位上的分布状况。Friedman 和 Lichter 研究指出，儿童贫困在地理空间上分布不均，一些地区的儿童贫困

① Lichter, D. T., Qian, Z. C., Crowley, M. L., "Child Poverty among Racial Minorities and Immigrants: Explaining Trends and Differentials", *Social Science Quarterly*, Vol. 86, No. 5(2005): 1037-1059; Fintel, M. V., "Chronic Child Poverty and Health Outcomes in South Africa Using a Multidimensional Poverty Measure", *Child Indicators Research*, Vol. 14, No. 4(2021): 1571-1596.

② 从概念层面上来说，大规模监禁至少会在以下五个方面对儿童贫困的程度产生影响。（1）造成家庭购买力降低。（2）改变有关主流活动的社区规范。例如，就业和储蓄。（3）削弱被监禁社区的政治权力。（4）减少结婚的可能性。（5）社区乘数效应。

③ Defina, R. H., Hannon, L., "The Impact of Adult Incarceration on Child Poverty: A County-Level Analysis, 1995-2007", *The Prison Journal*, Vol. 90, No. 4(2010): 377-396.

④ Ferriss, A. L., "Social Structure and Child Poverty", *Social Indicators Research*, Vol. 78, No. 3 (2006): 453-472.

⑤ Magadi, M., "Risk Factors for Severe Child Poverty in the UK", *Journal of Social Policy*, Vol. 39, No. 2(2010): 297-316; Curran, M. A., "The Efcacy of Cash Supports for Children by Race and Family Size: Understanding Disparities and Opportunities for Equity", *Race and Social Problems*, Vol. 13, No. 4(2021): 34-48.

发生率远高于其他地区。他们认为，儿童贫困的分布与当地的产业构成和相关就业机会紧密相关。① 例如，倘若一个地区的某个县域经济发展势头良好，那么邻县的家庭将通过扩大就业机会和劳动力市场机会，直接或间接地获得涓滴效益。通常情况下，主要用县域通勤者比例来衡量这种影响。儿童贫困发生率随着通勤者比例的变化而变化。Voss 等采用探索性空间数据分析和空间回归分析两大方法验证了儿童贫困程度的县际差异。研究结果显示，儿童贫困发生率与县级空间分布存在显著的关联性，儿童贫困在县域之间并非随机分布。② 由此可见，不同地区的经济发展所存在的空间差异与置身其内的儿童福祉改善息息相关。

第四，儿童贫困也会受到社会文化因素的影响。20 世纪 60 年代初，"贫困文化"这一概念首次在奥斯卡·刘易斯（Oscar Lewis）的《贫困文化：墨西哥五个家庭实录》一书中提出。刘易斯指出，作为一种特定概念模型的社会亚文化标签，贫困文化一经形成便趋向于永恒。③ 实际上，贫困文化将对穷人的思想观念和行为准则带来恶性影响，如对待生活中的任何事情始终表现出一种较为强烈的无助感，甚至极易产生自卑、冲动以及消沉度日等负面情绪，并将此通过价值观反应传递给家庭内部成员。因此，对长期生活于贫困社区的儿童来说，其所吸收的来自贫困亚文化的基本生活习惯和基本价值观，会导致其在心理上拒绝接受任何有可能改变人生际遇的发展机会，最终引发贫困的代际传递。从文化功能视角来看，社会互动的程度对儿童的家庭福祉同样重要。事实证明，儿童所接触到的丰富的宗教文化经历，在某种程度上也能够降低其发生社会越轨行为的概率。例如，Ranjith 和 Rupasingha 利用美国人口普查局、东北地区农村发展中心（NERCRD）以及宗教数据档案（ARDA）材料，分析了宗教信仰和宗教派别对儿童贫困的影响。结果显示，宗教信仰是影响儿童遭受贫困与否的决定性因素。宗教机构的社会资本及其开展的社会活动发挥着重要的减贫功能。然而，由于不同教派之间的教义有所不同，其对缓解儿童贫困

① Friedman, S., Lichter, D. T., "Spatial Inequality and Poverty among American Children", *Population Research and Policy Review*, Vol. 17, No. 2(1998) : 91-109.

② Voss, P. R., Long, D. D., Friedman, H. S., "County Child Poverty Rates in the US: A Spatial Regression Approach", *Population Research and Policy Review*, Vol. 25, No. 4(2006) : 369-391.

③ Lewis, O., *Five Families: Mexican Case Studies in the Culture of Poverty*, New York: Basic Books, 1959.

的程度也有所差别。①

此外，值得重视的一点是，贫困对儿童福祉的影响持久而深远。在个人和社会两个层面上都带来了挑战，且这两个层面存在着紧密的内在关系。从个体角度来看，贫困会对儿童造成持续性伤害，长期影响包括这些儿童成年后的生产力、医疗费用、犯罪成本乃至生活机遇。② 事实证明，童年逆境与未来发展密切相关。在早期生命阶段经历过重大逆境或心理创伤的人，其在人生发展的后期阶段面临一系列负面结果的潜在风险将大大增加，包括降低接受教育的可能性、加剧心理痛苦和功能障碍以及增加早育的风险等。③ Corrales 等以在澳大利亚社区机构参与活动服务的 254 名青少年为分析样本，利用由 18 个项目组成的归属感心理维度，验证了童年逆境对社会归属感和教育成就的影响。结果显示，童年逆境④会导致低社会归属感和低教育成就，对儿童未来的人生发展轨迹产生无法逆转的影响。⑤从心理学视角来看，早期生活逆境（如虐待儿童或儿童贫困）会导致儿童产生消极的负面情绪和行为调节问题，甚至引发严重的社会越轨行为。⑥此外，儿童贫困对劳动力和婚姻市场结果也表现出显著的强相关性。Lesner 利用家庭兄弟姐妹之间的差异对这一潜在关系进行了验证。结果显

① Ranjith, S., Rupasingha, A., "Social and Cultural Determinants of Child Poverty in the United States", *Journal of Economic Issues*, Vol. 46, No. 1(2012): 119-142.

② 〔美〕杰夫·马德里克：《看不见的孩子：美国儿童贫困的代价》，汪洋、周长天译，上海人民出版社，2022，第 3~6 页。

③ Berzin, S. C., "Difficulties in the Transition to Adulthood: Using Propensity Scoring to Understand What Makes Foster Youth Vulnerable", *Social Service Review*, Vol. 82, No. 2(2008): 171-196; Courtney, M. E., Hook, J. L., Lee, J. S., "Distinct Subgroups of Former Foster Youth during Young Adulthood: Implications for Policy and Practice", *Child Care in Practice*, Vol. 18, No. 4(2012): 409-418; Schilling, E. A., Aseltine, R. H., Gore, S., "The Impact of Cumulative Childhood Adversity on Young Adult Mental Health: Measures, Hodels, and Interpretations", *Social Science & Medicine*, Vol. 66, No. 1(2008): 1140-1151.

④ 童年时期的逆境被认为是一个多层面的概念结构，包含了一系列的经验/因素。这些经验/因素会加速儿童对家庭/社会依恋程度的中断，加大个人遭受心理创伤的程度以及提高其成年后处于社会劣势地位的可能性。

⑤ Corrales, T., Waterford, M., Goodwin-Smith, I., et al., "Childhood Adversity, Sense of Belonging and Psychosocial Outcomes in Emerging Adulthood: A Test of Mediated Pathways", *Children and Youth Services Review*, Vol. 63, No. 2(2016): 110-119.

⑥ Hanson, J. L., Nacewicz, B. M., "Amygdala Allostasis and Early Life Adversity: Considering Excitotoxicity and Inescapability in the Sequelae of Stress", *Frontiers in Human Neuroscience*, Vol. 25, No. 1(2020): 1-23.

示，经历过童年贫困的个人对劳动力市场的依恋程度较低，而且面临着严重的性别隔离，影响了在婚姻市场中的匹配性。[①] 因此，探究贫困对儿童产生影响的主要途径对于全面把握和有效应对贫困对儿童所引发的一系列消极影响尤为重要。Magnuson 和 Votruba-Drzal 从家庭与环境压力、资源与投资以及贫困文化三个理论视域考察了贫困对儿童的影响路径。他们认为，家庭压力、资源投入以及文化特征可通过心理、资本和文化等主客观要素制约儿童的全面发展。[②] 可见，在社会平等框架下，反思如何在生命的起点终止贫困对儿童的影响，将成为需要社会各界给予重点关注的一项反贫困议题。

从社会层面来看，儿童贫困会加剧家庭贫困的代际传递、增加政府的公共开支和阻碍经济的健康发展，最终造成国家需要承受较为沉重的经济社会成本。在脆弱性环境中成长且未完成高中学业的儿童，其成年后更有可能陷入早育、失业或被监禁的贫困风险，最终导致社会生产力下降和公共支出增加。[③] 除了生产力衰退和货币产出减少外，儿童贫困的经济成本还包括犯罪倾向的加剧和晚年健康质量的下降。Michael 和 Rank 采用成本衡量分析法，对美国儿童贫困的年度成本进行了估计。分析表明，美国儿童贫困的年总成本为 1.0298 万亿美元，占 2015 年国内生产总值的 5.4%。这些成本主要集中在经济生产力的消耗、健康和街头犯罪成本的增加以及儿童无家可归和虐待所造成的费用增加。[④] 另外，儿童贫困也会造成巨大的社会成本，从而加剧社会的不平等和种族隔离。尽管以种族为基础的社区隔离在整体上呈现出缓慢的下降趋势，但社会经济隔离却在稳步增加。这是儿童贫困对社会产生负面影响的一个重要例子。可以说，对民族凝聚力的最大威胁不是收入不平等本身，而是不平等所造成的社会隔离。因为这种隔离决定了个人的生活地点、他们可以获得的教育质量以及现成的支

---

① Lesner, R. V., "The Long-Term Effect of Childhood Poverty", *Journal of Population Economics*, Vol. 31, No. 3(2018): 1-36.

② Magnuson, K., Votruba-Drzal, E., "Enduring Influences of Childhood Poverty", *Focus*, Vol. 26, No. 2(2009): 271-282.

③ Wood, D. L., "Poverty and Child Health in the United States", *Pediatrics*, Vol. 137, No. 4(2016): 1-16.

④ Michael, M.L., Rank, M. R., "Estimating the Economic Cost of Childhood Poverty in the United States", *Social Work Research*, Vol. 42, No. 2(2018): 73-83.

持服务和致富机会。① 从脆弱性视角来看，低收入家庭最容易受到种族隔离的影响。《波士顿环球报》发表的一篇题为《波士顿与收入隔离的斗争》的文章指出："一件事被环环嵌套在另外一件事情之上。这不仅仅是你在一个贫穷的社区长大，而是你生长于一个环境不佳和暴力活动频发的社区。"② 对此，Kirsch 等认为，社区"不是在创造机会，就是在扼杀机会"。③ 由此可见，儿童在教育、住房、医疗以及社会保护等层面基本公共服务或公共物品的获取，在很大程度上取决于其所生活社区的发展状况。

（二）国内研究

儿童贫困的致因相对复杂，无法简单归咎于个体自身。随着对儿童贫困内涵的深化，人们对儿童贫困产生原因的认识逐步由微观个体层面向宏观结构层面转变，其结构性致贫因素愈加受到学术界的关注和重视。大量研究表明，儿童贫困的直接原因源于其所在的家庭状况。家庭禀赋、人口特征、自然环境以及区域位置等因素是儿童陷入长期多维贫困的重要影响因素。一方面，从社会学角度来看，儿童贫困与贫困代际传递紧密相连。父辈经济和社会劣势等因素将对贫困家庭子女的人生发展造成长期影响，这种影响在留守儿童群体表现得尤为强烈。例如，樊丹迪等在探究困难家庭儿童的致贫因素中发现，父母的婚姻状态、受教育程度以及就业状况等因素会对儿童多维贫困的发生产生显著影响。④ 也有学者指出，家庭层面的社会网络缺乏也会加剧家庭发展的贫困脆弱性，致使家庭在应对负向冲击时难以为继，从而对置身其中的儿童贫困产生消极影响。⑤ 以农村为例，家庭中父辈的社会网络变量对子女的贫困存在积极影响。⑥ 李姣媛和沈政

---

① 〔美〕罗伯特·帕特南：《我们的孩子：危机中的美国梦》，田雷、宋昕译，中国政法大学出版社，2017，第 43～44 页。

② David, S., "Boston's Struggle with Income Segregation", The Boston Globe, March 6, 2016, https://www.bostonglobe.com/metro/2016/03/05/segregation/NiQBy000TZsGgLnAT0tHsL/story.

③ Kirsch, I. H., Braun, M. L., Lennon, A., *Choosing Our Future: A Story of Opportunity in America*, Princeton: Educational Testing Service Project, 2016.

④ 樊丹迪、魏达、郑林如：《困难家庭儿童多维贫困测量与致贫因素分析》，《社会政策研究》2020 年第 4 期。

⑤ 焦克源、陈晨：《社会资本对农村贫困代际传递影响机制研究》，《中国人口·资源与环境》2020 年第 4 期。

⑥ 刘欢、胡天天：《家庭人力资本投入、社会网络与农村代际贫困》，《教育与经济》2017 年第 5 期。

认为，父辈心理健康对农村儿童人力资本积累具有溢出效应，具体可通过物质、时间和精神三大传导途径来影响子代未来的长期发展。① 从代际视角来看，父辈心理健康状况直接关乎其参与市场正式劳动和家庭非正式劳动的能力，影响其子女未来发展成长所能获取的资源和机会，这将无法避免对儿童造成"二次伤害"。同时，父辈消极的行为方式和价值观念也将通过"家庭"这一桥梁潜移默化地蔓延并传递给子辈，从而使子辈不断重复父辈遭受社会排斥和自我封闭的贫困境遇。② 此外，父母缺位也不利于儿童早期发展。王诗棋等的研究表明，儿童早期发展受到父母外出的显著影响。父母缺位时间越长，越不利于儿童的早期发展。父母外出的负向影响主要通过"分离效应"而非"收入效应"起作用。③

另一方面，在结构性致贫因素中，家庭城乡属性、自然环境与区域位置等也是造成儿童贫困发生的主要影响因素。例如，住宅区的地面状况、家校距离、住房条件等，在无形中会加重儿童的时间成本。尤为重要的是，这些权利被剥夺不仅单纯地体现于经济维度，它还会造成社会维度的连锁反应，如区位劣势将提高贫困家庭的生存成本，更有甚者将直接影响父母对儿童的关怀程度。④ 需要重点强调的是，作为阶层再生产的一个极为重要的物理机制，住房条件间接作用于儿童的教育，会对儿童学业表现产生负面影响。⑤ 与此同时，部分研究学者指出，多元复合因素的交织影响也是造成儿童陷入"贫困恶性循环"的直接原因，不仅会受到社区、家庭和学校等活动场域中消极因素的影响，还会受到来自国家宏观层面因素的影响。如社会贫富差距扩大化、政府福利支出、顶层制度安排以及社会救助力度等与儿童贫困的发生均具有内在的紧密关联性。⑥ 从贫困归因论视角来看，由于儿童是社会上最为主要的依赖型人口，其个人福祉的获得

---

① 李姣媛、沈政：《父母心理健康与农村儿童人力资本积累——来自中国家庭追踪调查（CFPS）的经验证据》，《西北人口》2021年第2期。
② 张浩淼、朱杰：《贫困对儿童的影响及社会保障政策回应——基于三个理论视域的分析》，《治理研究》2021年第3期。
③ 王诗棋、李敏谊、李汪洋：《贫困地区父母外出对儿童早期发展的影响及其作用机制》，《中国农业大学学报》（社会科学版）2020年第5期。
④ 金梅、傅正：《儿童贫困多维测度、影响因素及政策研究——以甘肃临夏回族自治州为例》，《兰州交通大学学报》2021年第2期。
⑤ 黄建宏：《住房贫困与儿童学业：一个阶层再生产路径》，《社会学评论》2018年第6期。
⑥ 陈云凡：《中国未成年人贫困影响因素分析》，《中国人口科学》2009年第4期。

不能完全脱离自身所生长的原生家庭和国家。因此，我们无法将儿童贫困问题的发生简单归咎于儿童本身，还应将其原始的成长环境、家庭乃至国家也综合考虑在内。

与成人相比，生命早期阶段的贫困经历对儿童的影响更为持久和深远，且具有不可逆性。一般而言，儿童期的贫困冲击主要通过生物学途径、社会途径、社会生物途径以及生物社会四大途径对中老年健康不平等产生直接或间接影响。研究表明，儿童生命早期阶段的贫困经历会严重阻碍其成年后的全面发展。例如，刘亚飞利用中国健康与养老追踪调查（CHARLS）2014 年生命历程调查以及 CHARLS 2013 年和 2015 年全国追踪调查数据，验证了儿童期贫困经历对其老年后的健康影响。结果显示，老年人口在 0~5 岁时的贫困经历会对其现今的自身健康状况产生影响，并会提高其老年后患有慢性疾病的概率，同时也会降低其认知能力。① 从生命周期视角来看，童年逆境/贫困经历除了会影响儿童成年后的健康状况外，其未来的受教育水平、经济收入、心理健康、发展机会和资源获取等也会受到严重影响。同时，随着贫困维度的增加，对其成年期的负面影响也将不断加深。何青和袁燕基于中国健康与营养调查（CHNS）的数据分析显示，儿童生命早期阶段的总体健康与营养状况具有极强的持续性，能够对其成年后的收入水平产生影响。② 李春凯和彭华民以社会因果论为分析框架，通过对江西省修水县 625 名留守儿童的调查数据分析，验证了贫困对留守儿童的心理健康具有显著影响。③ 也有其他学者的研究表明，童年逆境对中年人各个健康维度都存在累积的负面效应，但身体/精神虐待、相对贫困等童年逆境对心理健康的影响在儿童成年后的老年期会更为凸显。④ 可见，童年期的贫困经历对个体向成年后的良性转变/发展具有不可逆的阻碍作用。儿童在社区、家庭和学校等场域的童年逆境经历对其成年后的社会经济地位、成年教育成就以及人生发展机遇等具有长期的劣势累积效

---

① 刘亚飞：《童年饥饿经历会影响老年健康吗?》，《经济评论》2018 年第 6 期。
② 何青、袁燕：《儿童时期健康与营养状况的跨期收入效应》，《经济评论》2014 年第 2 期。
③ 李春凯、彭华民：《贫困与留守儿童心理健康关系研究——以江西省修水县分析为例》，《浙江工商大学学报》2018 年第 1 期。
④ 刘瑞平、李建新：《童年逆境对我国中老年人健康的多重影响：单一、累积和组合效应》，《云南民族大学学报》（哲学社会科学版）2021 年第 3 期。

应，易于引发社会越轨行为。① 那么，贫困为什么会对儿童的发展产生影响？有学者从心理学视角对该问题展开了分析。艾娟分别从亲本投资、教养质量和心理资源三个角度解释了贫困对儿童产生影响的路径机制。她认为，长期的贫困经历不仅会降低儿童的自我认知能力、损害其积极的社会性情感发展，还会进一步加剧其产生不良社会行为的概率。②

四　儿童贫困的减贫政策研究

（一）国外研究

减贫始于儿童。1989 年联合国《儿童权利公约》明确指出，要确保每个儿童都享有幸福的童年生活。在公约倡导下，儿童贫困这一社会问题逐步被纳入世界各国的减贫政策议程。社会各界之所以广泛关注儿童贫困的一个原因主要在于：人们普遍意识到，由于多数儿童无法控制自己的经济状况，其在生命早期阶段所遭遇的贫困经历会导致不可逆的终生后果，并引发一系列显著的溢出效应。因此，他们需要并理应得到免于遭受任何苦难的全面保护。研究表明，贫困对儿童引发的一系列负面影响主要来源于"家庭与环境压力""资源与投资不足""贫困文化特征"三条路径。③ 对此，国际社会围绕"如何有效缓解儿童贫困"这一重大议题，制定了一系列独特的以"收入/非收入"为核心的反贫困公共政策，并取得了显著的儿童减贫成效。

针对消解"家庭与环境压力"影响路径的消极作用方面，以儿童津贴或税收优惠为代表的儿童现金转移支付是缓解低收入家庭经济压力的重要减贫政策。目前，西方发达国家主要依据家庭规模——生育子女数量，对所有养育子女的家庭给予普惠型儿童津贴。例如，作为普惠式儿童现金转移支付的代表性国家，瑞典政府规定，凡是所有居住在本国的 16 岁以下儿

---

① 王殿玺：《童年经历与成年转变模式研究——以生命历程为视角》，《青年研究》2019 年第 2 期。

② 艾娟：《为什么贫困会阻碍儿童的发展：基于心理学的解释》，《江汉学术》2017 年第 5 期。

③ Magnuson, K., Votruba-Drzal, E., "Enduring Influences of Childhood Poverty", *Focus*, Vol. 26, No. 2(2009)：271–282.

童均可获得儿童津贴，津贴领取数额的多少与家庭子女数量相挂钩。① 儿童津贴是代表子女向家庭支付的定期款项，目的在于防止家庭因生育子女而在经济上受到惩罚。除了直接给付现金外，一些国家还通过税收杠杆来调节家庭贫富差距，有效缓解了低收入工薪家庭抚育子女的经济负担。例如，作为美国针对有孩子的低收入家庭最大的现金转移计划，劳动所得退税补贴（Earned Income Tax Credit，EITC）根据家庭收入水平给予不同程度的税收抵免，在激励更多低收入家庭进入劳动力市场、提高经济收入水平及减缓儿童贫困程度等方面发挥了重要的减贫作用。② 英国子女税收补贴（Child Tax Credit，CTC）主要包括家庭补贴和子女补贴两大组成部分。其中，无论经济收入的多寡，各家庭都可获得子女补贴（Child Benefit），其实质是一个全国性的周补贴项目。此外，针对贫困引发的一系列家庭暴力或儿童虐待问题，不少国家也给予了高度重视，并提供了具有针对性的家庭服务支持。例如，在儿童保护实践中，英国主要通过成立专门的儿童保护组织——全国防止虐待儿童协会（The National Society for the Prevention of Cruelty to Children，NSPCC）来防止社会公众或家庭成员对儿童实施不当行为，保护儿童免于遭受任何苦难，并适时介入困难儿童家庭给予积极的政策干预与支持。③ 在各国的儿童减贫政策回应中，"家庭与环境压力"路径下的儿童专项特殊服务主要以家庭为福利供给单位，儿童作为家庭成员受益。

在缓解因"资源与投资不足"所引发的儿童贫困现象方面，西方福利国家主要围绕儿童营养健康保障、以儿童为中心的资产投资以及儿童照顾与教育三个方面来应对贫困家庭中儿童的人力资本投资不足问题。一方面，在儿童营养健康保障层面，众多国家主要从福利治理角度实施了以教育补偿、医疗救助和营养补充等为基础的综合性服务项目。例如，新西兰在2020年实施的学校免费健康午餐计划、2021年美国总统拜登签署的《美国营救计划》（American Families Plan）和《美国家庭计划》（American

---

① 姚建平：《儿童现金转移支付模式：国际比较与路径选择》，《社会保障评论》2020年第4期。

② Eamon, M. K., Wu, C. F., Zhang, S., "Effectiveness and Limitations of the Earned Income Tax Credit for Reducing Child Poverty in the United States", *Children and Youth Services Review*, Vol. 31, No. 8(2009)：919-926.

③ 丰华琴：《英国防止虐待儿童协会（NSPCC）的产生及其救助实践》，《学海》2018年第3期。

Rescue Plan)① 以及瑞典、挪威和丹麦等北欧国家实施的 "全覆盖式" 的教育资助政策。其中,《美国家庭计划》旨在帮助有孩子的贫困家庭营建有保障的经济未来。另一方面, 在儿童资产积累上, 西方资本主义国家应对儿童贫困的主流趋势是构建 "以资产为基础" 的积极型社会福利政策。在儿童减贫与发展实践中, 为贫困家庭儿童建立个人发展账户已成为一项促进儿童人力资本积累和弥补短期经济投资不足的有效手段。② 为了应对经济地位差异悬殊的家庭在子女培育上的能力相对不足问题, 英国、新加坡和韩国等国家采取建立儿童长期发展账户的反贫困策略。在儿童教育与照顾方面, 为全面保障贫困家庭儿童享有平等受教育的机会和被悉心照料的权利, 国际社会以立法的形式建立了多元化的儿童照顾政策模式, 保障内容涵盖早期教育、早期育儿和教育资助等方面。例如, 在 "幼保无偿化" 的背景下, 日本建立了以《少子化社会对策大纲》、《育儿支援法》和《认定儿童园法修正案》3 部儿童照顾法律为基石的 "育儿支援政策新体系"。③ 总的来说, 英国、美国、澳大利亚和西班牙等国家采取的是 "去家庭化" 的儿童照顾与教育政策, 即通过增加现金支出服务鼓励家长从市场选择家庭以外的照顾服务; 瑞典、韩国、法国以及挪威等国家侧重于在分担儿童照顾责任的同时也尊重家庭照顾权利的 "选择家庭主义" 模式; 意大利、德国和日本等国家以 "显性家庭主义" 为取向, 通过提供带薪育儿假鼓励家庭承担照顾责任。由此可见, 多数 OECD 国家在儿童照顾事务中承担了更为积极的责任分担角色。

---

① 《美国家庭计划》的具体内容包括:(1) 以与各州合作的方式, 为 3 ~ 4 岁儿童提供免费的幼儿园教育;(2) 提供 2 年的免费社区大学教育;(3) 提供高质量的托儿服务 (Child Care), 并确保家庭仅按收入的一部分来支付托儿服务的支出;(4) 建立全美范围内带薪育儿和病假综合计划;(5) 向低收入学生提供最多约 1400 美元的助学金 (Pell Grants);(6) 620 亿美元用于提高大学的保留率和完成率;(7) 为家庭收入低于 12.5 万美元的学生提供两年的学费资助, 学生应就读于四年制历史悠久的非洲裔学院或大学、部落学院或大学以及服务于少数族裔的教育机构;(8) 扩大夏季膳食计划 (Summer EBT Program) 的范围, 满足儿童在暑假期间的营养需求;(9) 将儿童税收抵免 (Child Tax Credit) 计划延长至 2025 年, 并永久全额退还;(10) 将《平价医疗法案》(Affordable Care Act) 中的健康费减免永久化。
② 何芳:《儿童发展账户:新加坡、英国与韩国的实践与经验——兼谈对我国教育扶贫政策转型的启示》,《比较教育研究》2020 年第 10 期。
③ 杨爽:《儿童照顾的 "家庭化" 与 "去家庭化" ——日本育儿支援政策分析与启示》,《社会建设》2021 年第 2 期。

在弱化来自贫困文化特征的不良影响方面，就业不仅是提高低收入家庭经济水平的直接途径，还是帮助其破除贫困文化惯习的重要渠道。针对贫困文化特征对贫困家庭的消极影响，国际上许多发达国家通过采取强制性、惩罚性和消极性的手段，促使福利领受者积极参与劳动力市场，以最大限度地消除"福利依赖"和"福利欺诈"现象，从而破除传统贫困文化惯习。比如美国极具鲜明特色的"工作优先"倾向的"贫困家庭临时救助"（Temporary Assistance for Needy Families，TANF）项目旨在为贫困儿童家庭提供"临时性"的帮扶与救助。在东亚福利体制国家，日本也先后施行了"生活保护支援自立计划（2005）""摆脱生活贫困实现经济成长的战略（2010）"等以"自立"为主的生活支援项目，并于 2015 年确立了"生活贫困者自立支援制度"。① 提升贫困人口（尤其是儿童）教育素质，拓展贫困家庭社会网络支持网，是破除传统贫困文化惯习、阻断贫困代际传递的另一重要途径。西方发达国家通过采取"政策组合"形式，为贫困家庭儿童建立了一套涵盖学前教育、基础教育和高等教育在内的较为完善的教育资助政策体系。② 与此同时，秉持积极的"工作福利"理念，以契约形式在基础教育和高等教育之外建立了低收入家庭职业再教育政策体系，力图通过教育途径提升贫困人口的内在发展动力，消除贫困文化陋习的潜在影响。此外，为了促进儿童、家庭和社区之间形成良性互动的多元融合关系，多数国家注重发挥社区的关键作用，通过加强儿童与朋友、学校和其他社会关系的接触交流，强化其积极的社会参与感或社会融入感，从而实现破除贫困文化惯习的减贫发展目标。③ 由此可见，破除贫困文化传统惯习的根本出路在于，提升贫困儿童的综合素质，激发低收入家庭的内生发展动力。

（二）国内研究

我国对儿童贫困问题的研究尚处于起步阶段。目前，政府和学界主要

① 白濑由美香、李晓魁：《日本社会福利的变迁：向以"自立"为主的生活支援转型》，《社会保障评论》2018 年第 2 期。
② 闫坤、孟艳：《教育阻断贫困代际传递模式的国际比较研究》，《国外社会科学》2019 年第 6 期。
③ Fazzi, L., "Social Workers' Views on Community Involvement in Child Protection Work in Italy", *Child and Family Social Work*, Vol. 24, No. 1(2019): 1–8.

将关注点集中于整个社会贫困群体，专门针对儿童的扶贫措施相对较少。从整体上来看，我国政府对儿童减贫的重视始于 20 世纪 90 年代初期。1992 年，由国务院妇女儿童工作委员会编制的《九十年代中国儿童发展规划纲要》第一次将儿童作为主体纳入国家的整体反贫困行动计划。[①] 2007 年，联合国儿童基金会与国务院扶贫办（即现今的国家乡村振兴局）建立了良性互动的合作伙伴关系，致力于消除各种形式的儿童贫困，并将解决儿童贫困问题纳入国家扶贫开发工作进程。为进一步推动中国政府在政策议程中优先考虑儿童贫困问题，这两大机构又携手共同设计了中国儿童贫困研究的概念框架。在具体实践中，我国在山西、河南、四川、云南和新疆 5 省区 12 县开展了为期 5 年的"儿童福利主任"项目试点工作，并摸索出了一套相对健全完整的能够为社会上所有贫困儿童兜底的基层儿童福利政策体系。[②] 2011 年 12 月，中共中央、国务院印发的《中国农村扶贫开发纲要（2011—2020 年）》正式将儿童贫困问题纳入国家脱贫工作的整体规划中。[③] 此后，针对儿童多维贫困问题的减贫试点工作在湖北省四个连片特困地区开展，并制定出台了中国第一个省级减贫规划《湖北省连片特困地区农村贫困儿童发展规划（2013—2015 年）》。[④] 由此可见，从 20 世纪 90 年代以来，我国致力于消除各种形式的儿童贫困，努力将解决儿童贫困问题纳入国家扶贫战略的工作步伐从未停歇。

除了一般性扶贫措施外，政府相继出台了专门针对贫困儿童的社会保障政策，并取得了较为显著的减贫成效。例如，2021 年 9 月 27 日，国务院发布的《中国妇女发展纲要（2021—2030 年）》和《中国儿童发展纲要（2021—2030 年）》明确强调必须加大政策干预力度缩小妇女与儿童在城乡、区域和群体之间的发展差距。其中，《中国妇女发展纲要（2021—2030 年）》从社会性别视角出发，明确指出要全面保障女童平等接受义务

① 《九十年代中国儿童发展规划纲要》，找法网，https：//china.findlaw.cn/fagui/p_1/346158.html。
② 《中国儿童福利示范项目年度报告 2015》，联合国儿童基金会网站，https：//www.unicef.cn/reports/barefoot-social-worker-annual-report-2015。
③ 《中国农村扶贫开发纲要（2011—2020 年）》，中国人民政府网，http：//www.gov.cn/gongbao/content/2011/content_2020905.htm。
④ 《中国经验 全球视角：联合国儿童基金会在华合作项目概览》，联合国儿童基金会网站，https：//www.unicef.cn/reports/unicef-china-and-beyond。

教育的权利和机会，切实解决义务教育女童失学辍学问题。从政府部门已制定和实施的各项儿童多维减贫公共政策中我们不难看出，自 2010 年以来，"儿童优先"与"儿童分享社会经济发展成果"的减贫原则已初步被纳入了国家整体发展战略中，儿童在健康、教育、保护以及福利等领域的反贫困成效尤为显著。然而，综观我国各项减贫政策，更多的是为了应对家庭与环境压力、资源与投资不足以及贫困文化影响等潜在风险所实施的困境儿童保障、"分类施保"救助、儿童营养健康保障、教育福利供给和家庭就业救助等扶贫项目。这类传统的儿童减贫项目只是单纯致力于增加收入和促进就业，忽视了儿童所面临的来自非收入层面的各类多维贫困风险，无法保证贫困儿童是否真正获得了脱贫能力，不利于从生命的起点终止贫困代际传递问题。

在学术领域，儿童减贫研究逐渐受到重视的一个重要原因在于，儿童贫困可能引发贫困的代际传递，致使儿童所在家庭长期陷入"贫困恶性循环"。从长远来看，不利于国家有序实现共同富裕的奋斗目标。目前，学术界主要围绕"如何构建儿童优先的可持续反贫困政策体系"这一重大议题展开探讨。不同学者基于不同研究视角提出了应对儿童贫困的长效性治理对策。相关学者指出，要想彻底消除贫困产生的条件和机制，必须基于生命周期视角反思减贫政策问题，消除贫困对儿童的消极影响。例如，张浩淼和朱杰认为，作为儿童最直接的生活场域，家庭理应成为儿童减贫的重要依托，通过推进实施家庭福利服务政策，弥补现有社会保障政策的不足。[1] 赵蜜的研究揭示，阻断儿童贫困再生产的干预可从贫困表征入手，并应在深陷于不同生活处境的儿童出现对贫困的消极认知与判断分化前进行。[2] 由此可见，消除儿童的贫困问题尤其需要关注其心理脱贫，阻断贫困再生产的关键也主要在于消除儿童对贫困的消极认知。从家庭监护角度对新设项目（儿童基本生活保障）与既有项目（最低生活保障）进行差异比较后，王化起等建议持续完善儿童基本生活保障和最低生活保障项目，

---

[1] 张浩淼、朱杰：《贫困对儿童的影响及社会保障政策回应——基于三个理论视域的分析》，《治理研究》2021 年第 3 期。

[2] 赵蜜：《儿童贫困表征的年龄与城乡效应》，《社会学研究》2019 年第 5 期。

精准识别家庭监护困境类型或程度等，以有效缓解儿童在物质层面的贫困程度。[①] 也有学者强调，在新的历史时期，社会风险变迁将加剧脆弱儿童及其所在家庭陷入贫困泥沼。针对此类潜在的贫困风险，邓锁和吴玉玲建议基于社会保护理念，加快构建具有儿童敏感性、内在一致性和整合性的反贫困政策体系。[②] 事实上，儿童贫困能否从源头被有效遏制，在很大程度上决定了贫困的代际传递最终能否被有效阻断。因此，基于我国广大贫困地区儿童减贫发展面临的现实难题，要强化儿童早期的自我发展能力建设，必须在营养健康保障、基础教育普惠以及心理健康辅导等方面提升公共服务供给质量，从源头切实保障贫困儿童的基本权利。

综观已有研究成果可以看出，我国儿童反贫困政策已逐步从传统的补充家庭收入向促进儿童能力发展建设过渡。然而，在现行的减贫格局中，我国仍然面临着"强国家-弱社会-弱家庭"的儿童发展困境。既有的儿童反贫困政策虽发挥了一定程度的减贫成效，但较为碎片化，各层级政府在儿童减贫实践中尚未形成合力，在应对儿童多维贫困问题方面还缺乏一个更具整合性的可持续反贫困政策框架。因此，脱贫后，秉持以服务贫困儿童的个体成长为基准，摸索建立"国家-社会-志愿者-社区-家庭"等多元福利供给主体积极协同的儿童相对贫困长效治理机制，实现从"补缺型福利"转向"发展型福利"、从"物质救助"转向"精神扶贫"的儿童可持续发展目标，已迫在眉睫。[③] 此外，必须认识到，随着贫困治理重点的转变，新发展阶段的儿童减贫面临如何在现行的反贫困政策体系中更好地体现"儿童优先"发展视角的挑战，包括如何有效构建兼具内在一致性、整合性和包容性等特征的儿童反贫困政策体系。这是我国探索建立缓解儿童相对贫困长效治理机制所需关注的一项重大减贫议题。

---

① 王化起、吴倩、赵晶：《家庭监护对儿童生活保障类型的影响：一项政策比较研究》，《社会工作与管理》2020年第2期。

② 邓锁、吴玉玲：《社会保护与儿童优先的可持续反贫困路径分析》，《浙江工商大学学报》2020年第6期。

③ 何伟强：《基于"扶贫先扶志"理念的全球儿童贫困治理范例研究》，《教育发展研究》2021年第6期。

五　文献评论

20 世纪 90 年代以来，儿童贫困研究历经 30 余载的发展，取得了较为丰硕的学术成果，为儿童减贫实践提供了扎实的理论基础。从研究学科上来看，国内外儿童贫困研究的显著特征是多学科交叉融合研究。例如，许多学者从心理学、教育学、经济学以及社会学等学科视角出发，围绕儿童贫困的内涵、识别与测量等内容展开了深入探讨，成绩斐然。从研究进程上来看，儿童贫困研究经历了从早期阶段的将儿童贫困问题视为社会整体贫困问题进行研究到独立分化形成将以儿童为主体的特殊贫困群体从社会总人口中抽离出来进行单独研究的发展进程，越来越多的学者也逐渐意识到儿童贫困与家庭贫困和成人贫困之间存在的巨大差异。从研究对象上来看，众多研究将 18 岁以下儿童从社会整体贫困人口中抽离出来，形成一个新的特殊贫困群体加以强调的同时，忽视了其内部处于不同生命周期阶段的儿童发展需求所存在的异质性特征。一般而言，儿童在 0~6 岁、7~15 岁以及 16~18 岁成长阶段的发展需求存在较大差异。已有研究主要侧重于将 18 岁以下儿童作为一个整体来开展实践研究，也有部分学者关注儿童在生命早期阶段（0~6 岁）的物质匮乏状况。相对而言，忽略了处于义务教育阶段 7~15 岁儿童的潜在发展需求。这是现阶段研究仍存在的一个空白之处。从研究内容上来看，有关儿童贫困的概念定义、识别方法以及指标选取等方面尚未形成统一共识，呈现出两极分化的发展态势。多数国家或学者仍然采取收入贫困线的方式来界定和识别贫困儿童。从研究结论上来看，儿童减贫与发展的政策重心往往更加倾向于关注那些深陷绝对贫困处境的儿童，对处于多维贫困状态的儿童关注相对较少。因此，基于对已有研究成果的综合评述，本书认为，在新的减贫情境下，我国儿童贫困问题研究应着重从以下几个方面入手。

第一，从儿童视角理解相对贫困，关注儿童相对贫困的特殊性。尽管以货币、间接和资源为导向的家庭收入标准是衡量儿童相对贫困与否的重要指标，但它无法验证儿童相对贫困的多维性质。在新发展阶段，仅仅依靠单维的收入/消费指标不能准确反映儿童是否平等地获得生存与发展所需的关键性社会投入，儿童相对贫困还包括对教育、医疗、住房等基本公共服务的忽视。从特殊性视角来看，儿童在贫困发生中的角色、受贫困的影响程度以及在减贫治理中的地位均与成人贫困存在明显差别。用于衡量家庭贫困的资源共享假设，更是掩盖了包括妇女和儿童在内的特定群体的真实贫困程度。全球减贫经验表明，儿童相对贫困不仅关乎金钱（或父母收入）问题，还关乎其在现实生活中许多领域遭遇的多重贫困境遇。因此，在借鉴国内外已有相关儿童贫困研究成果的基础上，有必要从多维可行能力视角出发来重点关注儿童相对贫困问题。通过明确儿童相对贫困内涵、探明儿童相对贫困原因，制定综合的"社会取向"的儿童反贫困政策，实现提升儿童福祉的减贫发展目标。对此，结合中国的减贫实际，制定具有儿童群体特性的相对贫困测量指标体系，是我国在下一阶段的反贫困行动中面临的一项重大议题。

第二，秉持贫困观的内隐逻辑，关注儿童内部的异质性特征。从生命周期视角来看，可将整个儿童期大致划分为学龄前（0~6岁）、适龄期（7~15岁）和少年期（16~18岁）三个阶段。处于不同发展阶段的儿童其贫困发生率往往呈现出较大差异，且贫困的特点和原因也有所不同。当前，大多数学者侧重于将儿童群体同质化的贫困研究，忽视了不同年龄组发展需求的内在差异性，尤其是忽略了对处于义务教育阶段7~15岁儿童相对贫困问题的关注和重视。作为被忽视的潜在贫困者，义务教育阶段儿童的贫困经历会加剧社会中的不平等现象，甚至引发严重的贫困代际传递，从而导致其成年后遭受贫困带来的消极影响，这将严重阻碍国家平稳迈向共同富裕。因此，在新发展阶段，倘若未能有效解决儿童相对贫困问题，将不利于充分实现其基本可行能力全面发展的减贫目标，也不利于国家共同富裕目标的实现。

第三，以儿童贫困研究为契机，聚焦相对贫困问题。随着现行标准下绝对贫困问题的基本消除，我国后脱贫时代的工作重心将逐步转向缓解发展不充分、不平衡的相对贫困问题。对此，在我国社会整体贫困人口的生存型贫困问题得到基本消除的基础上，重点解决包括儿童在内的社会特殊群体的相对贫困问题，将成为我国新发展阶段反贫困的历史必然。作为社会的主要依赖型人口，儿童自身的特殊性——缺乏从就业市场获取资源的能力，只能从家庭获得供给，决定了其必将成为我国相对贫困治理的重点瞄准对象。从减贫视角来看，在相对贫困治理框架下尝试将儿童贫困问题从社会整体贫困人口中抽离出来进行单独研究解决，不仅能够在一定程度上补齐我国儿童反贫困的公共政策短板，还有助于进一步深化包含儿童在内的社会特殊群体相对贫困治理的内在意蕴。因此，在迈向共同富裕的征程中，遵循多维善治理念，解析儿童相对贫困的发生原因，终止其在生命早期阶段的贫困经历，应是未来相对贫困问题研究的一个重要方向。

第四，遵循"儿童优先"发展原则，制定差异化儿童贫困治理政策。作为贫困再生产规模扩大化的前提，儿童贫困并非纯粹是一个家庭的问题，它还是一个严重的社会问题。当前，我国儿童减贫仍面临"强国家-弱社会-弱家庭"的发展困局。同时，基于"扶贫先扶志"的贫困治理理念也尚未做到知行合一。因此，在相对贫困治理阶段，应始终秉持系统性思维，将解决儿童贫困问题切实纳入国家发展战略规划，努力克服以往盲目追求效率的"运动式"减贫弊端。更为重要的是，应发挥国家、社会以及家庭等多元行动主体的减贫合力，探索建立以"国家-社会-志愿者-社区-家庭"协同共治的儿童反贫困机制，从而提升国家相对贫困治理效率。另外，立足"共建、共治、共享"的大扶贫格局，重点围绕福利目标人群摸索建立多维精准识别与帮扶管理机制。目前，对于贫困儿童而言，我国尚未将其从社会整体贫困人口中抽离出来进行单独研究解决，这是儿童贫困问题迟迟未能得到有效解决的根源所在。因此，聚焦贫困儿童的发展特性，摸索建立一套符合中国国情的本土化精准识别与帮扶管理机制已迫在眉睫。

第三节　研究思路与内容

一　研究思路

本书遵循"是什么"—"为什么"—"怎么办"的逻辑思路，剖析了凉山州易地扶贫搬迁儿童的相对贫困问题。首先，从理论上辨析儿童相对贫困概念的本质要义，阐释儿童相对贫困的发生原因及其影响，为后续研究提供学理支撑；其次，基于可行能力理论分析框架，建构易地扶贫搬迁儿童相对贫困的多维测度标准和识别指标体系，并设定易地扶贫搬迁儿童相对贫困的阈值和权重；再次，利用 2021 年 7~8 月在凉山州 J 县 D 社区收集的问卷调查数据，对易地扶贫搬迁儿童的相对贫困状况进行实证测度和比较分析；从次，运用二元 Logistic 回归分析模型，从个体特征、家庭结构和社会支持三个层面系统分析易地扶贫搬迁儿童相对贫困的影响因素；最后，立足"新发展主义"价值取向的福利治理框架，结合易地扶贫搬迁儿童相对贫困的现实特征和致贫原因，从制度设计、工具选择和实施路径三个方面提出有效治理易地扶贫搬迁儿童相对贫困的政策建议。

二　研究内容

围绕"儿童相对贫困"这一核心议题，本书拟解决如下问题：如何构建易地扶贫搬迁儿童相对贫困的多维测度标准和识别指标体系？易地扶贫搬迁儿童相对贫困的表现与特征是怎样的？易地扶贫搬迁儿童相对贫困的影响因素有哪些？以及如何有效治理易地扶贫搬迁儿童相对贫困？为回应上述减贫现实的迫切需要，本书对此展开了深入探究。除绪论和结语外，本书内容主要包括如下五个方面。

（一）　核心概念与理论基础

首先，立足国内外儿童贫困研究的相关理论成果，明确儿童贫困、相对贫困以及易地扶贫搬迁等概念的基本内涵。其中，在解析儿童贫困这一核心概念时，重点分析了其与家庭贫困和成人贫困之间的联系与区别，旨在全面把握儿童相对贫困的内在本质和特殊性质。其次，在理论基础部分，针对支撑整个研究发展的可行能力理论、贫困代际传递理论和福利治理理论的内容展开阐释，以便为后续研究奠定理论根基。最后，在通过对核心概念和理论基础展开分析的基础上，搭建本书的理论分析框架，以便为后续易地扶贫搬迁儿童的贫困测度、贫困归因以及贫困治理等研究提供理论指导。这是本书的第一章内容。

（二）　易地扶贫搬迁儿童相对贫困测量指标体系的构建

构建易地扶贫搬迁儿童相对贫困测量指标体系的目的在于精准识别相

对贫困儿童。要达成该目的，必须事先明确易地扶贫搬迁儿童相对贫困测量指标体系构建应满足的要求，应如实回应以下问题：以易地扶贫搬迁儿童为主要识别对象的相对贫困测量指标体系的构建应遵循哪些原则？应选取哪些维度和指标？以及如何设定易地扶贫搬迁儿童相对贫困测量指标体系的阈值和权重？基于可行能力理论分析框架，遵循科学性、应用性以及准确性等原则，选取国际通用的等权重法，构建了用以精准识别易地扶贫搬迁儿童相对贫困状况的测量指标体系。这是本书的核心内容，也是本书的重点和难点。

（三）易地扶贫搬迁儿童相对贫困的多维测度分析

基于易地扶贫搬迁儿童相对贫困测量指标体系，利用在凉山州 J 县 D 社区收集的调查数据，以 AF 多维贫困测量法为识别手段，实证测度并比较分析了易地扶贫搬迁儿童的相对贫困状况，系统把握其相对贫困的表现和特征。在识别相对贫困儿童基础上，按照维度、年龄、性别以及兄弟姐妹规模等分组对儿童相对贫困指数（M_0）展开分解，用以把握易地扶贫搬迁儿童相对贫困的内部组群差异。例如，以性别为标准分解儿童相对贫困指数（M_0），可全面了解其相对贫困的性别差异。这是本书的第四章内容，也是本书的重点。

（四）易地扶贫搬迁儿童相对贫困的影响因素

儿童相对贫困具有多维性、特殊性、综合性和相对性等特征，我们无法对其致贫因素加以简单测算。因此，在贫困测度基础上，为进一步阐释易地扶贫搬迁儿童相对贫困的发生原因，本书立足贫困代际传递理论视角，运用二元 Logistic 回归分析模型，从个体特征、家庭结构和社会支持三个层面系统探索其相对贫困的影响因素，用以为易地扶贫搬迁后续制定解决儿童相对贫困的长效性减贫政策提供现实依据。这是本书的第五章内容，也是本书的重点。

（五）易地扶贫搬迁儿童相对贫困的治理策略

根据贫困测度和影响因素的分析结果，构建了涵盖"制度设计—工具选择—实施路径"等内容的易地扶贫搬迁儿童相对贫困治理政策方案，试图为新发展阶段有效解决儿童相对贫困问题提供具有建设性的减贫政策思路。具体包括：从易地扶贫搬迁儿童相对贫困治理的理念、标准、体系等方面提出了顶层制度的设计思路；从供给、需求、环境等方面提出了易地扶贫搬迁儿童相对贫困治理的政策工具选择；从相对贫困儿童的分类帮扶、兜底保障、能力提升等方面提出了易地扶贫搬迁儿童相对贫困治理的实施路径。

第四节　研究方法与技术路线

一　研究方法

立足中国儿童减贫发展的实际状况，本书从跨学科的综合分析视角，坚持理论分析和实证研究相结合的基本原则，同时遵循"贫困测度—贫困归因—贫困治理"的研究路径进行破题立论，以此把握处于义务教育阶段7~15岁易地扶贫搬迁儿童的相对贫困状况，从而为后脱贫时代构建以"儿童优先"为价值取向的反贫困政策体系提供现实依据。对此，本书主要采用问卷调查法、深度访谈法、AF多维贫困测量法和回归分析法四种研究方法。

（一）问卷调查法

众所周知，"没有调查研究，就没有发言权"①。在社会科学的量化研究中，作为具体方法的问卷调查法，从本质上来讲，是一种具有浓厚的实证主义色彩的社会调查方法。目前，立足于宏观视角，以问卷为基本工具，采取定量的研究手段，并依循客观的经验证据，对某种社会现象进行解释和说明的问卷调查法，已成为社会科学领域最为常用的研究工具之一。② 因此，通过对我国四川省凉山州J县D社区开展探索性研究，从而在获得对处于义务教育阶段7~15岁易地扶贫搬迁儿童相对贫困问题前

① 房宁：《政治学为什么需要田野调查》，《华中师范大学学报》（人文社会科学版）2021年第1期。
② 风笑天：《方法论背景中的问卷调查法》，《社会学研究》1994年第3期。

期研判的感性认识基础上，进一步采取等比例分层随机抽样的问卷调查法获取该群体在"个体-家庭"层面上的第一手微观调研数据，能够为本书构建易地扶贫搬迁儿童相对贫困的多维测度标准和识别指标体系提供现实依据，同时也可为后续的贫困测度和贫困归因研究提供丰富的经验资料。

（二）深度访谈法

作为质性研究的一种主要手段，深度访谈的实质并非纯粹地由科学研究者对待"深度事实"的态度构成。一般来讲，深度访谈主要指的是访谈员通过事先准备好的开放性访谈提纲就某一特定社会群体的生活经历或某一特定社会现象的形成过程与被访者展开深入交谈，以此提出解决问题的应对之策。[1] 如果说从大规模收集起来的有关外部行动的微观调查数据中能够探寻相关行动与某些群体变量之间的内在关联性是问卷调查法的核心价值体现，那么作为意义探究的访谈法则可以通过间接或迂回的形式对"深度事实"展开全景式解析，从而为科学研究者提供行动本身所具有的内在因果联系。[2] 对此，在进入凉山州易地扶贫搬迁社区之前，围绕核心问题和研究目的，本书事先设计了以社区基层管理者、社区社工站负责人以及原建档立卡贫困搬迁户主等为访谈对象的半结构式访谈提纲，以便于从"意义"的角度系统把握易地扶贫搬迁儿童相对贫困的发生原因及其搬迁后续的生存发展需求。

（三）AF 多维贫困测量法

2007 年 5 月，基于阿马蒂亚·森的可行能力理论分析框架，牛津贫困与人类发展研究中心（OPHI）的 S. 阿尔基尔（S. Alkire）和 J. 福斯特（J. Foster）联合构建了 AF 多维贫困测量法。一般情况下，AF 多维贫困测量法主要由临界值"z_j"和临界值"K"两个关键性指标构成。也就是说，阿尔基尔和福斯特在一维贫困标准线"z_j"的基础上，增加了第二个临界

---

① 孙晓娥：《深度访谈研究方法的实证论析》，《西安交通大学学报》（社会科学版）2012 年第 3 期。

② 郑震：《社会学方法的综合——以问卷法和访谈法为例》，《社会科学》2016 年第 11 期；杨善华、孙飞宇：《作为意义探究的深度访谈》，《社会学研究》2005 年第 5 期。

值"K"。因此，AF多维贫困测量法也被人们称为"双临界值法"。从整体上来看，AF多维贫困测量法的优越性主要体现在：它不仅能够将各个维度内的各项指标指数化，还具有维度和子群的组内分解特质。此外，将离散型的定性数据和连续型的定量数据一同纳入数据分析矩阵展开实证测算也是AF多维贫困测量法的另一优势体现。鉴于此，本书运用AF多维贫困测量法的"维度加总"和"维度分解"策略来综合评价易地扶贫搬迁儿童在生存、健康、教育、保护以及参与5个维度21项指标上的相对贫困状况，观测不同维度和不同组群对其相对贫困测度结果的影响。

（四）回归分析法

回归分析法是指运用数据统计原理，对收集起来的问卷调查数据进行量化处理，从而确定因变量与自变量之间的线性或非线性关系的一种数理统计分析方法。换句话说，回归分析法主要是通过规定相应的因变量和自变量来预测各变量之间是否存在某种因果关系，并依此建立一个相关性较强的函数表达式，同时根据实测分析结果对各相关参数进行估计，据此评价回归分析模型对实测数据的拟合度，以此展开进一步外推的一种数据分析方法。总体来看，回归分析法不仅能够较好地反映因变量与自变量之间的变化规律，还可将各自变量对因变量的影响程度和影响方向展开系统分析。① 因此，本书运用二元Logistic回归模型，检验分析个体特征、家庭结构和社会支持3个层面9项自变量对易地扶贫搬迁儿童相对贫困的影响程度和影响方向，从而掌握其相对贫困的发生原因。在此基础上，使用OLS线性回归模型检验上述回归分析结果的稳健性和可信度。

二　技术路线

遵循"问题导向-标准建构-对象识别-影响因素-治理策略"的分析路径，本书以可行能力理论、贫困代际传递理论和福利治理理论为指导，综合运用问卷调查法、深度访谈法、AF多维贫困测量法和回归分析法，

---

① 陈胜可、刘荣：《SPSS统计分析从入门到精通》（第三版），清华大学出版社，2015，第228～229页。

对凉山州 J 县 D 社区易地扶贫搬迁儿童的相对贫困问题展开了贫困测度、贫困归因以及贫困治理等方面的研究，以期为后脱贫时代社会特殊群体的相对贫困治理提供理论支持和经验指导。本书的技术路线详见图 0-1。

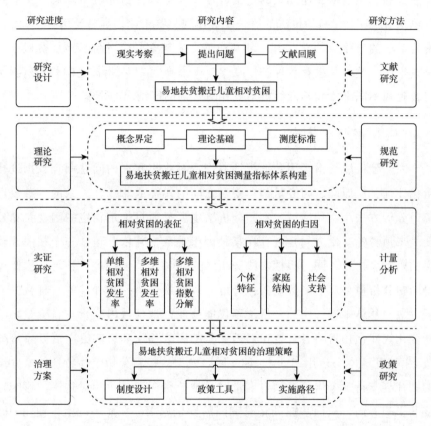

图 0-1　技术路线

第五节　研究创新与不足

一　研究创新

第一，本书以儿童而非家庭为分析单元，从多维可行能力视角构建了易地扶贫搬迁儿童相对贫困测量指标体系。在货币计量制的贫困评估中，以家庭为分析单元的传统单维贫困测量法往往倾向于将儿童当作家庭的附属品来加以考察，通过设定一条贫困线来作为衡量其是否陷入贫困状态的识别标准。事实上，单维的货币分析法对于儿童贫困信息的收集仅停留于家庭的收入或消费层面，忽略了儿童贫困的异质性特征和家庭收入分配的不均等，难以全面反映儿童在现实社会中遭遇的贫困内容和贫困程度。为了克服传统货币分析法存在的度量缺陷，本书立足"儿童本位"立场，将分析单元从家庭层面转向儿童层面，同时搜集所有能够真实反映易地扶贫搬迁儿童生存与发展状况的多元福利信息，并从多维可行能力视角实证测度其相对贫困的表现与特征，为后脱贫时代儿童相对贫困广度、强度和深度的有效度量提供了更为广泛的贫困内容和更具包容性的价值标准。

第二，本书从"相对的绝对贫困"观出发，构建了易地扶贫搬迁儿童相对贫困的多维测度标准。"相对的绝对贫困"观揭示了易地扶贫搬迁儿童相对贫困的本质不仅包含因家庭收入低而无法有效满足其基本生存需要所造成的"贫"，还蕴含了个体因缺乏获得适龄入学机会、信息获取、社会保护以及福利保障等基本公共服务的可行能力所产生的"困"。"贫"与"困"相互交织、相互影响，且共同作用于易地扶贫搬迁儿童相对贫困的发生。本书基于可行能力理论分析框架，从相对基本需要和相对基本能力的二维视角明确了易地扶贫搬迁儿童相对贫困的本质内涵，并设定了易地扶贫搬迁儿童相对贫困的多维测度标准。在相对基本需要维度，主要用收入相对贫困指标来衡量易地扶贫搬迁儿童在货币层面的福利相对不足；在相对基本能力维度，则主要采用住房条件、卫生设施、能源环境、教育以及卫生服务可及性等指标来衡量易地扶贫搬迁儿童在非货币层面基本公共服务的相对缺失，为我国在贫困形态转型变迁的新发展阶段重新审视和治理易地扶贫搬迁儿童相对贫困提供了经验指导。

二　研究不足

本书的不足之处主要体现在以下三个方面。

第一，调研数据的全面性问题。本书虽然选取了凉山州 J 县有"千户彝寨"之称的 D 社区为田野考察点，通过问卷调查和深度访谈的形式收集易地扶贫搬迁儿童相对贫困的分析资料，具有一定的代表性和典型性，但难以全面揭示该群体相对贫困的广度和深度。在后续研究中，应进一步拓展研究区域的考察范围，提升调研数据的全面性。

第二，贫困标准的发展性问题。本书基于易地扶贫搬迁儿童的群体特性构建的相对贫困多维测度标准和识别指标体系，虽能够有效识别相对贫困儿童的分布状况，但缺乏普适性和稳定性。在新的历史条件下，关于易地扶贫搬迁儿童相对贫困测度标准的设定应重点考虑区域、城乡以及群体之间的发展差距。这是下一步研究需要进一步完善的内容。

第三，贫困状况的动态性问题。受数据可获得性的限制，本书主要关注易地扶贫搬迁儿童在某一特定时点上相对贫困状态的识别与度量，缺乏对其搬迁前和搬迁后生存与发展状况的动态性考察。对此，后续研究中应重视对该群体在不同时点上相对贫困状态的追踪调查，以提出更具长效性的易地扶贫搬迁儿童相对贫困治理策略。

第一章　核心概念与理论基础

第一节　核心概念界定

一　儿童贫困

在现代社会，无论是作为一个法律术语，还是一种社会现象，儿童都不再仅仅是一个生物学名词，而是一个极具特殊性的社会群体。关于儿童概念的界定，最有效的方式是根据这一群体不同于成人的心理和生理特征而直接进行年龄阶段上的区分。在儿童的年龄划定上，1989年联合国《儿童权利公约》做出了明确界定：儿童主要包含18岁以下的任何人群，除非对其适用的法律规定成年年龄低于18岁。儿童期是个体人生开始的初期阶段，对每个人的成长发展具有一定的导向性和预见性。[①] 在我国的教育领域，关于适龄儿童入学的年龄起始规定，全国人民代表大会常务委员会2018年12月修订通过的《中华人民共和国义务教育法》明确指出，父母或其他相关的法定监护人在儿童年满6周岁时应及时送其入学接受并完成义务教育；在条件不具备的情况下，部分地区儿童的上学年龄可适当推迟

---

① 陆士桢、魏兆鹏、胡伟编著《中国儿童政策概论》，社会科学文献出版社，2005，第5~6页。

43

至 7 周岁。① 同时，该法也对"学制"做出了详细规定，即国家主要实行学前教育、初等教育、中等教育以及高等教育的学校教育制度。其中，儿童完成九年义务教育的年龄范围一般为 6~15 周岁。因此，在我国的教育体系结构中，通常将处于义务教育阶段的儿童统称为适龄儿童（School-Age Children）。然而，受自然条件、地理区位、制度安排和资源配置等因素影响，原深度贫困地区儿童延缓入学、年级错位、失学或辍学而被劝返复学的贫困现象较为突出。鉴于此，考虑到该地区多数儿童晚于法定入学年龄接受义务教育的社会事实，本书主要借鉴汪为等② 以及仲超和林闽钢③的研究，将适龄儿童界定为：处于义务教育阶段（小学和初中），且年龄在 7~15 周岁的未成年人。在本次调查研究中，即为出生于 2006~2014 年的儿童。在此基础上，结合研究需要，将本书的研究对象"易地扶贫搬迁儿童"定义为：2006~2014 年出生，且年龄在 7~15 周岁，跟随父母或长辈从农村搬迁至易地扶贫搬迁社区共同生活的儿童。此外，需要特别指出的是，精准扶贫期间因国家政策性人口空间转移而从农村搬迁至城镇的原建档立卡贫困人口仍未实现户籍上的身份转变。因此，易地扶贫搬迁儿童在户籍归属上仍为农村户口。

在全球减贫领域，儿童贫困并不仅仅是一个纯粹的家庭问题，它还是一种处于持续发展中的社会问题。在对社会贫困问题的相关研究中，人们最初并未意识到儿童贫困之于家庭贫困或成人贫困的特殊性和复杂性，普遍将其纳入社会整体贫困人口中来看待。事实上，要全面了解儿童贫困的本质要义，就必须首先厘清其贫困内涵的"元要素"。在《以自由看待发展》一书中，阿马蒂亚·森指出，"贫困是对儿童个体基本可行能力（Capability）的剥夺，而不仅仅单纯地指涉其家庭经济收入的较低水平"④。因此，我们可以认为，儿童贫困的根源就在于贫困儿童个体获得某种基本

---

① 《中华人民共和国义务教育法》，中国人民政府网，https://www.gov.cn/guoqing/2021 - 10/29/content_5647617.htm。

② 汪为、吴海涛、彭继权：《农村家庭多维贫困动态性及其影响因素研究——基于湖北数据的分析》，《中南财经政法大学学报》2018 年第 1 期。

③ 仲超、林闽钢：《中国相对贫困家庭的多维剥夺及其影响因素研究》，《南京农业大学学报》（社会科学版）2020 年第 4 期。

④ 〔印〕阿马蒂亚·森：《以自由看待发展》，任赜、于真译，中国人民大学出版社，2013，第 85 页。

生存物质、发展资源和机会的能力相对不足、缺失或被剥夺。与传统的绝对贫困观有所不同，阿马蒂亚·森的可行能力剥夺说指的是一种"相对的绝对贫困"。具体来说，即贫困儿童个体缺乏最基本的实现其人生全面发展的有价值功能活动的选择能力或实质自由。显然，这种相对的绝对剥夺与实现贫困儿童个体在生存、健康、知识、保护、自尊和参与等方面的价值性功能活动紧密相关，基本可行能力缺失是导致儿童陷入"相对的绝对贫困"生活窘境的根本原因。因此，从可行能力视角来看，与社会上其他特殊群体贫困一样，我们无法将儿童贫困单纯视为贫困当中的一个方面，还应当认识到其与家庭贫困和成人贫困之间的联系与区别（见表1-1）。同时，我们也应该认识到儿童贫困与贫困儿童是两个不能完全等同的概念。与将儿童贫困视为一种社会现象明显不同，贫困儿童往往指那些在社会生活中处于单一或多维贫困状态下的特殊群体。鉴于此，结合后续研究需要，本书将儿童相对贫困界定为：在设定的贫困阈值 $K=0.3$ 条件下，处于义务教育阶段的 7~15 岁儿童，在生存、健康、教育、保护和参与等多维权利层面上的基本可行能力缺失或不足导致其实际生活状况未能达到社会普遍公认的平均生活水准时所表现出来的贫困状态。即当儿童在生存、健康、教育、保护和参与 5 个维度 21 项指标上遭受相对贫困的缺失份额超过贫困阈值 K 时，就被判定为其陷入了难有实质性发展的贫困境地。

表1-1　家庭贫困、成人贫困与儿童贫困的联系与区别

	联系	区别
家庭贫困	家庭贫困是儿童贫困的重要成因，对贫困儿童家庭的经济援助是消除儿童贫困问题的重要途径和手段	家庭贫困并非造成儿童贫困问题产生的唯一原因，也不应成为解决这一社会问题的必然前提。除了家庭经济援助外，儿童减贫还要求国家和社会的共同参与，并在资源有限的情况下遵循儿童优先原则
成人贫困	儿童时期的贫困会影响个体的全面发展，导致其陷入成年后的贫困，表现为个体生命周期内的贫困延续；成年人的贫困会限制其为儿童提供良好的成长与发展条件的基本可行能力，导致儿童面临物质剥夺，表现为代际贫困传递	在贫困发生中的角色、受贫困影响的程度、在贫困治理中的地位以及公平与效率的适度范围不同

资料来源：王作宝、满小欧：《儿童贫困治理的几个理论问题》，《人口与社会》2014 年第 3 期；姜妙屹：《试论我国家庭政策与儿童政策相结合的儿童优先脱贫行动》，《社会科学辑刊》2019 年第 4 期。

二　相对贫困

自 1967 年维克托·福克斯（Fuchs Victor）明确提出"相对贫困"（Relative Poverty）这一概念以来，对于贫困本质的争论就未曾有过停止，并分别形成了以彼得·汤森（Peter Townsend）和阿马蒂亚·森（Amartya Sen）为主的两个主要理论学派。基于传统以货币为中心的单维贫困测量方法缺乏科学性，汤森开始使用相对剥夺（Relative Deprivation）方法来重新界定贫困。他认为，除了基本生活必需品的缺乏外，贫困还意味着缺乏获得饮食、娱乐、住房以及社会参与等方面的资源，导致个人、家庭或社会组织难以达到社会公认的平均生活水平时所维持的生存状态。① 在测量方法上，则提出了贫困人口识别的相对收入贫困标准。同时，依据特定社会情境中公众普遍认可的平均生活水平编制了用以衡量贫困者生活形态的具体指标——饮食、衣着、健康、住房、娱乐和社会关系等。从本质上来说，汤森的相对贫困观侧重于强调在特定的生活情境下不同社会成员之间生活水平的比较，包含了明显的社会价值取向。② 因此，是一种"绝对的相对贫困"。为了回应"一个人究竟能做什么"的现实问题，阿马蒂亚·森引入了"可行能力"（Capability）这一概念来理解相对贫困的内涵。在贫困的定义中，阿马蒂亚·森明确指出，尽管获得基本物质、生存机会和发展资源的可行能力缺失是一个不能被完全忽略的"绝对核心"，但在获取某些重要能力所需的商品服务方面，个体遭受贫困的内容通常是以一种相对的形式来给予呈现。③ 具体到对贫困的实践测量上，阿马蒂亚·森则重点强调，可以将贫困测量划分为贫困识别和贫困加总两个步骤，并提出了集绝对贫困和相对贫困度量方法于一体的森指数（Sen Index）。实质上，从可行能力视角来看，阿马蒂亚·森的贫困观更加侧重于反映：相对贫困作为一种分析方法并不是对绝对贫困的替代，而是对其内容进行拓展补充

---

① Townsend, P., *Poverty in the United Kingdom*, London: University of Califomia Press, 1979.

② 杨立雄、谢丹丹：《"绝对的相对"，抑或"相对的绝对"——汤森和森的贫困理论比较》，《财经科学》2007 年第 1 期。

③ Yamamori, T., "The Smithian Ontology of Relative Poverty: Revisiting the Debate between Amartya Sen and Peter Townsend", *Journal of Economic Methodology*, Vol. 26, No. 1(2019): 70–80.

的学术理念。因此,是一种"相对的绝对贫困"。

与汤森的"绝对的相对贫困"观有所不同,阿马蒂亚·森的"相对的绝对贫困"观侧重于从权利相对不足视角来审视相对贫困的本质内涵。正如阿马蒂亚·森所认为,相对贫困就是个体及其家庭所遭受的权利的相对被剥夺。① 对此,为了全面捕捉穷人在获取生存、教育和健康等多维层面上的权利相对剥夺状况,阿马蒂亚·森将相对贫困纳入了可行能力理论分析框架,从而进一步拓展了反贫困政策的战略高度。事实上,阿马蒂亚·森的"相对的绝对贫困"观揭示了相对贫困不仅包含因收入水平低下无法有效满足家庭成员基本生存所需而造成的"贫",也包括了个体或家庭因缺乏获得受教育机会、信息获取以及社会保障等基本公共服务的可行能力而产生的"困"。"贫"与"困"相互交织,相互影响。② 基于汤森和森关于相对贫困本质内核的理论争议,本书着重借鉴阿马蒂亚·森的"相对的绝对贫困"观,并从"贫"和"困"的二维视角构建了易地扶贫搬迁儿童相对贫困多维测度标准的概念框架(见图1-1)。"贫"(相对基本需要)反映了易地扶贫搬迁儿童在货币层面上的福利相对不足,主要采用收入相对贫困来对其加以有效衡量;"困"(相对基本能力)则反映了易地扶贫搬迁儿童在非货币层面上的基本公共服务的相对欠缺,主要采用饮用水、卫生设施、教育以及医疗等相对贫困指标来予以精准衡量。

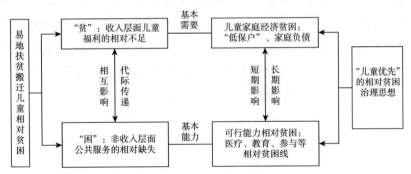

图1-1 易地扶贫搬迁儿童相对贫困多维测度标准的概念框架

资料来源:笔者绘制。

---

① 〔印〕阿马蒂亚·森:《贫困与饥荒》,王宇、王文玉译,商务印书馆,2019,第21~23页。

② 王小林、冯贺霞:《2020年后中国多维相对贫困标准:国际经验与政策取向》,《中国农村经济》2020年第3期。

三 易地扶贫搬迁

"易地扶贫搬迁"这一概念在 2001 年由国家计委颁行的《关于易地扶贫搬迁试点工程的实施意见》政策文本中被首次提及。随后，国家发展改革委在 2006 年审议通过的《易地扶贫搬迁"十一五"规划》文件中重点强调，亦可将"易地扶贫搬迁"称为"生态移民"。国外学界通常将"易地扶贫搬迁"统称为"生态移民"。然而，相较于"生态移民"，我国研究者则往往更倾向于使用"易地扶贫搬迁"这一术语。作为反贫困的关键手段，易地扶贫搬迁主要是政府专门针对那些长期生活在"一方水土养不起一方人"贫穷落后地区的农村人口而实施的一项综合性扶贫工程。从本质上而言，易地扶贫搬迁致力于通过空间的转移实现资源要素的重新配置和社会公共服务的重新调整，以此消解恶劣自然环境对贫困人口在生存与发展等权利层面上基本可行能力的限制，降低其在生产生活中所面临的一切潜在性的相对贫困风险。与国家因重点工程建设或自然灾害而产生的搬迁移民有所不同，我国在持续推进精准扶贫进程的宏观背景下所施行的易地扶贫搬迁是一种兼具生态保护、社会和谐与减贫发展多重目标的反贫困实践方式。从作为一种纯粹的扶贫手段来说，易地扶贫搬迁在反贫困领域发挥着难以忽视的减贫效应。然而，需要注意的是，贫困群众从乡村场域整体搬迁到城镇场域本身就存在诸如产生贫困等各种难以有效避免的外部冲击风险。与传统因素所引致的"旧贫困"有所不同，易地扶贫搬迁人口面临的贫困风险往往更多的是在生存空间置换后因发展需要的供给不足而产生的一种"新贫困"问题①，尤其是当大量以农村儿童、农村妇女和农村老人等为主的处于返贫边缘的社会脆弱人群进入新的生活空间后，势必会加剧其陷入相对贫困的风险性。

---

① 覃志敏：《社会网络与移民生计的分化发展——以桂西北集中安置扶贫移民为例》，知识产权出版社，2016，第 78~80 页。

第二节　理论基础

　　理论是为社会问题的研究需要而提供的一种观察视角、思考方法和解释依据，具有普遍性、根本性、稳定性等特征。在全球减贫发展领域，针对义务教育阶段 7~15 岁儿童的相对贫困测量、相对贫困归因以及相对贫困治理等现实问题的研究都需要科学的理论来进行指导。一方面，恰当的科学理论能够为儿童群体的减贫治理提供方向指引；另一方面，能够为消除在社会持续发展中逐渐凸显的儿童相对贫困现象提供必要的理论分析框架。因此，鉴于拟解决的关键问题，最终确定以可行能力理论、贫困代际传递理论和福利治理理论作为本书的三大理论基础。

一　可行能力理论

（一）可行能力理论内涵

　　20 世纪 70 年代以来，基于亚里士多德的"生活质量"、亚当·斯密的"生活必需品"以及马克思的"人的全面发展"等思想理念，阿马蒂亚·森首次提及用"可行能力"（Capability）这一概念来探讨现实社会中的经济不平等问题。此后，在《商品与能力》、《贫困与饥荒：论权利与剥夺》以及《以自由看待发展》等一系列著作中，阿马蒂亚·森对"可行能力"的核心要义进行了持续深化、阐述和发展，最终形成了用以支撑对福利、不平等和贫困等经济社会问题研究的庞大理论体系——可行能力理论。经过三十余年的信息基础比较研究，对于可行能力全面性的评价考量在学术界达成了统一共识，即承认可行能力可以更为深入且清晰地反映社会不同群体的真实生活状态，而合适的"空间"则是个体认为值得去追求并珍视的那种理想生活状态的实质自由。① 因此，越来越多的研究学者开始广泛从可行能力理论分析视角来探究各类社会经济现象。

---

　　① 姚进忠：《福利研究新视角：可行能力的理论起点、内涵与演进》，《国外社会科学》2018年第 2 期。

针对"什么是可行能力"这一核心议题，阿马蒂亚·森在《以自由看待发展》一书中立足于以实质自由①为综合价值标准的分析视角，对可行能力的核心要义和实质内涵进行了详细阐述，即把发展看作拓展特定福利目标群体值得享有的实质自由的一个实践过程。基于合理的评价性目的，阿马蒂亚·森着重强调了实质自由与可行能力之间存在着一种内在一致性的互通关系，即实质自由可以理解为社会中的个体有充分的理由选择自身所珍视的那种美好生活的可行能力；与之相反，可行能力也往往指涉人们所享有的充分实现其对于免受任何形式的生活困苦、培养良好的人格自尊以及参与具有利益相关性的政治活动等各种潜在功能性活动组合的实质自由。② 鉴于此，在社会福利领域，阿马蒂亚·森致力于运用能力方法③（Capability Approach）从根本上对个体的生活进行系统的道德性考量，并将福祉成就（Well-being Achievement）和福祉自由（Well-being Freedom）进一步深化、发展成为可行能力理论的基础性核心概念——功能性活动（Functioning）和可行能力（Capability）。④ 其中，"功能性活动"指的是个体认为值得去选择的各种有现实意义的事情或自身想要实现的美好生活状态。如果以一个实数来代表个体所能够获得的每一功能性活动的数量，那么其实际享有的福祉成就或福祉自由可用一个功能性活动向量来加以全面反映。然而，在现实情境中，个体能力素质的差异性、生活环境的多样性、社交关系的强弱性以及家庭资源分配的不均等性的存在，导致利益相关者无法有效完成其所能够完成的全部功能性活动。⑤ 因此，与个体的功

---

① 包括免受困苦，如饥饿、营养不良、可避免的疾病、过早死亡之类基本的可行能力，以及能够识字算数、享受政治参与等的自由。扩展自由对于提升人类的生活质量发挥着重要的建构性作用。

② 关于实质自由与可行能力的潜在性互通关系，阿马蒂亚·森在《以自由看待发展》一书中的第三章（自由与正义的基础）第 10 节（福利、自由与可行能力）的开头详细阐述道，出于很多评价性目的，合适的"空间"既不是效用（如福利主义者所声称的），也不是基本物品（如罗尔斯所要求的），而应该是一个人选择有理由珍视的生活的实质自由——可行能力。

③ "能力方法"是一个用于评估个人福祉、社会安排、政策设计以及有关社会变革建议的规范框架，强调了手段与目的、实质自由（可行能力）与结果（实现的功能）之间的差异性。目前，"能力方法"被广泛应用于福利经济学、社会政策和政治哲学等领域。

④ 刘科：《能力及其可行性——阿玛蒂亚·森能力理论的伦理基础》，《社会科学》2018 年第 1 期。

⑤ 〔印〕阿马蒂亚·森：《以自由看待发展》，任赜、于真译，中国人民大学出版社，2013，第 59~60 页。

能性活动密切相连的便是各种具有相互替代性和自由选择性特征的功能性
活动组合——可行能力集。概而言之，可行能力的评价焦点主要包括个体
已完成的功能性活动（个体实际能够做到的事）和个体所享有的由各种替
代备选方案组成的可行能力集（个体拥有充分的实质自由去追求的事）。[①]
由此可见，功能性活动和可行能力集不仅是个体谋得生存资源和发展机会
等基本可行能力的具体呈现，同时也构成了阿马蒂亚·森可行能力理论的
两大关键性"元要素"。此外，需要特别指出的是，尽管功能性活动和可
行能力集综合反映了个体所拥有的一般性可行能力，但两者之间既有联
系，又有区别，具体如表 1-2 所示。

表 1-2 功能性活动与可行能力集之间的联系与区别

	联系	区别
功能性活动	功能性活动作为可行能力集的外显差异性内容，系统反映了个体一般性可行能力的强弱趋势	受时间唯一性的限制，功能性活动是个体实际达到的成就，是一种已完成式的且可直接观测的外显性状态
可行能力集	可行能力集隐含个体尚未如愿实现的成就，但其享有充分的自由去选择完成潜在性的功能性活动	可行能力集包含功能性活动，具有不可直接观测性，且个体仅实现了部分成就，尚未达到理想的生活状态

资料来源：根据相关文献整理制作而成。

综合来看，"可行能力的绝对剥夺是个体遭受贫困的根本原因，而反
贫困则是对其多维可行能力的提升与拓展"是阿马蒂亚·森可行能力理论
思想内核的体现。该理论以现实主义的比较正义观为基础，强调对先验制
度主义的超越。在对个体的生活进行道德考量时，传统的单维收入视角仅
仅关注个人福利而忽略了主体能动性的内在局限，导致个体做出选择本身
的现实价值大打折扣。因此，在分析社会正义时，为了实现福祉成就和福
祉自由的最优化，阿马蒂亚·森始终秉持"厚"的善观念，将对个人的生
活评价标准从有限选择的收入领域最大限度地拓展到了更具包容性的可行
能力领域[②]，即将传统的排他性收入手段向促进个人能动性发展的实质自

---

① 〔印〕阿马蒂亚·森：《以自由看待发展》，任赜、于真译，中国人民大学出版社，2013，
第 63 页。
② 丁建峰：《超越"先验主义"——对阿马蒂亚·森正义理论的一种解读与评价》，《学术
研究》2013 年第 3 期。

由拓展转变。只有这样，在一些重大的选择项当中，人们才更有理由拓展其所珍视的实质自由，从而真正实现被社会普遍公认的有价值的理想生活状态，可行能力理论分析框架如图 1-2 所示。[①] 另外，在把握自由与发展之间的内在关系时，可行能力理论明确指出，发展的首要目的是充分实现个体的实质自由，而个体实质自由的实现也是促进发展的主要手段。对此，从"工具性"视角出发，阿马蒂亚·森特别考察了政治自由、经济条件、社会机会、透明性保证和防护性保障[②]五种不同形式的自由类型。[③] 这些工具性自由之间相互补充、相互联系，并各自促进个体的一般性可行能力。[④] 因此，在减贫与发展领域，通过全面促进上述五种具有多重相互关联特质的工具性自由，能够最大程度实现提升个体实质自由并拓展其多维可行能力的反贫困目标。可见，以阿马蒂亚·森的可行能力理论视角来看待和认识一切形式的社会贫困问题，不仅加深了人类对于贫困/剥夺性质及其产生根源的理解，其所呈现出的强调贫困致因异质性、贫困治理多元性以及尊重贫困对象主体性的多维创新特质，更是突破了以往个人被简单视为被动的利益接受者，而不是参与变化的能动性主体的减贫观念。此外，值得指出的是，在信息科学评价的现实基础上，将可行能力贫困观践行于对贫困的识别、援助、管理以及评估等场域，能够在更加接近社会正义所要求的信息层面上，达到对社会特定福利目标人群相对贫困问题的根本性治理。

（二）可行能力理论适用性

可行能力理论从功能、能力与自由等维度出发，提出了一系列超越传

---

① 〔印〕阿马蒂亚·森：《论经济不平等：不平等之再考察》，王利文、于占杰译，社会科学文献出版社，2006，第 259 页。

② (1) 政治自由，即通常所称的个体在民主政体下所拥有的最广义的公民权利；(2) 经济条件，指个体享有的为了消费、生产和交换目的而运用其经济资源的机会；(3) 社会机会，即个体在医疗保健、社会教育以及其他方面所拥有的实质自由；(4) 透明性保证，即个体对公开性信息的需要，包括知情权；(5) 防护性保障，指国家或社会为弱势群体提供的各项固定的或临时应需而定的制度安排。

③ 〔印〕阿马蒂亚·森：《以自由看待发展》，任赜、于真译，中国人民大学出版社，2013，第 32~33 页。

④ 华学成、许加明：《阿马蒂亚·森的自由发展观对中国农村反贫困的启示》，《学海》2017年第 5 期。

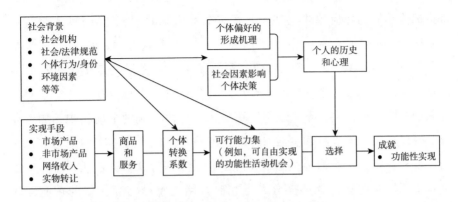

图 1-2　阿马蒂亚·森的可行能力理论分析框架

资料来源: Robeyns I, "The Capability Approach: A Theoretical Survey", *Journal of Human Development and Capabilities*, Vol. 6, No. 1 (2005): 93-117。

统贫困观的思想主张。即将传统的单维收入贫困观向现代的多维能力贫困观拓展，并强调了贫困个体的福利水平应依据其能够获得对于生活有价值的功能性活动来进行综合评价。实际上，可行能力理论蕴含的多维福利观可为儿童福利状态的精准度量提供更具包容性的价值标准和更为广泛的信息基础。因此，对于构建易地扶贫搬迁儿童相对贫困测量指标体系具有较强的解释力和适用性。

可行能力理论的"功能自由"观点主张易地扶贫搬迁儿童相对贫困测量指标体系的构建不仅需要着重关注作为社会特殊弱势群体的相对贫困儿童已实际获得的功能性活动，如拥有宽敞的居住条件、干净的饮用水、适龄入学的机会、受保护的生存环境等，还要树立多维价值取向的相对贫困治理理念，重视易地扶贫搬迁儿童特殊性成长发展需求的优先满足和基本权利的有效实现。从多维可行能力视角来看，易地扶贫搬迁儿童相对贫困治理必然要涉及收入、教育、住房、信息获取、社会保障以及医疗卫生等方面的反贫困内容。这就提示我们易地扶贫搬迁儿童相对贫困测量指标体系的构建应适时将传统的儿童贫困内容评价的信息基础逐步向切实保障易地扶贫搬迁儿童的基本权利拓展转变，并从权利实现的角度来测量该群体的社会福利水平。因此，在减贫实践中，我们必须始终警惕是否存在对相对贫困儿童功能自由权利有意或无意的剥夺。

可行能力理论的"能力自由"观点强调易地扶贫搬迁儿童相对贫困测量指标体系的构建应始终建基于儿童多维贫困观的"元素评价",将实际已获得的各项功能性活动作为评价相对贫困儿童潜在可行能力的现实基础。同时,"能力自由"观点强调权利是易地扶贫搬迁儿童多维可行能力的基本保障,追求有效获得功能性活动的实质自由表现为社会特定福利目标人群多维可行能力的不断获得,更是多种自由权利的最终实现,如生存权、受保护权、发展权和参与权等是易地扶贫搬迁儿童享有的最为基本的公民权利。在"能力自由"理念指导下,对于易地扶贫搬迁儿童相对贫困测量指标体系的构建既要充分考虑相对贫困儿童已实际获得的功能性活动,同时也要将潜在的未能充分实现的其他各项功能性权利活动纳入其中。因此,易地扶贫搬迁儿童相对贫困测量指标体系各功能维度的观测指标应以最大限度地实现相对贫困儿童各种功能性活动的实质自由为基本价值遵循。

在减贫发展领域,儿童相对贫困更多的是一种弱参与权、边缘性、易贫性、社会排斥以及弱发言权等多维层面上的"相对剥夺感",其贫困内涵不仅仅指涉家庭的收入低下,还包含更为广泛的权利实现、自我认同、信息获取等方面多维可行能力的缺失或不足。当前,我国儿童相对贫困的标准、识别与治理研究仍然止步滞留于传统的单维收入阶段,儿童基本权利的实现和多维发展需要的满足在一定程度上遭到了忽视,进一步限制了儿童个体在有价值的功能性活动组合中进行充分选择的自由程度,从而导致社会长期处于"贫困恶性循环"的泥沼。因此,在可行能力理论分析框架下,从权利实现的角度出发,本书将易地扶贫搬迁儿童的功能性活动划分为生存、健康、教育、保护和参与5个维度,并结合 AF 多维贫困测量法来衡量该群体的福祉水平,以全面保障相对贫困儿童真正实现、提升并拓展其所珍视的一切基本可行能力。

二 贫困代际传递理论

(一)贫困代际传递理论内涵

在西方反贫困实践中,贫困代际传递理论早已成为一个颇具影响力的理论。贫困代际传递理论主要是从社会学领域关于地位获得和阶层继承的研究范式中发展演变而来。20世纪60年代，贫困代际传递这一学术概念由专门研究长期性贫困问题的美国经济学家正式提出。他们在研究中发现，贫困家庭或贫困社区普遍存在严重的贫困代际传递现象。此后，关于社会群体的贫困代际传递问题研究吸引了来自教育学、政治学、经济学、社会学以及心理学等学科领域的广泛关注。在反贫困领域，多数学者普遍将研究的重点聚焦于对贫困代际传递的概念解释上，并已初步形成了包括环境成因论、社会排斥论、能力贫困论、贫困文化论、功能贫困论、智力低下论、要素短缺论以及素质贫困论等多种颇具代表性的理论观点。现阶段，国内外学术界对于贫困代际传递的理论认知已基本达成共识，主要将其定义为：子辈面临的贫困主要是由父辈在私域和公域当中出现的资产赤字造成，贫困的社会阶层流动开始从"代内"演变成"代际"。① 换句话来说，子辈之所以在成年后重复遭遇父辈的贫困经历，主要在于导致陷入贫困状态的一系列条件和不利因素具有很强的家庭传导性，这些条件和因素会通过父辈传递给子辈，从而引发贫困的恶性循环。② 在跨代贫困中，贫困传递的周期一般为15年。事实上，在反贫困场域，贫困的代际传递早已成为贫困家庭长期深陷"贫困恶性循环"而难以自救的一种极端表现形式。因此，从可持续发展视角而言，消除贫困的根源在于从生命的早期发展阶段阻断贫困的跨代传递。

贫困作为一种状态具有很强的惯性。相关研究指出，贫困的代际传递是多种因素综合作用的结果，而非由纯粹的单一因素所引起。③ 梳理相关文献发现，关于贫困代际传递的影响因素研究已基本形成如下观点：贫困及其代际传递大致受到个体、家庭和社会三个层面的影响。其一，微观层面取决于个人的素质。持此种论调的学者认为，贫困的根源并非在于发展资源的匮乏或经济收入的多寡，而是"个人的素质差"——个体缺乏从事商品生产或经营的相应能力。阿马蒂亚·森强调，个体贫困的本质归根结

---

① 王卓：《论暂时贫困、长期贫困与代际传递》，《社会科学研究》2017年第2期。
② 林闽钢：《缓解城市贫困家庭代际传递的政策体系》，《苏州大学学报》（哲学社会科学版）2013年第3期。
③ Bird, K., Shinyekwa, I., "Even the Rich are Vulnerable: Multiple Shocks and Downward Mobility in Rural Uganda", *Development Policy Review*, Vol. 23, No. 1(2010): 55-85.

底在于可行能力的不足。① 其二，中观层面受限于家庭、社区和社会组织所提供的资源和机会。例如，Harper 等指出，不完整的家庭结构会对后代的可利用资源和发展机会产生消极影响，进而催化贫困的代际传递。② 因此，阻断贫困代际传递的一条有效途径是提升家庭、社区和学校等场域对于后代成长所需资源的福利供给能力。其三，宏观层面受制于国家制度和社会结构。吉登斯指出，不同制度下跨代传递的贫困内容和贫困程度存在显著差异。③ 与社会主义国家相比，推崇资本主义制度的欧美国家所实施的社会福利政策往往更容易使获得福利救助资格的贫困家庭陷入"福利依赖"而长期逃避就业，进而使其子女延续自身的贫困境遇。从贫困代际传递的内涵和外延来看，除了要重点关注个人和家庭内部因素外，还要注意到家庭以外的社会性因素也是造成子代陷入贫困的一个不容忽视的重要影响因素。对于子代来说，制度和社会因素具有外生性，会影响父代在特定策略下的收益，从而对其成年后的机会选择产生影响。这就意味着制度和社会因素会对代际流动的速度和方向产生影响，最终决定贫困家庭能否彻底摆脱贫困束缚。

20 世纪 70 年代以来，贫困代际传递理论因其极具解释力的理论特性，得到了我国公共政策研究者的关注和重视，甚至被视为社会贫困归因研究应用最为广泛的理论之一。然而，"贫困代际传递"这一概念首次出现在我国的政策文件中始于 2006 年。国务院在 2006 年 3 月发布的《中华人民共和国国民经济和社会发展第十一个五年规划纲要》政策文件中明确提出，需要在寄宿学习、家庭寄养以及社会托养等方面，着重加大对贫困家庭子女的社会救助力度，实现全面改善其不利成长环境、防止贫困代际传递的减贫目标。④ 这意味着社会群体的贫困代际传递问题已开始引起政府部门的高度重视，一定程度上也反映出了国家反贫困战略制定的新动向。

---

① Sen, A., "Issues in the Measurement of Poverty", *Scandinavian Journal of Economics*, Vol. 81, No. 2(1979) : 285–307.

② Harper, C., Marcus, R., Moore, K., et al., "Enduring Poverty and the Conditions of Childhood: Life Course and Intergenerational Poverty Transmissions", *World Development*, Vol. 31, No. 3 (2003) : 535–554.

③ 〔英〕安东尼·吉登斯：《社会学》（第五版），李康译，北京大学出版社，2009，第 289~292 页。

④ 《中华人民共和国国民经济和社会发展第十一个五年规划纲要》，中国政府网，http: // www.gov.cn/gongbao/content/2006/content_268766.htm。

现阶段，学术界对于贫困代际传递问题的研究主要涉及贫困代际传递的现状①、影响因素②以及阻断策略③等方面。

（二）贫困代际传递理论适用性

贫困代际传递理论对于群体性贫困问题存在的长期性原因做出了新的理论解释，同时主张从个体、家庭和社会三个层面来揭示贫困的发生逻辑和演变规律。从某种意义上来说，贫困代际传递理论能够为消除儿童贫困、打破社会贫困再生产提供重要的理论指导。

贫困代际传递理论贫困归因的"个体导向"维度揭示了探究易地扶贫搬迁儿童相对贫困的发生原因应着重关注贫困个体自身的身份特征，如年龄、性别以及健康状况等变量。在经济短缺表象遮蔽下，儿童个体的相关特征对其本身在贫困认知、态度以及价值判断等方面将会产生显著的消极影响，更有甚者将由此衍生贫困的生产与再生产。经验证据表明，儿童从4岁起便能独自感知穷人作为一个界限明晰的实体性群体范畴所带来的"相对剥夺"。④ 因此，有必要从个体微观层面出发，探析易地扶贫搬迁儿童相对贫困生成的内在逻辑。

贫困代际传递理论贫困归因的"家庭导向"维度提示易地扶贫搬迁儿童相对贫困发生原因探析需要将家庭生命周期阶段内特定的家庭结构特征充分考虑在内。当代儿童相对贫困常常源于特定的家庭结构属性，如生活在女性户主家庭、单亲母亲式家庭和隔代抚养家庭中的儿童往往更具脆弱性，且也更加容易因家庭变故的不利影响而陷入长期性的相对贫困。家庭

---

① 王卓、时玥:《彝族贫困代际传递现状及影响因素研究》,《中国人口科学》2019年第3期;卢盛峰、潘星宇:《中国居民贫困代际传递:空间分布、动态趋势与经验测度》,《经济科学》2016年第6期。

② 周铮毅、应瑞瑶、徐志刚、孙顶强:《农村家庭贫困的代际传导路径:来自江苏省的经验证据》,《人口与发展》2015年第3期;徐慧:《转型期农村贫困代际转移、影响因素及对策研究》,《经济体制改革》2016年第3期;王志章、刘天元:《连片特困地区农村贫困代际传递的内生原因与破解路径》,《农村经济》2016年第5期。

③ 李永前:《基于实证分析的云南藏区教育阻断贫困代际传递调查研究——以德钦县为例》,《中国农业资源与区划》2019年第4期;王志章、杨珂凡:《教育阻断边疆民族地区代际贫困的具体路理——基于云南省怒江傈僳族自治州泸水市老窝镇的实地调查》,《云南师范大学学报》(哲学社会科学版)2020年第4期。

④ del Río, M. F., Strasser, K., "Chilean Children's Essentialist Reasoning about Poverty", *British Journal of Developmental Psychology*, Vol. 29, No. 4(2011):722-743.

结构特征与社会结构性因素在儿童相对贫困的生产与再生产中表现出较强的叠加效应。从整体上来看，户主性别、家庭人口规模和单亲状况等家庭结构特征是儿童相对贫困的一个不可忽视的重要诱因。因此，易地扶贫搬迁儿童相对贫困的归因研究也应重点引入"家庭结构"这一关键性要素，以便从中观层面出发来解释该群体遭受相对贫困的原因。

贫困代际传递理论贫困归因的"社会导向"维度表明易地扶贫搬迁儿童相对贫困的影响因素分析应凸显"社会性"。实证经验表明，儿童相对贫困是基于生命早期阶段的贫困儿童对自我贫困经历和贫困状况的再次建构、认知和认同，具体包含生存、健康、教育、保护以及参与等多重维度的"权利相对剥夺"。从社会比较视角审视儿童相对贫困的发生根源，贫困内容是不可忽视的一个重要切入点。换句话说，制度安排的合理化和儿童服务的科学性对于相对贫困儿童的减贫与发展极为关键。因此，除了个体特征和家庭结构外，易地扶贫搬迁儿童相对贫困的归因研究还要着重关注宏观层面外部性环境因素的冲击和影响。

从某种程度上来说，贫困代际传递理论致力于从宏观、微观视角揭示贫困根源，为我们从代际视角审视易地扶贫搬迁儿童相对贫困的发生原因提供了十分重要的启示意义。从本质上来看，儿童相对贫困是家庭贫困代际传递的结果。因此，面对以往扶贫政策对长期性贫困失灵的减贫现实，运用贫困代际传递理论系统剖析易地扶贫搬迁儿童相对贫困的生成机理，不仅对我国从源头上摆脱贫困桎梏具有不可忽视的借鉴价值，同时还有助于国家在易地扶贫搬迁后续重新调整反贫困战略，从顶层设计上有序实现相对贫困儿童在生存资源、健康保障、受教育权利、社会保护以及日常参与等方面的制度安排，从而达到提高易地扶贫搬迁儿童相对贫困治理效率、有效阻断贫困代际传递的可持续发展目标。

三 福利治理理论

（一）福利治理理论内涵

20 世纪 90 年代以来，随着西方"政府再造运动"（Reinventing Government）的兴起，全球范围内拉开了由"政府范式"向"治理范式"

转型的序幕。作为对"政府范式"进行重新解构的一种新的理论范式，"治理"概念在社会福利领域的实践推动了福利治理（Welfare Governance）理念的创生与发展。① 在"去福利国家"的改革浪潮中，责任伦理视域下的福利治理并非一种简单的修辞学狂欢，其更加侧重于对稀缺性福利资源的挖掘、整合、递送以及监督。从多元参与视角来看，与传统以政府为单一治理主体的福利供给模式相比，当前以新发展主义理念为价值取向的福利治理更具包容性、互济性和共享性。因此，在公共政策范式转型的现实背景下，越来越多的学者更加热衷于运用治理机制来应对福利资源供给过程中出现的"社会失灵""政府失灵""市场失灵"等现象。② 在提升人类福祉的道路上，人们试图通过多元行动主体干预、权力/权威形式转换及其作用机制融合，最大限度地实现对特定福利减贫目标的系统性实践。可以说，以保守社群主义、左派第三条道路和福利多元主义三大福利思潮为内在学理支撑的福利治理理论，从某种程度上能够为以福利分配为导向的特定目标群体的减贫与发展提供"政府范式"与"市场范式"之外的"第三条道路"。

　　基于福利治理的产生过程及其实践中的运作逻辑，我们可从宏观和微观两个层面来把握福利治理的理论内涵。从宏观视角来看，作为应对代议制民主体制下福利超载现象的一个"去福利国家"环节而出现的政策实践主张，福利治理实际上是国家或社会为了降低现代性风险、减少不平等以及缓解相对贫困而采取的一种福利减贫项目的实现方式③，实质在于对政府、市场、社会和家庭等多元行动主体之间失衡的责权关系进行重新调和。在贫困治理领域，实现对传统"国家中心主义"范式下的福利减贫模式和机制的反思、优化与超越，以更有效地满足社会特定贫困人群的福利需求，是福利治理最为根本的价值追求。因此，在"公共责任"逐渐退却的减贫场域，福利治理致力于通过权力下放和调整政府职责的方式来调和

---

①　Bode, I., "Disorganized Welfare Mixes: Voluntary Agencies and New Governance Regimes in Western Europe", *Journal of European Social Policy*, Vol. 16, No. 4(2006): 346–359; François-Xavier M., "Governance and Modern Welfare States", *International Social Science Journal*, Vol. 50, No. 155(1998): 57–67.

②　俞可平主编《治理与善治》，社会科学文献出版社，2000，第52页。

③　Dietrich, R., James, M., *Comparative Historical Analysis in the Social Sciences*, Cambridge: Cambridge University Press, 2003.

多元行动主体之间的"义务-权利"失衡状态,以此达到相对贫困的长效性治理目标。然而,有学者认为,对福利治理理论核心要义的传统解读忽略了福利国家政府消亡的真正原因。福利治理的最重要特征莫过于赋予国家以外的行动者(如市场、社会和家庭等)在公共政策规划和实施中的合法性地位。从这个角度来看,政府的治理功能并非遭到了强制性萎缩,而是更加趋向于"元治理",即"治理的治理"。① 在福利减贫框架下,多数学者关注到了福利治理的宏观意涵,强调其对于传统的以政府为单一主体的贫困治理模式的转变具有至关重要的革命性意义,能够为日趋复杂的全球减贫形势提供一种崭新的应对思路。

从微观视角来看,福利治理,即治理的社会福利化,指的是多元行动主体围绕公共福利政策、有限福利资源以及社会福利计划等内容开展减贫治理的系统性实践过程。本质上,福利治理是一种以"主体多元""利益协调""协同行动"等为核心要义的"治理"理论在福利减贫领域进行拓展与应用的社会福利供给机制。② 最早关注福利治理的英国学者鲍伯·杰索普(Boob Jessop)指出,变化中的福利定义、变化中的福利递送制度以及福利递送过程中的实践是福利治理的三大核心议题。③ 通常情况下,福利治理的多重特性——变化性、差异性和多样性决定了其体制类型和实践路径会随着治理目标和模式的发展变化而变化。因此,在特定的减贫场域,事先系统明确福利对象(厘清)、福利目标(制定)、福利主体(关联)、福利资源(递送)以及福利需求(满足)等基本构成要素,是实现福利善治目标的前提条件。较之福利治理的宏观意蕴,微观意义上的福利治理实质是国家治理体系对福利减贫要素的结构性吸纳。"治理"在此的含义则主要聚焦于福利社会的可持续性或常态化运转,同时强调福利减贫

---

① Milena, B., "Examining the Interaction between Vertical and Horizontal Dimensions of State Transformation", *Cambridge Journal of Regions Economy and Society*, Vol. 2, No. 1(2009): 35-49.

② Verdeyen, V., Buggenhout, B. V., "Social Governance: Corporate Governance in Institutions of Social Security, Welfare and Healthcare", *International Social Security Review*, Vol. 56, No. 2 (2003): 45-64.

③ Jessop, B., "The Changing Governance of Welfare: Recent Trends in Its Primary Functions, Scale, and Modes of Coordination", *Social Policy and Administration*, Vol. 33, No. 4(1999): 348-359.

政策在制定和实施过程中的"横向关系"和"应对能力"。① 从治理方式上来看，在遵循多元主体合作治理原则的价值基础上，微观意义上的福利治理试图跨越公共部门边界，通过构建水平化良性互动的"服务传递协力合作网络"格局，实现对社会特定福利目标人群公共利益的最优化满足。由此可见，作为现代治理理论的重要内容之一，福利治理是国家和社会稳定运行的基础，维持着个体生存与社会秩序的平衡。

福利治理理论在宏观和微观层面上的双重意涵，共同揭示了其核心要义主要依附于对"治理"概念的理解。对此，在政府组织形式与社会公共价值面临转型的严峻趋势下，李迎生等指出，全面把握"治理"内涵的四个维度——治理理念、治理目标、治理关系和治理过程，有助于厘清福利治理的内在结构与机制。② 然而，我们也应该意识到，诞生于西方语境之下的福利治理理论并非万能的，尤其是在道德公害一触即发的福利救济场域。具体而言，在特定的社会环境中，政府的有效性、市场的发达性、社会组织的有序性、家庭的和谐性以及个体的责任性，共同构成了福利治理得以成功实施所应具备的基本条件。换句话来说，在有限的福利资源配置中充分发挥福利治理的减贫能动性作用，只有在既定的意识形态和相对成熟的多元行动主体良性互动关系下才能得以有效实现。从国外丰富的减贫实践来看，一个成熟的福利治理场域，势必以法治理念为依据，以社会公正为导向，形成合作共治、平等协商、民主开放的大扶贫治理格局。在此逻辑上，西方福利治理理论对我国 2020 年后减贫治理的借鉴价值主要在于，立足贫困形态发展变迁的减贫现实，遵循"复合正义"的分配原则，推动国家、市场、社会以及家庭等多元福利供给主体间的网络化良性互动关系的建立，通过为社会特殊贫困群体提供正式或非正式的生活保障网，实现缓解相对贫困程度的可持续减贫发展目标。

在贫困治理领域，作为一种以福利分配为导向的治贫模式，福利治理理论得到了减贫政策分析者的关注和重视。事实上，在我国摸索建立缓解

---

① Evers, A., "Mixed Welfare Systems and Hybrid Organizations: Changes in the Governance and Provision of Social Services", *International Journal of Public Administration*, Vol. 28, No. 10 (2005): 737-748.

② 李迎生、李泉然、袁小平：《福利治理、政策执行与社会政策目标定位——基于 N 村低保的考察》，《社会学研究》2017 年第 6 期。

相对贫困长效治理机制的现实语境下，社会福利早已在无形之中被纳入了贫困治理序列，成为国家缩小贫困差距的重要手段。以福利为治贫工具，无论是对于减贫治理的整体成效，还是对于社会福利体制建设均产生了深远影响。综合而言，福利治理理论的相关应用研究主要涉及扶贫政策范式嬗变①、能力福利正义塑造②以及社会特殊群体减贫政策制定③等领域。

（二）福利治理理论适用性

贫困形态变迁引起的减贫范式的嬗变，深刻影响了我国后脱贫时代的相对贫困治理格局。缓解相对贫困对于发挥个体能动性要求的增强，悄然改变着家庭、社会、市场和国家等多元行动主体间的互动合作关系。在新发展阶段，面对日趋严峻的减贫形势，易地扶贫搬迁儿童相对贫困的有效治理必须改变以往带有强烈"行政主导"意识的扶贫方式，回归济贫的"公共性"供给本位。对此，新发展主义理念指导下的福利治理理论为我国易地扶贫搬迁儿童的相对贫困治理提供了一个崭新的研究视角。

与"发展主义"逻辑下的行政主导型治贫模式相比，福利治理理论关于推动构建多元福利供给主体责任共担减贫机制的实践主张，反映了扶贫新情境下的易地扶贫搬迁儿童相对贫困治理应更加注重对以政府为单一治理主体的失灵现象的反思。作为西方应对"保姆式"或"家长式"政府福利危机的一种功能性概念，福利治理理论认为，立足于传统管治模式之下的政府并非无所不能，富有浓烈的"行政主导"色彩的发展主义减贫政策也始终效果甚微。随着治理理念在社会政策领域的运用，福利治理范式下的减贫实践更加突出"合作"和"协调"，并强调多元行动主体间的"责权对等"关系。因此，在新发展主义理念指导下，福利治理理论对我国有效缓解易地扶贫搬迁儿童相对贫困状况的指导价值主要在于：一方面，从主体性视角来看，儿童反贫困应充分实现政府由"掌舵者"向"操舵者"的角色转变，从而弥补"行政主导"的减贫缺陷，构建"政府-社会-家

---

① 万兰芳、向德平：《中国减贫的范式演变与未来走向：从发展主义到福利治理》，《河海大学学报》（哲学社会科学版）2018年第2期。
② 王昶、王三秀：《福利治理下的能力正义：内涵、价值及困境消解——兼论我国扶贫新情境下能力福利正义塑造》，《学习与实践》2021年第6期。
③ 周沛：《"福利整合"与"福利分置"：老年残疾人与残障老年人的福利治理》，《内蒙古社会科学》2020年第3期。

庭"协同共治的多元贫困治理格局；另一方面，福利治理的根本落脚点——通过满足社会特定目标群体的福利需求达到社会常态化稳定运行的目的，揭示了要真正实现福利善治的理想生活状态，那么在儿童相对贫困治理中起主导性作用的政府必须为其他福利供给主体搭建好参与减贫的资源对接平台，形成多元主体良性互动的网络化协作关系。此外，福利治理理论潜存的一个天然无解的缺陷，即公私领域各治理主体的责权界限模糊，易导致公共减贫行为因缺乏刚性约束而失范的现象。这就要求在责任伦理视域下，相对贫困儿童的减贫治理还应更加注重突出国家的"元治理"作用，彰显其"同辈中的长者"地位，同时明确多元主体在儿童反贫困中的治理职责，以避免陷入因缺位、越位或错位等问题而引发的"治理失灵"陷阱。由此可见，福利治理理论中多元主体携手共治的核心内涵，能够为易地扶贫搬迁儿童相对贫困治理实践提供强有力的理论指引。

从公平正义视角来看，以"复合集体主义"为基本遵循的福利治理理论，也为易地扶贫搬迁儿童的相对贫困治理提供了重要的价值指引。福利善治的基本内涵是在减贫治理过程中实现公共利益最大化，本质是政府、社会和家庭三者间新型合作关系的建构。与之契合，新发展阶段提升易地扶贫搬迁儿童的福祉，需通过建立更具针对性的相对贫困治理政策来予以实现。一般而言，相对贫困是生产力在发展过程中因福利资源的不均衡分配所蔓延滋生的社会产物，主要表征为以易地扶贫搬迁儿童为主的社会特殊群体贫困。在目标靶向上，易地扶贫搬迁儿童相对贫困治理的价值追求本质上是促进相对贫困儿童的全面发展。因此，基于贫困治理质态转轨的减贫现实，福利治理理论以满足社会特定贫困人群现实需要的根本落脚点，揭示了我国应始终遵循以"公平的正义"为后脱贫时代易地扶贫搬迁儿童相对贫困治理的基本价值取向的原则。这是在中国特色扶贫道路上实践共享正义、实现共享发展以及实行共享治理的核心价值追求。对此，为有效治理易地扶贫搬迁儿童相对贫困，应时刻秉持"共建、共治、共享"价值理念，从单纯的"发展"意蕴转向更强的"福利"内涵，通过强化特定福利目标人群的内在发展动力，实现国家贫困治理现代化的善治愿景。唯有如此，才能从根源上缓解易地扶贫搬迁儿童的相对贫困状况，同时提升其成年后自主应对一切社会贫困风险的抗逆能力。

总的来说，福利治理理论为我国后脱贫时代易地扶贫搬迁儿童相对贫困治理提供的启示借鉴主要表现在以下方面。其一，福利与减贫具有相似的目标，实质都是对理想生活状态的追求。从福利建设角度来看，儿童福利往往因其面临的贫困问题而生，儿童减贫亦是儿童福利发展的重要内容。[①] 其二，易地扶贫搬迁儿童反贫困的多层级治理结构与社会福利供给的多主体结构具有内在一致性。同时，福利治理强调国家、市场、社会以及家庭等多元行动主体的福利供给责任和公共扶贫资源的实现过程，易地扶贫搬迁儿童反贫困也需要政府主导外的其他治贫主体的广泛参与。其三，易地扶贫搬迁儿童相对贫困治理的减贫逻辑契合福利治理理论关于分权和参与的价值理念。在减贫发展过程中，既强调国家需要高度重视对顶层治理权力的下放，尤其是在法律框架下赋予第三部门参与易地扶贫搬迁儿童反贫困的基本权力，同时也强调对减贫资源的分散化，包括政府为进一步提升儿童福祉而为易地扶贫搬迁儿童购买的非货币性服务。

第三节 理论分析框架

在可行能力理论、贫困代际传递理论以及福利治理理论等相关理论的基础上，本书沿袭经典的"贫困测度—贫困归因—贫困治理"逻辑思路，构建了一个具有现实指导作用且行之可操的理论分析框架。根据阿马蒂亚·森关于可行能力理论的内涵阐释，易地扶贫搬迁儿童相对贫困并非纯粹意味着家庭的收入水平低，还包括其基本可行能力的缺失与不足。实际上，儿童获取多维可行能力的程度主要取决于生存权、健康权、受教育权、受保护权和参与权等五项基本公民权利的全面保障。这些基本权利的有效实现将直接帮助相对贫困儿童拓展其所珍视的美好生活状态的可行能力。因此，本书将从生存、健康、教育、保护以及参与等五种基本的功能性权利维度或自由状况出发构建易地扶贫搬迁儿童相对贫困的多维测度标准和识别指标体系，同时运用 AF 多维贫困测量法对易地扶贫搬迁儿童的相对贫困状况展开测度，以全面把握该群体所处的相对贫困状态究竟"是

---

① 王卓、郭真华：《中国相对贫困长效治理机制构建研究——基于英美福利治理的反思》，《农村经济》2021 年第 11 期。

什么"这个研究问题。在挖掘易地扶贫搬迁儿童为什么会遭受相对贫困这个研究问题时，本书立足贫困代际传递理论分析框架，从个体特征、家庭结构和社会支持三个层面来综合考察该群体陷入相对贫困状态的发生机理。在此基础上，结合易地扶贫搬迁儿童相对贫困多维测度和影响因素分析结论，第六章将重点回答如何在新发展主义福利治理理念指导下有效治理该群体相对贫困这一核心议题。本书的主要观点是：后脱贫时代的易地扶贫搬迁儿童反贫困必须将以贯彻"儿童优先"为取向的贫困治理理念、制定与新发展阶段相适应的贫困测度标准和构建多元行动主体良性互动的反贫困制度体系为基础内容的制度设计规划融入国家整体性的扶贫战略之中，并通过采取基于供给型、需求型、环境型的减贫政策工具以及加大分类帮扶力度，提升兜底保障水平；整合社会扶贫资源，拓展儿童可行能力和建立内源培育机制，阻断家庭代际贫困等路径，最终实现相对贫困儿童的全面发展和多维可行能力的提升。本书的理论分析框架如图1-3所示。

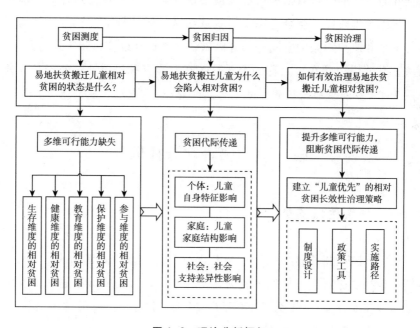

图1-3　理论分析框架

资料来源：笔者绘制。

第二章　调研地选择与资料来源

本章主要涉及如下内容：一是阐明调研地的选择依据，二是介绍调研地的基本情况，三是说明调研资料的来源。其中，调研资料主要包括通过调查问卷收集的定量数据和通过深度访谈收集的定性资料两种。当前，在相对贫困治理阶段，综合考虑我国脱贫地区的区位特征、社会地区的经济发展水平和研究对象的空间分布等因素，本书选择以凉山州 J 县为调研地，以该县有"千户彝寨"之称的 D 社区为田野点，并以该社区处于义务教育阶段 7~15 岁的易地扶贫搬迁儿童为研究对象。

第一节　调研地选择依据

一　研究区域的类型化分析

第一，凉山州原属"三区三州"深度贫困地区，是四川省"十三五"时期易地扶贫搬迁攻坚战的主战场。作为全国最大的彝族聚居区，凉山州实施易地扶贫搬迁总量为 7.44 万户 35.32 万人，占全州贫困总人口的 36%，占四川省易地扶贫搬迁任务总量的 26%。①

---

① 《凉山"一搬跨千年"幸福生活开新篇——四川凉山彝族自治州多措并举做好易地扶贫搬迁"后半篇"文章》，中国发展网，http://www.chinadevelopment.com.cn/fgw/2022/07/1788653.shtml。

第二，凉山州是"藏彝走廊"① 的重要组成部分，仍遗留有原深度贫困地区的典型特征。凉山州自然环境恶劣、交通闭塞落后、县域经济发展不足、公共服务水平低下、发展资源缺乏，一定程度上抑制了易地扶贫搬迁家庭生计转型压力的缓解和儿童抚养能力的提升。

第三，凉山州易地扶贫搬迁社区是政府部门的重点帮扶对象。2020年12月，四川省民政厅联合四川大学等6所高校，组织多家专业社会工作机构与凉山州委/州政府合作实施"彝路相伴"三年行动计划，美姑县、越西县、喜德县、昭觉县、布拖县和J县等6个特大型易地扶贫搬迁社区均属于计划中的对口帮扶对象。

二 研究问题的典型性分析

凉山州易地扶贫搬迁儿童相对贫困问题具有典型性。首先，凉山州易地扶贫搬迁儿童所占比重较高，且监护困难。实地调研发现，凉山州易地扶贫搬迁家庭生育5孩以上的情况极为常见，且处于脆弱型家庭的易地扶贫搬迁儿童在营养、健康以及教育等层面的物质与发展需求很容易受到内部资源不平等分配的影响。同时，受地理环境、自然条件、历史发展等因素制约，造成了凉山州易地扶贫搬迁社区存在相当数量受疾病和贫困影响的特殊儿童，加大了政府部门的监测和帮扶管理难度。

其次，凉山州易地扶贫搬迁儿童相对贫困现象较为突出，具有多维性特征。儿童跟随父辈搬进新社区后，在环境、生活、心理、教育以及人际等方面均面临一系列适应性困境，且在陌生社区更易遭受社会排斥和相对贫困。此外，因面临生存空间转移后发展需要和资源供给不充分的问题，易地扶贫搬迁儿童容易陷入更具脆弱性的家庭环境系统。以上分析说明，为进一步实现并深化绝对贫困摘帽地区脱贫攻坚成果与乡村振兴的有效衔接，政府部门应重视解决易地扶贫搬迁儿童在新发展阶段面临的相对贫困问题。

① "藏彝走廊"是一个"历史-民族"区域概念，最早于1980年由费孝通先生所提出。从行政区划上来看，主要包括了四川的甘孜藏族自治州、阿坝藏族羌族自治州、凉山彝族自治州和攀枝花市；云南的迪庆藏族自治州、怒江傈僳族自治州和丽江市以及西藏的昌都市，即横断山脉地区。

第二节 调研地基本情况

一 调研县的基本情况

J县地处大凉山腹地，是一个以彝族为主的民族聚居县。2012年3月，国务院扶贫办发布了"国家扶贫开发工作重点县名单"，J县列属其中。作为攻克深度贫困地区脱贫难题的有效手段，J县"十三五"时期实施易地扶贫搬迁的任务总量为7593户41256人，占全县贫困总人口的47%。其中，集中安置5219户28106人，分散安置2374户13150人。2020年11月实现脱贫摘帽后，J县先后被评定为四川省乡村振兴重点帮扶优秀县（市、区）和国家乡村振兴重点帮扶县，进入巩固拓展脱贫攻坚成果同乡村振兴有效衔接发展阶段。2021年，J县辖34个乡镇，总人口约17万人。其中，农业人口约13.8万人，占81.18%；0~14岁人口为65302人，占38.40%；15岁及以上人口的平均受教育年限为6.05年。[①] 受长期贫困影响，J县脱贫摘帽后的整体发展水平较低，易地扶贫搬迁儿童在生存、健康、教育、保护和参与等层面的需求仍无法得到全面满足，社会各界应将关注的重点转向以易地扶贫搬迁儿童为中心的社会特殊群体的反贫困。

二 调研社区的基本情况

D社区位于J县新城开发区的核心地带，距离县城25公里。D社区有"千户彝寨"之称，是J县最大的易地扶贫搬迁集中安置点，总投资为4.3亿元。D社区自2018年10月启动建设，规划面积为618亩，建设占地面积为13.83万平方米；2020年6月完成搬迁入住。D社区主要安置了来自J县14个乡镇38个深度贫困村的建档立卡贫困户，共计1200户6595人。其中，有劳动能力者3527人，占53.5%；外出务工者2470人，占37.5%。2021年，D社区有18岁以下儿童3160人，其中，

---

① 《J县概况：人口情况》，J县人民政府网，http：//www.jinyang.gov.cn/zjjy/jygk/rkqk/。

学龄前儿童 701 人，占 22.2%；义务教育阶段 7~15 岁儿童 1887 人，占 59.7%。同时，辖区内有低保兜底人口 2261 人，60 岁以上老年人 373 人，特殊困难儿童 61 人，残疾人 124 人，重慢病患者 22 人。以上搬迁人口需要在物质和精神层面给予重点帮扶。此外，辖区新建有一所社区卫生院和社区幼儿园，总建筑面积分别为 5806 平方米、4400 平方米；"九年一贯制"学校正处于建设完工阶段。在新发展阶段，儿童进入陌生社区后因社会适应问题而引发的一系列返贫风险将逐步显露出来，由此面临更具多维性的相对贫困问题。在此情况下，必须正视 D 社区易地扶贫搬迁儿童相对贫困的严峻现实。

第三节　调研资料来源

一　定量数据的收集过程

在社会科学实践中，我们应严格遵循界定研究总体、明确抽样方法、制定抽样框、决定样本容量以及确定抽样名单的调查逻辑，以最终明确研究对象的样本规模。具体操作步骤如下。

（一）制定抽样方案

社会调查研究中的抽样方法主要有概率抽样和非概率抽样两种类型。其中，简单随机抽样、系统抽样、分层抽样以及整群抽样等是概率抽样较常使用的调查方式。一般而言，事先界定研究总体和制定抽样框是应用这些调查技术的前提条件。本书抽样的目标总体是 D 社区所有处于义务教育阶段的易地扶贫搬迁儿童，年龄范围为 7~15 岁；抽样框为已进行统一编号的所有 7~15 岁易地扶贫搬迁儿童名单。经人口信息筛查得知，D 社区共有 7~15 岁易地扶贫搬迁儿童 1887 名。因此，按一定顺序对这 1887 名 7~15 岁易地扶贫搬迁儿童进行统一编号后所形成的总体成员名单便是此次抽样的抽样框。为有效克服调查样本与研究总体在结构比例上存在的表面一致性缺陷，本书秉持目的性、可测性、可行性和经济性等多重原则，采取分层定比抽样法来收集样本数据，即以年龄和性别为抽样依据，将

7~15 岁易地扶贫搬迁儿童分成 9 个年龄结构层次，然后通过等比例分层随机抽样，从抽样框中随机抽取一定规模的样本量，以实现最终的数据抽样目标。从科学性角度来讲，分层定比抽样法是一种完全依据概率原则，排除主观因素，客观地、等概率地在性别、年龄、收入以及职业等不同结构层次进行随机抽样的调查技术。[①] 与定额抽样法相比，分层定比抽样法除了能够有效减少组内差异、增加样本数据的代表性之外，还具有在不增加调查样本规模的情况下最大程度降低抽样误差、提高抽样精确度的优势。

（二）估计样本容量

1. 样本规模的计算公式

设定好抽样方案后，接下来要确定调查的样本容量。样本容量的计算主要分为有限总体样本抽样和总体样本极大或无限大抽样两种情况。[②]其中，对于有限总体，样本规模的抽样公式如下所示：

$$n \geq \cfrac{N}{\left(\cfrac{\alpha}{\kappa}\right)^2 \cfrac{N-1}{P(1-P)} + 1} \qquad (1)$$

若是抽样总体极大或无限大，样本容量的计算公式为：

$$n \geq \left(\cfrac{\kappa}{\alpha}\right)^2 P(1-P) \qquad (2)$$

在式（1）和式（2）中，N 表示总体的样本数；α 为显著性水平，一般设定为 0.05（$\alpha = 0.05$）；κ 代表正态分布的分位数；P 通常设为 0.50，可得出最可信的样本大小。[③]

2. 样本规模的决定

2021 年，D 社区 18 岁以下易地扶贫搬迁儿童的总体数量为 3160 人。其中，处于义务教育阶段的 7~15 岁易地扶贫搬迁儿童共有 1887 人。可

---

① 风笑天：《现代社会调查方法》（第六版），华中科技大学出版社，2021，第 62~63 页。
② 吴明隆：《问卷统计分析实务——SPSS 操作与应用》，重庆大学出版社，2010，第 59~60 页。
③ 当显著性水平 $\alpha = 0.05$ 时，区间估计采用的置信度为 $1-\alpha = 0.95$，分位数 $\kappa = 1.96$；当显著性水平 $\alpha = 0.01$ 时，区间估计采用的置信度为 $1-\alpha = 0.99$，分位数 $\kappa = 2.58$。

知，D 社区 7~15 岁易地扶贫搬迁儿童总体规模的上限为 1887 人，属于有限总体的样本抽样类型［参照公式（1）］。因此，在抽样决策过程中，如果将显著性水平 α 和置信度分别设为 0.05、0.95，容许的抽样误差比例控制在 5% 时，则抽取的样本容量为 400 份。经综合考虑，本书对 D 社区的 7~15 岁易地扶贫搬迁儿童展开调研，将容许的抽样误差比例控制在 5% 以内具有可取之处。也就是说，为保证研究推论的可靠性，确保样本性质如实反映总体属性，需在田野考察点抽取的最少样本数量为 400 份。在决定各水平数值的样本大小方面，将各年龄组的样本数控制在 20 份以上。[1] 然而，在实践调查中，具体的抽样额度还应依据研究对象的实际状况而定。尽管样本抽样数量与总体人数并非成比例关系，但在田野调查中实际发放的问卷数量应不少于估计的样本容量。[2] 因此，本书对 D 社区 7~15 岁易地扶贫搬迁儿童相对贫困问题的调查问卷发放数量要大于 400 份。为保证样本数据的代表性，本书将问卷发放数量定位在 500 份左右。

（三）确定抽样规模

确定抽样方法和样本容量后，进一步是确定对所抽取样本实施什么调查，以便确定具体的抽样名单。由于本书所界定的义务教育阶段易地扶贫搬迁儿童的年龄范围为 7~15 岁，因此，依照年龄可分成 9 个结构层次。在每个年龄层次中，以性别为基准再划分为男、女两个组群。最后，采用分层定比抽样法在 9 个年龄结构层次中分配具体的抽样人数。经人口统计数据筛查，D 社区 7~15 岁易地扶贫搬迁儿童的数量（依年龄从小到大排列）分别为：198 人、189 人、249 人、240 人、211 人、228 人、203 人、174 人和 195 人。[3] 以 26.5% 为比例的分层定比抽样人数分配情况

---

[1] 针对组别平均数的差异比较，各组的样本抽样数量至少为 20 个。在研究要求相对较低的情况下，也必须保持在 15 个以上。相对而言，比较理想的样本抽样数量是达到 30 个以上。在本书中，针对不同年龄层次以及层次内部男女性别的样本抽样人数均达到 20 个以上，基本满足理想的样本抽样的总体要求。

[2] 卢淑华：《社会统计学》（第四版），北京大学出版社，2009，第 470~475 页。

[3] 来自 J 县 14 个高山乡镇、38 个深度贫困村的 1200 户 6595 人的建档立卡贫困人口于 2020 年 6 月完成搬迁入住。但由于易地扶贫搬迁工程的复杂性和艰巨性，在进驻田野调查点之际，D 社区的人口信息登记管理系统尚未建立，原建档立卡贫困人口的搬迁数据主要由社区基层工作者人工统计而成。因此，本书所获取的儿童统计数据可能存在误差。

如表 2-1 所示。

表 2-1　9 个年龄层次抽样数额的分布情况

单位：岁，人

年龄	样本总数	抽样人数
7	198	198×26.5% = 52
8	189	189×26.5% = 50
9	249	249×26.5% = 66
10	240	240×26.5% = 64
11	211	211×26.5% = 56
12	228	228×26.5% = 60
13	203	203×26.5% = 54
14	174	174×26.5% = 46
15	195	195×26.5% = 52
合计	1887	500

资料来源：根据 D 社区儿童统计数据计算得出。

（四）开展社会调查

考虑到脱贫地区的特殊性和复杂性，本书主要通过熟人引领的方式上门入户进行结构化访谈，即面对面填写调查问卷来完成调查样本的数据采集工作。调查问卷主要涉及易地扶贫搬迁儿童的个人情况、家庭层面题项与日常生活三个核心部分的关键题干。此部分的作用主要在于为构建易地扶贫搬迁儿童相对贫困测量指标体系提供数据支撑。同时，围绕家庭状况、儿童生活、政策保障等内容对研究对象及其监护人进行深度访谈。在开始问卷面访前，向研究对象及其家庭主要监护人事先说明此次调查的目的和意义。为确保数据收集的质量和方便后续进一步开展追踪调查，对收集上来的每一份调查问卷进行内容的填答审核和专业性的统一编号。此外，需要指出的是，在开展问卷调查时，由于部分题项涉及家庭层面的内容，考虑到 D 社区不同年龄层次易地扶贫搬迁儿童的认知能力差异，此部分题项由其主要的家庭监护人代答，以保证数据收集的有效性和真实性。

最后，使用"最大差异的信息饱和法"① 回收易地扶贫搬迁儿童相对贫困调查问卷 525 份，经剔除空填、漏填和明显逻辑错误的无效问卷 25 份后，最终获得有效样本量 500 份，回收率高达 95.24%，符合收发问卷的回收率应达到 70% 的社会科学要求。

（五）调查样本的数据特征

1. 易地扶贫搬迁儿童调查样本的人口学特征

接受调查的易地扶贫搬迁儿童共有 500 人，男、女性别比例各占 50%，平均年龄为 10.92 岁。其中，最大年龄为 15 岁，最小年龄为 7 岁。将易地扶贫搬迁儿童的年龄按 7~9 岁、10~12 岁和 13~15 岁分类，占比分别为 33.6%、36.0% 和 30.4%。按是/否独生子女划分，易地扶贫搬迁儿童为非独生子女的占比高达 98.4%，为家中独生子女的仅占 1.6%。多数易地扶贫搬迁儿童家中兄弟姐妹数量较多。其中，有 3 个及以下兄弟姐妹的占 51.2%，有 3 个以上兄弟姐妹的占 48.8%。社区多数青壮年劳动力因面临生计转型困境而选择外出务工，易地扶贫搬迁儿童则留守在家。其中，留守儿童占 53.6%，非留守儿童占 46.4%。按留守形式划分，单亲留守儿童占 51.5%，双亲留守儿童占 48.5%（见表 2-2）。

表 2-2 易地扶贫搬迁儿童调查样本的人口学特征 （$N=500$）

变量	分类	频数（人）	占比（%）
性别	男	250	50.0
	女	250	50.0
年龄（岁）	7~9	168	33.6
	10~12	180	36.0
	13~15	152	30.4

---

① "最大差异的信息饱和法"指的是当在调查过程中不再出现足以反映研究主题的差异性信息时，调查即结束的抽样手段（具体参见潘绥铭、姚星亮、黄盈盈《论定性调查的人数问题：是"代表性"还是"代表什么"的问题——"最大差异的信息饱和法"及其方法论意义》，《社会科学研究》2010 年第 4 期）。在本书中，第一次取样 300 份得到的结果和第二次继续追加 200 份取样得到的结果无显著差异。故认为本书取样具有推断总体的信度和效度。实际上，易地扶贫搬迁儿童具有较强的同质性，这种同质性使得"最大差异的信息饱和法"可以得到有效运用。

续表

变量	分类	频数（人）	占比（%）
是否独生子女	是	8	1.6
	否	492	98.4
兄弟姐妹数量	3 个及以下	256	51.2
	4~5 个	216	43.2
	6 个及以上	28	5.6
是否留守	留守	268	53.6
	非留守	232	46.4
留守形式	单亲留守	138	51.5
	双亲留守	130	48.5

资料来源：根据调研数据计算得出。

2. 易地扶贫搬迁家庭户主调查样本的人口学特征

受访户主为易地扶贫搬迁儿童的家庭监护人，以男性户主为主，占比92.6%；女性户主占比7.4%。受访户主相对年轻化，平均年龄为40.28岁。将户主年龄按35岁以下、35~60岁和60岁及以上划分，所占比例依次为30.8%、65.4%、3.8%。户主婚姻状态以已婚为主，占比81.4%；婚姻状态为未婚、离异或丧偶的户主占比17.2%。户主受教育程度普遍不高，以小学及以下为主，占比高达83.6%；初中及以上受教育水平的占比仅为16.4%（见表2-3）。出现此种情况的原因在于，J县原属832个国定贫困县之一，社会经济发展水平相对滞后，且现代化教育发展也较为缓慢，导致受访户主的整体受教育程度普遍偏低。

表 2-3　易地扶贫搬迁家庭户主调查样本的人口学特征（N = 500）

变量	类别	样本量（人）	占比（%）
性别	男	463	92.6
	女	37	7.4
年龄	35 岁以下	154	30.8
	35~60 岁	327	65.4
	60 岁及以上	19	3.8
政治面貌	群众	482	96.4
	党员	18	3.6

变量	类别	样本量（人）	占比（%）
婚姻状态	未婚	5	1.0
	已婚	407	81.4
	离异	12	2.4
	丧偶	69	13.8
	其他	7	1.4
受教育程度	文盲或半文盲	182	36.4
	小学	236	47.2
	初中及以上	82	16.4

资料来源：根据调研数据计算得出。

二　定性资料的收集过程

为"深入事实的内部"，解析易地扶贫搬迁儿童相对贫困的发生原因，把握易地扶贫搬迁儿童生存发展的福利需求和易地扶贫搬迁儿童减贫干预的实际状况，本书分别以 D 社区的基层管理干部、社区社工站主要负责人、原建档立卡贫困搬迁家庭户主以及部分较为年长的儿童代表为访谈对象，从利益相关者视角开展深度访谈工作，获取丰富的分析资料。访谈内容主要涉及社区儿童帮扶状况、社工站日常服务提供、社区居民家庭情况、社区儿童贫困现状等方面。当然，受访对象不同，访谈的侧重点也有所不同。

访谈工作结束后，本书对收集起来的分析资料进行统一编码，具体的编码规则如下。以石一 YSM20210718 F15 为例：石一 YSM 表示受访者的姓名，20210718 代表访谈的具体时间，F 表示受访者为女性（ M 代表男性），15 表示调查年度受访者的实际年龄。此外，为了遵从学术伦理的道德规范，本书对所有受访者姓名进行了匿名化处理。现将本书所涉及的部分受访者基本信息进行整理汇总，具体如表 2-4 所示。

表 2-4 易地扶贫搬迁社区受访者基本情况

编号	姓名	性别	年龄（岁）	身份	访谈时间
1	花 QT	男	44	社区党委副书记兼副主任	2021 年 5 月 30 日
2	白 LR	女	42	社区妇联主席	2021 年 5 月 28 日
3	王 LW	男	33	社区社工站负责人	2021 年 7 月 25 日
4	格力 LZ	男	45	社区居民	2021 年 7 月 9 日
5	贾巴 XY	女	41	社区居民	2021 年 8 月 10 日
6	吉史 RD	男	37	社区居民	2021 年 7 月 29 日
7	尔古 YZ	女	37	社区居民	2021 年 7 月 27 日
8	齐步 LJ	男	84	社区居民	2021 年 7 月 22 日
9	赤 BR	男	38	社区居民	2021 年 7 月 21 日
10	龙 ZW	女	12	社区儿童	2021 年 8 月 6 日
11	石一 YR	男	15	社区儿童	2021 年 8 月 15 日
12	花 PG	男	15	社区儿童	2021 年 7 月 28 日
13	苦 LR	男	13	社区儿童	2021 年 7 月 12 日
14	阿嘎子 S	女	14	社区儿童	2021 年 5 月 29 日
15	阿史 MJ	女	12	社区儿童	2021 年 8 月 8 日
16	石一 YSM	女	15	社区儿童	2021 年 7 月 18 日
17	吉字 XD	男	13	社区儿童	2021 年 7 月 12 日
18	吉史木 XY	女	14	社区儿童	2021 年 8 月 9 日
19	吉字 LZ	女	12	社区儿童	2021 年 8 月 13 日
20	杨 SL	男	11	社区儿童	2021 年 8 月 5 日
21	齐步 XL	女	12	社区儿童	2021 年 7 月 10 日
22	孙子木 CZ	女	15	社区儿童	2021 年 7 月 24 日

资料来源：根据调研材料整理制作而成。

第三章　易地扶贫搬迁儿童相对贫困测量指标体系的构建

　　构建儿童相对贫困测量指标体系不仅是实现人们对儿童贫困现象完整认识的关键手段，也是制定具有儿童群体特性的反贫困公共政策的重要依据。本章主要基于阿马蒂亚·森的可行能力理论，以联合国《儿童权利公约》、《中国儿童发展纲要（2021—2030年）》、《中国妇女发展纲要（2021—2030年）》、《中华人民共和国义务教育法》和《中华人民共和国未成年人保护法》等国际人权条约和中国法律政策文本为依据，在借鉴相关研究的基础上，遵循相对贫困测量指标体系构建要能把个体面临的生存型贫困和发展型贫困结合起来、要能反映目标群体的过程性贫困和结果性贫困以及应与现代化的小康生活水平和可持续的发展指标相比较的思想理念，同时遵循"自上而下"的技术路径构建易地扶贫搬迁儿童相对贫困多维测度标准和识别指标体系，以期为我国后脱贫时代实现易地扶贫搬迁儿童反贫困提供理论指导。

第一节　测量指标体系构建的原则

　　儿童贫困是家庭贫困和成人贫困之外的一种需要得到国家特殊关注的新型社会贫困问题，其贫困内涵经历了从单维收入贫困向多维贫困拓展的转变过程。从能力贫困视角来看，生存物质资源匮乏只是儿童相对贫困的主要表现形式之一，其在健康、教育、保护以及参与等非物质福利层面同样遭遇着更为严重的发展困境。因此，为了全面掌握易地扶贫搬迁儿童的生活样貌，必须通过构建一套科学合理的相对贫困测量指标体系来予以综合描述和评价。易地扶贫搬迁儿童相对贫困测量指标体系的构建应遵循以下原则。

一　科学性原则

科学性主要涉及三个方面的内容：其一，所构建的易地扶贫搬迁儿童相对贫困测量指标体系必须能够全面反映易地扶贫搬迁儿童的真实生活状况，且具有客观性；其二，易地扶贫搬迁儿童相对贫困测量指标体系各维度和指标的选取必须以具备公众合法性的科学理论为依据，指标含义清晰、定义准确，各指标之间既要具有紧密的结构关联，又要避免出现指标的重复性使用；其三，易地扶贫搬迁儿童相对贫困测量指标体系指标数据的获取来源必须可靠、准确，数据处理方法应符合科学研究规范，且数据分析也应满足有效性和可靠性两大基本特征。

二　全面性原则

儿童贫困是一种"综合征"，不仅指涉家庭物质生活水平的低下，还包括多维可行能力的缺失与不足。因此，易地扶贫搬迁儿童相对贫困测量指标体系的构建不仅必须全面反映易地扶贫搬迁儿童相对贫困的概念内涵及基本特性，同时还必须能够从更为广泛的社会、制度、环境以及文化等范围内系统考察该群体面临相对贫困的实际状况。总之，一套较为科学合理的易地扶贫搬迁儿童相对贫困测量指标体系应当切实地全面反映易地扶贫搬迁儿童相对贫困的多维性，只有这样才能够真正为国家制定具有针对性和长效性的易地扶贫搬迁儿童相对贫困治理政策提供现实依据。

三　准确性原则

构建易地扶贫搬迁儿童相对贫困测量指标体系旨在能够充分地掌握易地扶贫搬迁儿童相对贫困现象的总体特征和变化规律。然而，在指标选取上，我们无法将所有的福利指标纳入其中。从信息统计视角来看，易地扶贫搬迁儿童相对贫困测量指标体系各维度和指标的选取并非越多越好、越全越好或越细越好。因此，这就要求在贫困信息和价值标准可被有效抽取、分解和利用的前提条件下，必须优先考虑并选取那些能够综合反映易地扶贫搬迁儿童相对贫困状况且具有代表性和准确性的福利指标。

四　可比性原则

选择易地扶贫搬迁儿童相对贫困指标清单的一个重要问题是应充分考虑不同地区间的可比性和一致性。为了便于不同地区之间的比较，易地扶贫搬迁儿童相对贫困测量指标体系所选取的次级福利指标应成为一种社会惯例，并在特定的历史情境中已被普遍接受为"必需品"。同时，所选择的易地扶贫搬迁儿童相对贫困测量指标还必须能够切实反映特定福利目标人群在任何生活地点都应拥有的被社会普遍认可的基本生活水平。① 即在特定的时空场域，易地扶贫搬迁儿童相对贫困测量指标所涵盖的福利信息必须在一定的时间范围内保持相对稳定性，以便于系统掌握我国易地扶贫搬迁儿童相对贫困现象的发展过程及其演变规律。

五　应用性原则

应用性具体涵盖以下两个方面的内容。其一，易地扶贫搬迁儿童相对贫困测量指标体系本身应具有现实的可操作性。也就是说，我们所选取的各项易地扶贫搬迁儿童相对贫困指标必须能够被准确地定义和精准地衡量。其二，易地扶贫搬迁儿童相对贫困测量指标体系所纳入的各项福利指标清单必须具备数据的可获得性和可访问性。也就是说，易地扶贫搬迁儿童相对贫困测量指标体系的每一项指标内容必须能够从社会田野实践中获取充足的与易地扶贫搬迁儿童密切相关的第一手信息资料，从而最大限度地实现对易地扶贫搬迁儿童相对贫困概念的操作化目标。

---

① Qi, D., Wu, Y., "Child Poverty in China-A Multidimensional Deprivation Approach", *Child Indicators Research*, Vol. 7, No. 1(2014): 89-118.

第二节 测量指标体系的维度及指标选取

目标层、准则层和指标层三大系统层级是构建易地扶贫搬迁儿童相对贫困测量指标体系的核心内容。因此，纳入易地扶贫搬迁儿童相对贫困测量指标体系的各项福利指标必须建立在科学的理论基础或丰富的实践经验之上。综合来看，易地扶贫搬迁儿童相对贫困测量指标体系的维度选取既有主观来源，也有客观来源。其中，主观来源包括专家评定、理论分析以及文献梳理等方面；客观来源则主要涉及国际公约、政策文本、问卷调查和深度访谈等方面。从包罗万象的反贫困情境中识别出具有儿童群体特性的福利指标清单是构建具有科学性、合理性和系统性的易地扶贫搬迁儿童相对贫困测量指标体系的关键，同时也是易地扶贫搬迁儿童相对贫困测度研究中不可忽视的重要一环。本书主要以理论分析、文献梳理、国际公约以及政策文本等为依据，构建了涵盖生存、健康、教育、保护以及参与5个维度共计21项指标在内的易地扶贫搬迁儿童相对贫困测量指标体系。

一 易地扶贫搬迁儿童相对贫困测量指标体系的维度选取

(一) 生存维度

生存权是儿童享有的一项最基本和最原始的权利，具有不可转让性。从出生之日起，儿童便具有了作为自然人的生存的权利，任何人不得对其进行非法剥夺和侵犯。联合国《儿童权利公约》第六条明确规定，儿童享有生存权。顾名思义，儿童生存权是指在特定的社会关系中，儿童平等地享有生命安全权和维持基本生活条件保障权。在权利位阶上，生存权居于儿童权利的核心地位，是儿童享有其他权利的基础。然而，从生命周期视角来看，生存权对儿童而言却具有明显区别于成年人的基础性和重要性作用。在后现代风险社会，由于儿童作为权利主体的特殊性，其生存权往往呈现出依赖性、脆弱性以及发展性等多重特征。可见，基于国际人权法律框架，遵循"儿童优先"的可持续发展理念，将儿童生存权纳入儿童权利的重点保护范畴具有十分重要的宪政价值。鉴于此，为了系统衡量易地扶贫搬迁儿童的实际生存状况，本书将生存维度纳入易地扶贫搬迁儿童相对贫困测量指标体系。

（二）健康维度

作为社会公民的一项基本人权，健康权的实现不仅是儿童发展其他权利的保证，同时也是促进其人生全面发展的必然要求。1986 年 4 月，全国人民代表大会审议通过的《中华人民共和国民法通则》规定，人人都享有平等的生命健康权。[①] 联合国印发的《经济、社会、文化权利国际公约》第 12 条则详细界定了健康权的核心内容，即个体享有的可能达到的最高标准的身体健康和精神健康的权利。[②] 与成人健康权不同，儿童健康权更具特殊性，涉及儿童权利的方方面面，包括决定儿童健康水平的各项基本因素，如清洁的饮用水、适当的卫生条件、安全而有益健康的生活环境等。[③] 实质上，缓解儿童健康贫困除了要充分考虑我国整体经济发展现状、城乡发展差距、东西部经济发展状况等现实问题外，还应综合考虑儿童自身的特殊性。对此，结合调研地的发展特征，本书将健康维度纳入易地扶贫搬迁儿童相对贫困考察范畴，以全面了解易地扶贫搬迁儿童健康贫困的现实状况。

（三）教育维度

实现义务教育有保障是我国脱贫攻坚战的一项重大政治任务，也是"两不愁三保障"扶贫工作的底线目标。《中华人民共和国义务教育法》规定，应确保社会上所有的适龄儿童都享有平等接受义务教育的基础权利。事实上，义务教育阶段不仅是儿童人力资本积累的关键时期，也是其通过教育交往实践实现全面社会化的必经阶段。从减贫角度来讲，教育具有重要的反贫困功能。切实保障适龄儿童接受义务教育的权利，能够在一定程

---

① 《中华人民共和国民法通则》，中国人大网，http：//www.npc.gov.cn/zgrdw/npc/lfzt/rlyw/2016-07/01/content_1992730.htm。

② 《经济、社会、文化权利国际公约》，中国人权网，https：//www.humanrights.cn/1966/12/16/0cd4fca6b1f244f8af2140aeacf7ee94.html。

③ 熊惠平：《"穷人经济学"的权利解读》，浙江大学出版社，2012，第 62~66 页。

度上促进社会不同阶层的合理向上流动，避免家庭长期陷入"贫困恶性循环"。对于国家而言，最大程度保障处于义务教育阶段的每一位适龄儿童能够切实拥有最基本的学习条件，如免费的教科书、近便的就读学校等，是实现国家教育公平的必然要求。因此，为了掌握义务教育阶段 7~15 岁易地扶贫搬迁儿童享有的教育资源状况，本书将教育维度纳入易地扶贫搬迁儿童相对贫困测量指标体系。

（四）保护维度

矢志保护儿童免受任何形式的暴力侵害，是提升儿童福祉不可忽视的一项重要减贫内容。联合国《儿童权利公约》第十九条明确规定，在受父母和法定监护人等的陪护与照料时，儿童享有不致深陷于任何形式的暴力伤害或凌辱，忽视或照料不周，身心虐待或剥削等贫困处境的受保护权。①作为最早的缔约国之一，我国以联合国《儿童权利公约》为蓝本，于 1991年 9 月施行了《中华人民共和国未成年人保护法》，同时强调相关部门应在家庭、学校以及社会等层面加大对儿童的关爱和保护力度。在后风险社会语境下，降低儿童遭受暴力伤害的概率，促进儿童多维可行能力的全面拓展，已成为我国实现健康中国战略目标的重要一环。当前，在贫困研究领域，学术界诸多学者将保护维度作为考察儿童遭受不同形式伤害的重要内容。对此，立足相关理论成果，本书将保护维度纳入易地扶贫搬迁儿童相对贫困考察范畴，用以识别易地扶贫搬迁儿童在该维度所处的贫困状态。

（五）参与维度

参与权是儿童享有的一项基本权利。儿童在家庭、学校和社会等场所参与程度的提高，对其自身综合素质的提升发挥着重要作用。联合国《儿童权利公约》指出，对于影响儿童发展的一切事项，任何有主见的儿童均平等地享有自由发表意见的权利，监护人应当依据儿童的年龄和成熟程度

---

① 《儿童权利公约》，联合国儿童基金会网站，https：//www.unicef.org/zh/%E5%84%BF% E7%AB%A5%E6%9D%83%E5%88%A9%E5%85%AC%E7%BA%A6/%E5%84%BF%E7% AB%A5%E6%9D%83%E5%88%A9%E5%85%AC%E7%BA%A6%E6%96%87%E6%9C% AC。

给予适当的看待。① 《中国儿童发展纲要（2001—2010 年）》则明确提及应鼓励儿童积极参与家庭、文化和社会生活，将儿童培养成为有理想、有道德、有文化、有纪律的"四有"新人。② 从广义上来讲，儿童参与③并非仅仅指儿童平等享有表达意见的权利，更为重要的是还应享有亲身参与到广泛的学校、社区以及家庭等生活场域的机会。当前，不容忽视的一个严峻事实是，儿童在特定环境中往往置身于旁观者的边缘化位置，面临参与权缺失或不足的相对贫困境地。从童年社会学视角来看，全面保障儿童参与的实有权利，能够实现目的、引导、体系和观念四重减贫价值。因此，本书将参与维度纳入易地扶贫搬迁儿童相对贫困测量指标体系，用以衡量易地扶贫搬迁儿童在家庭、学校和社区等活动场所面临参与权缺失的实际状况。

二　易地扶贫搬迁儿童相对贫困测量指标体系的指标选取

（一）生存维度的指标选取

基于数据的可获得性原则，本书重点将户籍状况、一日三餐、住房条件、家庭照顾以及经济贫困五项指标纳入易地扶贫搬迁儿童相对贫困测量指标体系。各项指标的选取说明如下。

1. 户籍状况

儿童生存权的基本内涵之一是能合法生存。在我国，登记户口是国家公民合法生存的底线。同时，户籍也是每个公民独有的身份证明。对于儿童群体而言，户籍登记不仅是权利实现的基础性保障，也是作为政府提供

---

① 《儿童权利公约》，联合国儿童基金会网站，https：//www.unicef.org/zh/%E5%84%BF%E7%AB%A5%E6%9D%83%E5%88%A9%E5%85%AC%E7%BA%A6/%E5%84%BF%E7%AB%A5%E6%9D%83%E5%88%A9%E5%85%AC%E7%BA%A6%E6%96%87%E6%9C%AC。

② 《中国儿童发展纲要（2001—2010 年）》，中华人民共和国国家卫生健康委员会官网，http：//www.nhc.gov.cn/cms-search/xxgk/getManuscriptXxgk.htm?id=18202。

③ 作为一个专有概念，儿童参与最初来源于儿童权利领域，主要指儿童应享有亲身参与到广泛的家庭、社区、学校以及社会生活之中的权利，通过接触真实的自然界和社会生活，获取均衡的生活体验和教育实践，以此积累经验、发展能力、增强自信，从而实现自身的全面发展。

服务的一项基本职责。① 如果家庭监护人未能及时帮助儿童依法获取身份登记，那么在平等地享有接受义务教育、各项医疗保健以及儿童福利等方面将可能遭遇严重的社会排斥。研究表明，在我国原深度贫困民族地区依然存在相当数量的儿童尚未进行户口登记。调研发现，在 D 社区还未办理户籍登记的花 QY 在儿童福利领受等方面就遭到了诸多限制。

> 我孙女 QY 今年 8 岁，读小学一年级。由于孩子还小，就一直没给她上户口。说到影响的话，也不是没有。读书报名比较麻烦，学校要求提供一些户籍证明之类的材料。我们社区住房也是根据搬迁家庭户口本上的人数来进行统一分配的。QY 还没上户口，所以不能把她也算进去。接下来，打算找时间去办理下户籍登记，怕时间拖太久了会影响她以后的升学和就业。（白 LR20210528F42）

出现此种状况的原因主要在于，儿童监护人对于户口登记通常持无所谓的态度，抑或是因家庭超生害怕被罚而不愿进行户口登记。② 目前，在反贫困研究领域，多数学者将是否已进行户口登记作为衡量儿童相对贫困与否的一项重要指标。因此，本书将户籍状况纳入易地扶贫搬迁儿童相对贫困考察范围。

2. 一日三餐

在现代社会，基于人们的生理需要，一日食三餐已成为一项被普遍遵循的基本社会规范。③ 对于儿童而言，在快速变迁的时代背景下，若缺乏一日三餐的有效供给，将加大其面临营养不良、生长迟缓和隐性饥饿等社会贫困风险，甚至严重威胁其生存、成长和发展。研究表明，儿童一日三餐能否得到有效供应与其所在家庭的生活水平密切相关。然而，多数来自边缘化社区的贫困家庭仍存在较为严重的生存物资匮乏问题，导致儿童的饮食无法得到有效保障。例如，花 XQ 因家庭生存物资较为匮乏无法为其

---

① 王雪梅：《儿童权利论：一个初步的比较研究》，社会科学文献出版社，2018，第116~117页。
② 王小林：《贫困测量：理论与方法》（第二版），社会科学文献出版社，2016，第214~215页。
③ Gordon, D., Levitas, R., Pantazis, C., Patsios, D., Payne, S., Townsend, P., *Poverty and Social Exclusion in Britain*, London: Joseph Rowntree Foundation, 2000.

提供膳食均衡的三餐而身高发育受到严重影响的贫困经历，说明一日三餐的有效供给对于儿童的生存发展至关重要。

　　　　花 XQ 是个孤儿，今年 8 岁，跟奶奶（84 岁）和哥哥（15 岁）生活在一起。XQ 家的经济条件比较差，除了政府提供的补贴外，就没有其他的收入来源了。吃了上顿没有下顿的情况在他家时有发生。平日里经常可以看到他在垃圾箱里找吃的。与同龄人相比，他的身高发育也比较迟缓，仅有 1 米高，相对瘦小些。（王 LW20210725M33）

联合国儿童基金会（UNICEF）在《2019 年世界儿童状况》研究报告中指出，受到贫困和社会排斥的严重影响，那些处于极端弱势的儿童正承受着各种形式的营养不良负担，最终导致家庭贫困代际传递的持续存在。[①] 由此可见，吃饭餐数规律与否在很大程度上影响着儿童的营养摄入，并影响其未来人力资本的形成和积累。基于此，本书选取一日三餐这一指标作为衡量易地扶贫搬迁儿童是否在生存物资的满足层面处于相对贫困状态的判定标准。同时，为确保指标赋值的有效性，将儿童自身在一日三餐这一指标上的主观评判也纳入相对贫困考察范畴。

3. 住房条件

住房条件是儿童家庭经济实力的表征。除了能够反映父辈的生活质量外，低质量的住房条件还会影响到子辈成年后的生活际遇，甚至被认为是家庭遭受长期贫困的重要物理机制。[②] 事实上，住房往往倾向于通过"物理""心理""社会"等传递机制对儿童的教育发展产生持续性的消极影响。[③] 例如，龙 ZW 因缺乏相对独立的生存空间而对其学习状况和心理状态等方面产生负面影响的住房贫困经历，说明住房条件的改善对于儿童的健康发展尤为重要。

---

① 联合国儿童基金会：《2019 年世界儿童状况》，联合国儿童基金会全球战略信息和政策办公室出版，2019，第 1~23 页。

② Haurin, D. R., Parcel, T. L., Haurin, R. J., "The Impact of Homeownership on Child Outcomes. Low-Income Homeownership Working Paper Series", *Academic Achievement*, Vol. 1, No. 4(2001) : 1–23.

③ 黄建宏：《住房贫困与儿童学业：一个阶层再生产路径》，《社会学评论》2018 年第 6 期。

　　我家共 8 口人，房子 100 平方米，3 间房。我跟奶奶和妹妹住一间，没有自己的私人空间。我喜欢一个人住一间，但家里孩子太多了，没办法实现。平时在家做作业，真的很容易受到影响。只要有人不学习或在看电视，多少会受到干扰，甚至心情也会变得很烦躁。（龙 ZW20210806F12）

　　从贫困归因视角来看，住房并非一个纯粹的物理居住场所，其还承担着"心理"和"社会"两大功能。通常而言，优质的住房条件往往会催生儿童积极的"社会心理利益"，而恶劣的居住环境则不利于儿童良好身心的发展。[①] 当前，住房条件已被众多国内外研究学者纳入扶贫范畴，成为一项衡量特定目标群体是否贫困的判定指标。因此，本书选取住房条件作为衡量易地扶贫搬迁儿童在生存维度相对贫困与否的一项重要指标。与此同时，参照我国建设部等七部门在 2007 年修订的《经济适用住房管理办法》规定的"家庭住房人均居住面积不少于 15 平方米"的救助标准，将 15 平方米作为易地扶贫搬迁儿童在住房条件指标上是否遭受相对贫困的判定标准。

4. 家庭照顾

　　儿童对家庭（尤其是对父母陪伴照料）的需要、对安全感的需要，以及对亲子关系中永恒性的需要已得到了世界各国的普遍承认。父母常年外出引致的家庭照料缺失对儿童成年后的人力资本积累、健康状况（包括心理健康）以及主观幸福感等产生了显著的长期负向影响。[②] 鉴于父辈（包括父亲和母亲）在抚育后代和家庭发展方面所发挥的特殊性作用，我们必须深刻地认识到子代的贫困代际传递与父辈之间存在着紧密的关联性。在代际传递的链条上，父辈先赋因素和后致因素的负向性将严重威胁子代的

---

① Bartlett, S., "Does Inadequate Housing Perpetuate Children's Poverty?", *Childhood*, 1998, Vol. 5, No. 4(1998): 403-420; Smith, C. A., Smith, C. J., Kearns, R. A., et al., "Housing Stressors, Social Support and Psychological Distress", *Social Science & Medicine*, Vol. 37, No. 5 (1993): 603-612; 陈淑云、陈伟鸿、王佑辉：《住房环境、社区环境与青少年身心健康》，《青年研究》2020 年第 3 期。

② 李强、叶昱利、姜太碧：《父母外出对农村留守儿童辍学的影响研究》，《农村经济》2020 年第 4 期；王亚军、郑晓冬、方向明：《留守经历对农村儿童长期发展影响的研究进展》，《中国农业大学学报》2021 年第 9 期；张婷皮美、石智雷：《父母外出务工对农村留守儿童心理健康的影响研究》，《西北人口》2021 年第 4 期。

生存与发展。可见，承担照料者角色的父母在家庭未来的发展走向上具有不容忽视的重大作用，在很大程度上决定着子女成年后的生存境遇。例如，石一 YR 因长期留守而在社区适应、人际交往和生活学习等方面表现出消极心态的贫困状况，说明父母的陪伴与照料对于儿童的生存发展至关重要。

> 我爸妈都在广东打工，很少回来。除二姐外，两个哥哥和大姐也都去了广东。二姐今年 16 岁，我俩一个班，读初一。搬到新社区后，周围的环境变得很陌生，我还没适应过来。我想早点跟家人出去打工，读太多书也没啥用，读到初中已经够用了。社区没有亲戚，平常都待在家里，不喜欢主动去结识新朋友，跟他们不是很玩得来。（石一 YR20210815M15）

因此，在所选取的家庭照顾这一指标中，本书立足父母缺席视角，将父亲或母亲是否为易地扶贫搬迁儿童最主要的生活照料者作为衡量其在生存维度相对贫困与否的重要指标。

5. 经济贫困

作为无独立行为能力的个体，儿童的生存发展与其所在原生家庭的经济状况紧密相连。研究表明，家庭贫困是儿童遭受贫困的重要原因[1]，家庭的经济收入状况直接影响儿童成长所需相关资源的有效获取。从生命周期视角来看，由于儿童正处于人生成长的早期发展阶段，缺乏通过市场交换获取自身生存所需发展资源的能力和手段，仅能依赖家庭的经济支持和养育照护来维持其最基本的生存。在与家庭相关的各种致贫因素中，经济匮乏往往会使儿童所在家庭在应对负向冲击时缺乏有效的"安全缓冲网"支撑，最终加剧儿童的贫困脆弱性[2]。例如，格力 LZ 因家庭经济贫困而无法为其子女提供充足的生存物质资源的贫困状况，说明经济条件的优劣对儿童的生存发展具有重要影响。

---

① 王卓、时玥：《彝族贫困代际传递现状及影响因素研究》，《中国人口科学》2019 年第 3 期。

② 樊丹迪、魏达、郑林如：《困难家庭儿童多维贫困测量与致贫因素分析》，《社会政策研究》2020 年第 4 期。

现在，我没法干体力活，主要依靠政府提供的低保补助来维持生活。2017 年，妻子因病去世。目前，家中有 4 个儿子。其中，大儿子今年 15 岁，患有先天性的智力残疾，生活无法自理。我家每天吃两餐，主食是土豆和酸菜汤，很少会买肉来吃。在温饱问题都无法彻底解决的情况下，没法给孩子们在物质上提供太多。大人吃什么，小孩也只能跟着吃什么。家中的食用油、大米和其他一些生活用品都是政府提供的。（格力 LZ20210709M45）

因此，为有效衡量易地扶贫搬迁儿童在陌生社区所处的生活境遇，判断其是否置身于脆弱型家庭，本书将儿童所在家庭是否被列为当地的低保户或家庭是否有负债作为衡量其是否在生存维度遭遇相对贫困的重要指标。

（二）健康维度的指标选取

从儿童健康贫困的现实国情出发，本书拟选取健康状况、医疗保险、卫生服务可及性、饮用水、卫生设施以及能源环境等六项指标作为判定易地扶贫搬迁儿童是否遭遇健康机会不平等的识别标准。各项相关指标选取说明如下。

1. 健康状况

儿童健康事关家庭的长远幸福和民族未来的发展状态。倘若儿童健康状况不佳，将严重影响其个人成年后的人力资本积累，更有甚者将造成贫困的代际传递，致使整个家庭陷入长期性的"贫困恶性循环"。相关研究指出，儿童时期的健康状况呈现出较强的持续性，不仅会通过自产效应影响儿童未来人力资本的形成，还会通过动态互补效应影响其自我认知能力与非认知能力的形成，从而最终对其成年后的社会经济状况产生持续性的消极影响。[①]例如，贾巴 LQ 从小患有肺结核病，这对其生活和学习等方面造成严重影响的贫困经历，说明拥有一个健康的身体对于儿童的未来成长和发展至关重要。

[①] Heckman, J., "The Developmental Origins of Health", *Health Economics*, Vol. 21, No. 1(2012): 24-29; 何青、袁燕：《儿童时期健康与营养状况的跨期收入效应》，《经济评论》2014 年第 2 期。

我的小女儿 LQ，今年 9 岁。出生不久后，不幸感染了肺结核。由于没有第一时间带她去治疗，现在还没得到根治，总是反反复复。2019 年，发病非常严重，在西昌的医院住了一个多月。同年 5 月，去学校给她办理了休学手续。受这个病的折磨，她也没法认真听课，甚至已经开始跟不上老师的节奏了。原本今年就可以读三年级的，但她始终跟不上学习进度，只能降级重新从二年级读起。（贾巴 XY20210810F41）

目前，在儿童健康状况评价系统中，因病就医次数是衡量儿童在健康维度遭遇相对贫困与否的一项客观性指标，且部分学者将儿童因病就医次数超过 3 次设置为其在健康维度遭受贫困的判定标准。为确保数据分析结果的科学性，本书拟摒弃以往运用儿童自评健康状况的主观性判定标准，将因病就医次数这一客观性指标纳入易地扶贫搬迁儿童相对贫困考察范围，并参照以往研究成果把因病就医次数超过 3 次的易地扶贫搬迁儿童视为在健康维度陷入了相对贫困。

2. 医疗保险

在后脱贫时代，随着国家"三孩政策"的落地实施，儿童的社会医疗保障水平将持续成为我国共同富裕目标推进过程中直接影响家庭乃至社会稳定运行的制度性因素。当前，从儿童健康发展角度来看，购买社会医疗保险是儿童身体健康的一项重要保障。在儿童生病就医或意外受到伤害之时，购买社会医疗保险能够最大限度地避免其家庭无力承担高额医疗费用的情形。[1] 例如，吉史 RH 在治疗疾病时得到了及时报销而减轻了家庭经济负担的生活经历，说明家长及时为儿童缴纳医疗保险的重要性。

4 年前，妻子因病意外去世，留下了 5 个年幼的子女。老二 RH 今年 12 岁，患有严重的皮肤病。6 月份带她去大医院看了一次，治疗费花了将近 1000 元。只要购买了医疗保险，看病花出去的钱是可以报销的。这也大大减轻了我的生活压力，不然哪看得起病呀。5 个孩子都还小，

---

[1] 吕文慧、苏华山、黄姗姗：《被忽视的潜在贫困者：农村留守儿童多维贫困分析》，《统计与信息论坛》2018 年第 11 期。

我没法外出打工，需要留在家里照顾他们。除了少数被漏保的之外，几乎社区所有的孩子都购买了医疗保险。（吉史 RD20210729M37）

当前，在贫困测度研究领域，基于儿童的经济保障通常与他们的成人监护者紧密相连的社会事实，将医疗保险指标纳入相对贫困测量指标体系符合学术研究的通用惯例。同时，也符合相对贫困测量指标体系构建的现实可操作性原则。可见，将医疗保险这一指标纳入儿童相对贫困测量指标体系具有现实意义。基于此，本书选取医疗保险这一指标作为衡量易地扶贫搬迁儿童在健康维度相对贫困与否的重要指标，并将无参保的儿童判定为相对贫困。

3. 卫生服务可及性

健康权是人之生而为人的底线权利。在我国，该项权利主要通过基本医疗卫生服务的形式被予以规定、保障和实现。中共中央、国务院在 2016 年 10 月印发的《"健康中国 2030" 规划纲要》文件中提出，应坚持"共建共享"和"全民健康"的发展理念，着力解决以儿童、老人以及妇女等为主的社会特殊群体的健康贫困问题[1]，推进实现基本卫生服务可及性目标。一般而言，卫生服务可及性是指广大群众实现基本医疗卫生需求的难易程度，内容包含地理可及性、经济可及性和服务可及性[2]三个方面。[3] 研究表明，卫生服务可及性对社会民众的公共医疗公平感具有显著性影响。[4] 例如，凉山州 D 社区搬迁居民在家门口就能看病就医的生活变化，说明补齐社区医疗卫生服务短板对于搬迁群众实现看病有"医"靠的目标发挥着重要的减贫作用。

---

① 《"健康中国 2030" 规划纲要》，中国人民政府网，http://www.gov.cn/xinwen/2016-10/25/content_5124174.htm。
② 地理可及性指的是到达医疗卫生机构的便捷程度。通常情况下，以距医疗卫生机构的距离或到达医疗卫生机构所需花费的时间来表示。经济可及性通常以是否享有医疗保障制度和经济收入水平来衡量。服务可及性通常用患病率、就诊率和住院率等卫生服务需要和指标来体现。需要说明的是，在同一福利清单上，所设定的贫困指标并非越多越好、越全越好。因此，基于数据可获得原则，本书主要以地理可及性这一内容来作为衡量易地扶贫搬迁儿童在健康维度上相对贫困与否的判定指标。
③ 龚幼龙主编《卫生服务研究》，复旦大学出版社，2002，第 195~198 页。
④ 麻宝斌、杜平：《医疗卫生服务可及性如何影响民众的公共医疗公平感——基于七省市问卷调查数据的分析》，《甘肃行政学院学报》2019 年第 1 期。

　　住在这里的搬迁户来自 J 县的 14 个乡镇。此前,他们大多生活在偏远的高寒山区,生产生活条件非常恶劣,且始终被看病难、看病贵以及医疗物资紧缺等难题困扰着。同时,因交通不便错过最佳救治时间而出现人口死亡的情形也时有发生。如今,安置社区的医疗卫生条件虽仍有待提升,但搬迁居民在家门口实现小病医治的生活需求基本上得到了有效满足。(花 QT20210530M44)

　　因此,从社会公平视角来看,卫生服务可及性是衡量医疗卫生服务系统质量的重要指标之一,也是公共医疗卫生服务领域改革的一项重要依据。基于数据可获得性原则,本书选取儿童所在社区距就医医疗机构的距离这一地理可及性指标作为衡量易地扶贫搬迁儿童相对贫困与否的判定标准,以考察儿童所在社区基本公共卫生服务可及性对其健康状况的影响。

4. 饮用水、卫生设施、能源环境

　　安全饮用水、卫生设施和清洁能源的普遍获取,是人类实现包括健康权和性别平等在内的可持续发展目标的重要基础,也是儿童充分享受生命权和其他权利不可或缺的一项基本人权。[1] 从发展生态学视角来看,家庭人居生活环境将直接影响儿童的身心健康水平[2],不安全的饮用水、未经改良的卫生设施以及能源获得较难对儿童生命健康具有潜在的负向影响。[3] 可见,儿童贫困实质上是对包含饮用水、卫生设施、能源获得等基本公共服务可行能力的相对不足。安全饮用水、卫生设施以及清洁能源等基本公共服务的普遍缺失,将导致儿童陷入严重的健康机会不平等境地,最终影响其未来的终身发展。例如,尔古 YZ 因家庭人居生活环境得到改善而降低了其子女患病率的情况,说明为搬迁群众营造良好的生活环境对于儿童的生命健康至关重要。

　　以前在乡下,用水不方便不说,还不干净。大人饮用了都容易生

---

① 《联合国可持续发展目标(SDGs)》,联合国网站,https://www.un.org/sustainabledevelopment/zh/sustainable-development-goals/。

② 和红、闫辰聿、张娇、王攀、黄芊源:《发展生态学理论视角下困境家庭儿童健康水平影响因素研究》,《中国卫生政策研究》2020 年第 5 期。

③ 王小林、尚晓援:《论中国儿童生存、健康和发展权的保障——基于对中国五省(区)的调查》,《人民论坛》2011 年第 14 期。

病，更不用说小孩了。农村的卫生条件普遍比较差，孩子们也容易染上病菌。做饭的话，主要是烧柴火，有时候也会用牛粪。搬到新社区后，家里的生活发生了很大变化。如今，用电就可以解决一日三餐。当然，条件好些的家庭也会使用天然气。生活用水是干净的自来水，厕所是室内冲水式马桶。随着居住环境的改善，孩子们的抵抗能力有所提升，也更加不容易生病了。（尔古 YZ20210727F37）

当前，在反贫困领域，饮用水、卫生设施和能源环境这三项指标均已成为测量儿童相对贫困与否的国际公认指标。因此，为全面考察家庭人居环境对易地扶贫搬迁儿童在健康维度的影响，本书将饮用水、卫生设施与能源环境三项指标纳入易地扶贫搬迁儿童相对贫困测量指标体系。

（三）教育维度的指标选取

为全面考察义务教育阶段 7~15 岁易地扶贫搬迁儿童的相对贫困状况，本书将适龄入学、字典拥有、信息获取和家校距离等非货币性福利指标纳入易地扶贫搬迁儿童相对贫困测量指标体系。各项相关指标选取说明如下。

1. 适龄入学

自 2012 年国家大力实施教育扶贫政策以来，适龄儿童的失学辍学问题取得了历史性的减贫成效。然而，在原深度贫困民族地区，由于长期受到地理位置、思想观念以及资源倾斜等诸多因素的影响，教育不平衡、不充分发展的失衡现象依旧较为严峻，具体表现为存在相对严重的适龄儿童延缓入学或年级错位等问题。例如，花 PG 延缓入学和年级错位问题对其心理状态和人生规划产生消极影响，这段贫困经历说明适龄入学对于儿童教育的重要性。

与村里的同龄人相比，我读书晚了 3 年，9 岁才开始读 1 年级。在老家读书那会儿，我的学习成绩还算可以。入读社区中心校后，没法适应现在的学习节奏，有点跟不上。为了可以融入现在的学习环境，就选择了降级，重新从 4 年级读起。但在班级里，总感觉与周围的人格格不入。我今年都 15 岁了，按正常年龄来说，我原本应该读初中的。说实话，现在的学习状态不是很好。不想继续读了，感觉在浪费时间。过段日子，打算跟大哥去广东打工。（花 PG20210728M15）

从教育反贫困功能视角来看，作为公共利益的主要维护者和公共服务的主要提供者，国家理应遵循"积极差别待遇"的公平原则，确保为全体社会儿童提供同等水准的教育。否则，教育的大幅度失衡将不利于贫困落后地区家庭贫困代际传递的有效阻隔。由此可见，是否共享社会同等水准的教育资源和发展机会应当作为儿童相对贫困测量的重要维度之一，同时将其操作化为"适龄入学"这一相对贫困指标。因此，在贫困治理形态转型变迁的现实背景下，为了掌握义务教育阶段 7~15 岁易地扶贫搬迁儿童在适龄入学指标上的相对贫困状况，本书在充分借鉴解安和侯启缘[①]的实践操作方法的基础上，将未按规定适龄入学（晚于适龄年龄 2 年以上接受义务教育）或未曾接受过任何学前教育的儿童判定为相对贫困。

2. 字典拥有

国无辞书，无文化可言；民无辞书，亦无文化可言。作为义务教育阶段儿童学习必备的基本工具书，《新华字典》发挥着重要的文化教育和文化普及作用。长期以来，我国持续高度重视义务教育阶段受教育者的字典缺乏问题。2012 年 10 月，财政部和教育部联合下发的《关于下达 2012 年农村义务教育免费教科书中央补助资金的通知》明确规定，应将《新华字典》纳入义务教育"两免一补"[②] 的反贫困政策框架内，从源头上解决农村贫困学生的字典缺乏问题。对于国家而言，义务教育阶段《新华字典》的大力普及，能够实现推进义务教育均衡发展的减贫目标。因此，有无《新华字典》直接关系到义务教育阶段儿童的学习教育发展，理应得到贫困研究学者的高度重视。目前，我国民族地区农村学生的字典缺乏问题依然较为严峻。例如，凉山州 D 社区部分搬迁儿童面临字典缺乏问题，这对学习产生消极影响，这种贫困状况说明字典拥有对于儿童的课业学习发挥

[①]　解安、侯启缘：《中国相对贫困多维指标建构——基于国际比较视角》，《河北学刊》2021年第 1 期。

[②]　"两免一补"是指国家全面免除义务教育阶段（小学和初中）学生的学杂费，对农村义务教育阶段学生免费提供教科书，对农村家庭经济困难寄宿生补助生活费的一项资助政策，简称"两免一补"。

着重要作用。

> 对我来说，字典非常重要。遇到不认识的字时，可以通过翻阅字典来解决。只要上了小学 1 年级，学校就会给每位同学发一本。我那会儿（学校）没有发，家里也没有意识买，这确实对我的学习产生了一定的影响。从某种程度来讲，有时会影响我的学习进度。有一次在家里预习第二天的学习内容时，遇到了很多不认识的字，由于没有字典就无法得到及时解决，心情就变得特别烦躁，根本没法继续进行下去。（苦 LR20210712M13）

因此，在着力反发展型贫困兼顾反生存型贫困的后脱贫时代，为全面考察义务教育阶段 7~15 岁易地扶贫搬迁儿童的《新华字典》拥有情况，本书拟将该指标纳入易地扶贫搬迁儿童相对贫困考察范畴，并将儿童家中无《新华字典》视为其在教育维度处于相对贫困状态。

3. 信息获取

儿童享有通过大众传播媒介获取信息资源的权利。在监护人给予适当指导和帮助的前提条件下，确保儿童通过广播、电视、报刊、网络和杂志等途径获取相关的学习信息和学习资料，能够促进其基本可行能力的全面拓展。然而，相关研究指出，由于受所处生活环境的长期影响，作为信息权利主体的儿童仍然面临较为严重的信息贫困问题。[1] 信息贫困将直接影响儿童的权利主体意识，不利于其自我认知能力的发展。同时，倘若儿童在生活、学习、兴趣和休闲等层面的信息需求无法适时得到满足，那么势必对其个人的社会交往、精神生活、道德福祉以及身心健康等现实福利产生消极影响。[2] 例如，陈 GZ 因家庭条件不好无法为其提供充足的学习信息和资料而认知能力处于较低水平的贫困状况，说明全方位拓展信息获取渠道对于儿童的教育发展至关重要。

> GZ 今年 12 岁，在社区中心校上小学 4 年级。父亲因病去世多年，

---

[1] 赵媛、王远均、杨柳、淳姣：《基于弱势群体信息获取现状的弱势群体信息获取保障水平和标准研究》，《情报科学》2016 年第 1 期。

[2] 陈珏静：《儿童信息需求与信息获取渠道研究》，《图书馆建设》2013 年第 8 期。

母亲至今下落不明。目前，GZ 由爷爷奶奶抚养照顾。她家的经济条件非常不好，家里很少会给她买课外书籍，家里的电视还是坏的。所以，她每天基本上会来社工站的儿童阅读室看书。与同龄人相比，GZ 的自我认知能力比较弱，识字率不高，表达能力也不是很好。（王LW20210725M33）

现阶段，结合我国社会特殊人群信息福利权"强制性缺失"的减贫治理现实，切实保障儿童信息资源可及性和可获得性的主体权利，对于缩小儿童个体之间的信息贫困差距具有重要意义。因此，在信息社会语境下，基于缩小儿童信息贫困差距这一价值诉求，本书选取信息获取作为衡量易地扶贫搬迁儿童在教育维度相对贫困与否的重要指标之一。

4. 家校距离

家校距离是衡量儿童上学可达程度的一项重要指标，也是反映学校布局是否合理的核心变量。从功能距离视角来看，关注家校距离实质上是要关注儿童到达学校的实际花费时间以及抵达学校后的整体身心状态。① 学校空间布局是否合理化，直接关系到义务教育阶段适龄儿童入学的出勤率和学业成绩。例如，阿嘎子 S 因搬迁社区"九年一贯制"学校建设尚未完工而仍需到距离社区 5 公里外的学校就读的状况，说明加快社区的学校布局和建设进程对于儿童上学时间成本的减少和良好身心状态的调整至关重要。

我现在读初二，是一名住校生。学校在距离社区 8 公里左右的地方，每周需步行 2 小时才能到达学校。在家门口就能上学，那肯定好呀。说实话，每周走那么远的路，确实挺累的，有时甚至会在课堂上打瞌睡，精神状态也不是很好。但相比以前，现在的条件已经有所好转了。社区的学校也在建设完善当中，到时其他人上学就方便多了。（阿嘎子 S20210529F14）

当前，在减贫发展领域，多数学者已将家校距离纳入对儿童相对贫困

---

① 秦玉友、孙颖：《学校布局调整：追求与限度》，《教育研究》2011 年第 6 期。

与否的判断中，并将儿童所在家庭距入读学校达 5 公里作为衡量标准。[1]研究表明，我国广大西部边疆农村地区的学校布局依然存在明显的服务盲区，处于服务盲区的适龄儿童在获取教育资源上往往需要付出更多的时间成本。[2] 在不断深化义务教育均衡发展的过程中，我国学校布局调整取向上的价值追求、调整程度上的理想学校规模追求和调整行动上的程序公正追求必将得到进一步深化落实。因此，参照现有研究成果，结合研究县域的地理特征，本书将家校距离纳入易地扶贫搬迁儿童相对贫困测量指标体系，同时设置入学距离的相对贫困判断标准为 5 公里。

（四）保护维度的指标选取

本书使用家庭暴力、校园暴力和社会暴力三项指标来揭示易地扶贫搬迁儿童的受保护状况。各项指标选取说明如下。

1. 家庭暴力

作为人类社会初级群体的典型状态，家庭是儿童最为基本的生存空间，对于实现儿童的全面社会化发挥着重要作用。然而，长期以来，在"家长制"思想观念的洗礼下，父母往往成为子女利益的最佳代言人，能够最坚决地维护子女的基本利益。对此，家庭自然而然地被视为传统意义上的自治领域。[3] 当前，随着家庭内部儿童被伤害事件的频频发生，儿童成为隐藏在针对妇女的家庭暴力之后的主要受害者之一，尚未被完全独立地或有区别地加以对待。2014 年，北京青少年法律援助与研究中心发布的《未成年人遭受家庭暴力案件调查与研究报告》显示，父母是对儿童施暴的主体，占 84.79%；儿童遭受来自祖父母、外祖父母等其他家庭成员施暴的比例占 12.05%。[4] 家庭暴力有损儿童的生命健康权益，而长期遭受虐

---

① 张赟：《多维视角下的贫困群体的实证分析——以贫困儿童和流动妇女为样本》，《经济问题》2018 年第 6 期；金梅、傅正：《儿童贫困多维测度、影响因素及政策研究——以甘肃临夏回族自治州为例》，《兰州交通大学学报》2021 年第 2 期。

② 杨颖、孙俊、陈娟：《边疆民族地区县域农村学校空间布局合理性研究——以云南省 Y 县为例》，《学术探索》2019 年第 7 期。

③ 陈彦艳：《我国儿童权利保护制度研究》，中国政法大学出版社，2016，第 133~136 页。

④ 《未成年人遭受家庭暴力案件调查与研究报告》，北京青少年法律援助与研究中心网站，https://chinachild.org/index.php/2014/09/24/。

待则会造成其"情感失明"或"情感障碍",从而引发严重的社会越轨行为。① 例如,齐步 XL 因长期遭受母亲的暴力而身心状态不佳的经历,说明杜绝任何形式的家庭暴力伤害对于促进儿童的健康发展至关重要。

> 3 年前,儿子因病去世了。自那以后,儿媳的精神就出现了问题。发病严重时,就会出现打骂孩子的情况。孙女 XL 被打的次数最多,全身都是伤痕。这也导致 XL 现在不敢轻易出门,基本上是待在家里。她妈妈失踪了,已经很久没有出现了。但每隔一段时间,她就会回来。一到家孩子们就会被打。我跟老伴儿都没法管,也会被她一起打。我比较担心的是,我和老伴儿去世后,这些孩子就没有人照顾了。(齐步 LJ20210722M84)

因此,在新发展阶段,为全面考察易地扶贫搬迁儿童是否与家庭监护人之间存在错位的控制支配关系,本书选取家庭暴力作为衡量其在保护维度遭受相对贫困与否的重要指标之一。

2. 校园暴力

通常来讲,学校是儿童实现系统社会化的重要场所,能够为儿童未来的社会流动提供重要的发展渠道。然而,在社会化过程中,儿童的学习生活并非一帆风顺,时常要面临遭受校园暴力的潜在性贫困风险。校园暴力指称发生在与中小学相互关联的一定区域范围内,施暴者故意采用言语、肢体动作和工具等手段对受害者的人身、财产、心理以及精神等方面造成某种程度的侵害性行为。② 除了会给受害者造成严重的身体和心理伤害外,校园暴力往往还易于引发一定范围内的群体性恐慌,从而导致校园内部的破窗效应不断扩大。③ 2019 年,联合国教科文组织(UNESCO)发布的《校园暴力和欺凌:全球现状和趋势、驱动因素和后果》(School Violence and Bullying: Global Status and Trends, Drivers and Consequences)研究报告

---

① 翟高远:《论我国儿童家庭暴力防治体系的合理构建》,《东南大学学报》(哲学社会科学版)2020 年第 A1 期。
② 陆士桢、刘宇飞:《我国未成年人校园暴力问题的现状及对策研究》,《中国青年研究》2017 年第 3 期。
③ 冉亚辉:《中国校园暴力的特殊性与遏制路径论析》,《教育理论与实践》2017 年第 13 期。

显示，近 1/3 的青少年在不同学校中正遭受着严重的校园欺凌，男生受到欺凌的可能性显著高于女生，但在校园欺凌事件频发的国家，女生往往比男生更容易遭受暴力伤害。[①] 例如，阿史 MJ 因经常遭受校内同学的欺负和排斥而产生厌学情绪的经历，说明减少校园欺凌事件的发生对于儿童的身心健康和教育发展至关重要。

> 在学校里，没有人愿意跟我玩。我的文具基本上被同学弄坏了，书本也被撕碎了。跟班主任反映过，但他不管。最严重的一次是，被班级里的几个女生堵在厕所，并被乱打了一通，衣服都被她们扯坏了。我也不敢还手，如果还手的话只会被打得更厉害。有时候，她们还会故意在我的座位上撒灰。偷偷哭过几回，后面就不是很想去学校了。（阿史 MJ20210808F12）

因此，基于学校保护对儿童健康成长重要作用的应然和儿童时常面临校园暴力风险的实然这一对潜在矛盾，降低儿童遭受校园暴力的发生率是一项可以得到有效改善的相对贫困指标。为此，本书选取校园暴力作为衡量易地扶贫搬迁儿童在保护维度遭受相对贫困与否的重要指标之一。

3. 社会暴力

在后风险社会，作为主要的依赖型人口，儿童是最容易遭受暴力伤害的脆弱群体。通常而言，除了家庭和学校两大生活场域外，儿童往往还会面临社交范围扩展所带来的社会层面的潜在性暴力风险。2017 年，联合国儿童基金会（UNICEF）发布的《熟悉的面孔：儿童与青少年成长中遭遇的暴力》(A Familiar Face: Violence in the Lives of Children and Adolescents) 研究报告指出，全球为数众多的儿童正遭受各种来自社会层面的不同形式的暴力伤害。[②] 尤其是在不平等现象长期存在的环境中，儿童遭受来自社区/社会层面暴力伤害的风险系数极高。例如，赤 LC 因长期遭受社区同伴的排斥而始终难以融入新社区生活的经历，说明杜绝任何形式的社区伤害对于

---

① 《校园暴力和欺凌：全球现状和趋势、驱动因素和后果》，联合国教科文组织网站，https://www.unesco.org/en。

② UNICEF, *A Familiar Face: Violence in the Lives of Children and Adolescents*, New York: UNICEF, 2017.

儿童的健康成长至关重要。

> LC 今年 8 岁，妈妈已经去世了。我外出打工期间，主要是由奶奶抚养照顾。LC 的左脚患有先天残疾，导致他在社区经常遭受同伴的欺负。现在，LC 很害怕出门。社区有活动，他也不敢去参加，只能远远看着。社区的同伴也没人愿意跟他玩，还经常拿石头扔他。如果大人不在身边的话，我们根本没法及时去阻止这种行为的发生。（赤BR20210721M38）

经验证据表明，在生命早期阶段遭受社会暴力伤害，不仅会影响儿童终身的健康与幸福，还会给家庭、社区甚至是国家的福祉提升造成持久性的阻碍。Hillis 等强调，任何儿童理应享有受到保护、远离伤害的权利。[①]目前，在减贫领域，社会暴力已成为一项重要的贫困判定指标。因此，在已有研究成果的基础上，本书将社会暴力这一指标纳入保护维度，作为衡量易地扶贫搬迁儿童相对贫困与否的重要指标之一。

（五）参与维度的指标选取

作为考察儿童社会生活品质的一个重要维度，儿童参与初步包含了日常生活、学习决定和业余爱好三项指标。因此，本书拟选取这三项指标作为衡量易地扶贫搬迁儿童在家庭、学校或社区等场所是否遭受相对贫困的判定标准。具体指标选取说明如下。

日常生活、学习决定、业余爱好：聚焦儿童日常生活实践是推进儿童友好型社会建设的应有之义，也是衡量儿童社会参与遭受相对贫困与否的重要依据。作为一种极为重要的教育力量和发展原理，涵盖日常生活、学习决定和业余爱好等内容的儿童参与早已成了学术界考察儿童发展状况的一种全新视角。[②] 现阶段，我国儿童参与面临的一个现实情况是，儿童在

[①] Hillis, S., Mercy, J., Amobi, A., et al., "Global Prevalence of Past-year Violence Against Children: A Systematic Review and Minimum Estimates", *Pediatrics: Official Publication of the American Academy of Pediatrics*, Vol. 137, No. 3(2016): 1-13.

[②] 苑立新主编《儿童蓝皮书：中国儿童参与状况报告（2017）》，社会科学文献出版社，2017，第 4~7 页。

家庭、学校以及社区等场域的日常参与依然处于严重的失衡状态，不仅呈现出明显的性别差异，还受到时间和空间等基本条件的诸多限制。在学校之外，儿童参与日常生活的空间正遭受着严重的挤兑，作为儿童参与内容的各类生活经历也严重匮乏。实际上，儿童仍缺乏相应的参与平台，且还未被视为一个有独特发展需求的行动主体来加以看待。当前，越来越多的经验证据表明，儿童参与的严重缺失将不利于儿童基本可行能力的进一步提升与拓展，更不利于其成年后的全面发展。[1] 因此，在强调自主决策权的同时，我们理应直接面向儿童日常生活参与的缺失问题。

一般情况下，儿童围绕"家庭-学校-社区"的"三点一线"空间实践内容主要涵盖娱乐交友、学习决定以及兴趣爱好等方面。儿童作为积极的社会行动者，能够通过与同伴的良性互动建构属于自身的社会参与空间。然而，此种参与实践在不同个体之间却呈现出了明显的异质性特征。[2] 尤其是儿童长期缺乏自主赋予其日常生活实践内容的社会参与权利，这成为阻碍其自身全面发展的弊端所在。例如，石一 YSM 因需承担相应的家庭照顾责任而在日常生活、学习决定和业余爱好等方面缺乏一定的自主决策权的贫困状况，说明儿童在现实生活中仍面临着较为严重的参与权缺失问题。

> 爸爸犯事入狱，妈妈也不知所终，我和弟弟在叔叔家已经寄养了快 8 年了。叔叔家的条件不是很好，有 6 个孩子需要抚养，经济压力非常大。每到放假时，阿姨就会让我跟她去山上采花椒，挣钱补贴家用。采一斤花椒 3 元，一天下来可以挣 20 元左右。我几乎很少跟朋友出去玩，有时候作业都没时间完成，得跟叔叔他们回老家帮忙干农活。社区举办的活动相对比较多，但我都没怎么参加过。学校的活动比较少，基本上没有组织过什么活动吧。（石一 YSM20210718F15）

从减贫视角来看，赋予儿童社会参与的实有权利，适时解决其在家庭、学校以及社区等生活场域中的参与缺失问题已迫在眉睫。因此，本书

---

① 丁道勇：《儿童的日常参与：一种观察教育的视角》，《教育发展研究》2016 年第 20 期。
② 赵雪雁、李东泽、李巍、严江平：《西北地区农村儿童日常生活时空间特征研究》，《人文地理》2018 年第 3 期。

将日常生活、学习决定和业余爱好这三项指标纳入易地扶贫搬迁儿童相对贫困测量指标体系，作为衡量易地扶贫搬迁儿童在参与维度相对贫困与否的重要指标。

第三节　测量指标体系的阈值与权重设定

在相对贫困指数构造中，主要涉及对各维度/指标的贫困内容进行定义并明确其权重设定方法两项核心议题。毋庸置疑，事先设定各维度/指标的阈值，对于精准识别相对贫困儿童至关重要。同时，儿童相对贫困测量指标体系各维度和次级指标权重的设定在测算儿童相对贫困指数（M_0）时也尤为关键。本部分着重探讨易地扶贫搬迁儿童相对贫困测量指标体系的阈值和权重设定两部分内容，以便为后续的易地扶贫搬迁儿童相对贫困测度研究打下基础。

一　易地扶贫搬迁儿童相对贫困测量指标体系的阈值设定

当前，学术界对于儿童贫困内涵的理解已经历了从单维收入贫困向多维相对贫困转变的形态认知变迁。诚如阿马蒂亚·森所指出的，尽管人们谋求某种基本生存机会的"基本可行能力"是绝对的，但获取某些发展能力所需的资源却是相对的。这些发展能力所指涉的内容不仅涵盖个体的基本生存所需，还包括其自尊维护、社会活动参与以及社会习俗遵守等多重面向。[1] 从贫困观的内隐理论视角来看，儿童贫困本质上是一种"相对的绝对贫困"，无法简单依据传统意义上的以家庭为基本单元的一维收入标准来衡量其生存发展状况，必须将儿童从家庭层面单独剥离出来，并区别于成人贫困和家庭贫困，这样才能避免儿童贫困识别的本末倒置，才能防止儿童减贫政策的执行出现偏差。因此，本书对易地扶贫搬迁儿童相对贫困测量指标体系进行了阈值设定。

---

[1] 〔印〕阿马蒂亚·森：《贫困与饥荒》，王宇、王文玉译，商务印书馆，2004，第23～25页。

贫困阈值，即贫困的临界值。易地扶贫搬迁儿童相对贫困测量指标体系的阈值设定是精准识别相对贫困儿童的基础和前提。事实上，阈值的设定直接关系到易地扶贫搬迁儿童相对贫困指数（M_0）的大小和年龄之间、性别之间以及维度之间的比较结果。现阶段，专门针对易地扶贫搬迁儿童进行相对贫困测度的研究成果较少。依托学术界已有相关文献的基础，本书设定了易地扶贫搬迁儿童相对贫困的多维测度标准。具体而言，在生存维度，将户籍状况、一日三餐、住房条件、家庭照顾以及经济贫困五项指标的阈值分别设置为：若儿童未登记户口赋值为1，否则为0；儿童每天只吃2餐（及以下）或每天感觉"不能吃饱"（包括"不清楚"是否吃饱）赋值为1，否则为0；如果儿童所在家庭的人均居住面积不超过15平方米赋值为1，否则为0；父亲或母亲不是儿童最主要的生活照料者赋值为1，否则为0；儿童所在家庭被列为"低保户"或"有负债"赋值为1，否则为0。健康维度各项指标的阈值分别设定为：若儿童一年因病就医次数超过3次赋值为1，否则为0。社会医疗保险是儿童身体健康的一项重要保障，因此，将儿童没有购买医疗保险赋值为1，否则为0。一般情况下，卫生服务可及性涉及健康贫困研究。因此，在该项指标上，将儿童所在家庭离最近的就医诊所超过5公里赋值为1，否则为0。清洁的饮用水、改良的卫生设施和干净的能源环境是实现儿童良好健康发展的重要基础。因此，将儿童所在家庭使用非安全饮用水、非冲水厕所或无独立厕所以及生活燃料为非清洁能源赋值为1，否则为0。在教育维度，将适龄入学、字典拥有、信息获取和家校距离四项指标的阈值分别设置为：若儿童晚于适龄年龄2年以上接受义务教育或没有接受过任何学前教育赋值为1，否则为0；儿童家中无《新华字典》赋值为1，否则为0；儿童无法从电视、广播、报纸、杂志、互联网以及手机等任意三种传播媒介获取信息资料赋值为1，否则为0；儿童所在家庭与入读学校的距离在5公里及以上赋值为1，否则为0。在保护维度，将家庭暴力、校园暴力和社会暴力三项指标的阈值设定为：如果儿童在过去12个月内"经常"或"偶尔"受到家庭监护人的打骂、受到老师或同学的打骂以及受到校外社会人员的打骂赋值为1，否则为0。将参与维度各项指标的阈值分别设定为：儿童不能自由支配日常生活赋值为1，否则为0；儿童无法自主决定学习赋值为1，否则为0；儿童不能自主决定业余爱好赋值为1，否则为0。

二　易地扶贫搬迁儿童相对贫困测量指标体系的权重设定

明确各维度/指标的权重设定方法，对于系统把握相对贫困儿童的分布状况具有重要意义。事实上，构建易地扶贫搬迁儿童相对贫困测量指标体系旨在精准测算出相对贫困儿童的规模，并全面掌握其相对贫困的广度、强度和深度。对此，在完成各维度和指标的选取后，接下来的关键问题就是对易地扶贫搬迁儿童相对贫困测量指标体系各维度和指标的权重进行设定。然而，由于易地扶贫搬迁儿童相对贫困测量指标体系各维度/指标在反映个体遭受相对贫困程度方面存在较为明显的权重差异，因此我们需要对各维度和指标的权重进行标准化测定。具体而言，易地扶贫搬迁儿童相对贫困测量指标体系的权重设定步骤主要分为以下两步：第一，对各个维度的权重进行设定；第二，对维度内的各项次级指标的权重进行设定。其中，维度内的权重取值反映个体在福利水平衡量中的地位，其设定的一般原则是：越贫困的个体越应赋予其更高的权重。[①] 当然，易地扶贫搬迁儿童相对贫困测量指标体系权重设定的合意性，还取决于理论分析的现实需要。目前，在相对贫困指数构造中，主要存在基于研究者自身所需的主观赋权法和基于尊重事物发展规律的客观赋权法两类权重设定方法。各项方法的权重设定方式及优劣之处如表3-1所示。

表3-1　常用指标权重设定方法比较

	具体方法	权重设定方式	优点	缺点
主观赋权法	等权重法	赋予各维度以相同的权重，即各维度的取值是等权重的，每一维度内各项次级指标的取值也是等权重的	便于操作，清晰明了	权重确定方式过于随意，存在明显的价值判断倾向，难以准确反映指标的重要程度差异
	社会选择法	让利益相关者来确定维度与指标的权重，如通过参与策略和问卷调查来获得	一种自下而上的测量方式，有利于充分实现利益相关者的主体性作用，且能够对测量目标进行贫困程度排列	必须确保数据获取具有客观性、可行性、可比性和代表性，才具有现实的操作意义，否则便失去运用价值

---

① 邹薇、方迎风：《怎样测度贫困：从单维到多维》，《国外社会科学》2012年第2期。

	具体方法	权重设定方式	优点	缺点
客观赋权法	频率法	将物品或服务普遍的维度赋予其更高的权重。例如，当个体缺乏被社会所普遍认可且广泛使用的生活必需品时，说明该个体的能力遭到了剥夺	适用于各种非确定性问题的解决，系统性较强	无法反映权重选择中的价值观，面临"休谟的断头台"和"阿罗不可能定理"两大经典问题
	统计法	依托数学方法对不同层次维度与不同类型指标进行赋权	最大程度避免了因个人主观思想而带来的未知偏差，科学性较强	所得权重难以解释其现实含义，权重大小的合理性不易界定，在实际运用时的有效性和可行性难以判断

资料来源：根据相关文献整理制作而成。

通过以上对比分析可以发现，易地扶贫搬迁儿童相对贫困测量指标体系的权重设定方法具有多样性，且各有优劣。当前，科学合理的维度/指标权重设置方法始终难以确定，学界仍缺乏一套相对规范和统一的操作标准。在反贫困实践中，各维度/指标的权重大小主要反映了其在贫困测量指标体系中的相对重要性，不同的设置方法必然会影响特定福利目标人群遭受相对贫困程度的测量结果。然而，相较于多维贫困测量方法的稳健性，各维度及其各项指标在不同权重设定下的分析结论差异并不明显。因此，在各维度和指标的权重设定上，本书同联合国开发计划署（UNDP）与牛津大学贫困与人类发展研究中心（OPHI）共同开发的全球多维贫困指数（MPI）以及国内外多数研究的实践操作做法一致，采用等权重赋权法，即各维度权重相等，维度内各项指标的权重也相等。具体的操作方式为：当贫困测量指标体系中有 d 个维度时，则在等权重赋权法下，每个维度的权重赋值为 $1/d$；某个特定维度若有 e 个指标，则该维度下的指标权重赋值为 $1/d×e$。具体到本书，易地扶贫搬迁儿童相对贫困测量指标体系主要涵盖生存、健康、教育、保护和参与 5 个维度，则每个维度的权重赋值各为 1/5。在指标权重赋值上，以生存维度为例。生存维度内有户籍状况、一日三餐、住房条件、家庭照顾和经济贫困 5 项指标，则生存维度下各项指标的权重赋值各为 1/25。依此类推，不再赘述。易地扶贫搬迁儿童相对贫困测量指标体系各维度、指标、阈值及权重设定详见表 3-2。

表 3-2 易地扶贫搬迁儿童相对贫困维度、指标、阈值及权重设定

贫困维度	具体指标	相对贫困定义（1 表示相对贫困，0 表示非相对贫困）	指标权重
生存 (1/5)	户籍状况	儿童未登记户口赋值为 1，否则为 0	1/25
	一日三餐	儿童每天只吃 2 餐（及以下）或每天感觉"不能吃饱"（包括"不清楚"是否吃饱）赋值为 1，否则为 0	1/25
	住房条件	人均居住面积不超过 15 平方米赋值为 1，否则为 0	1/25
	家庭照顾	父亲或母亲不是儿童最主要的生活照料者赋值为 1，否则为 0	1/25
	经济贫困	儿童所在家庭被列为"低保户"或"有负债"赋值为 1，否则为 0	1/25
健康 (1/5)	健康状况	过去 12 个月，儿童因病就医次数超过 3 次赋值为 1，否则为 0	1/30
	医疗保险	儿童没有购买医疗保险赋值为 1，否则为 0	1/30
	卫生服务 可及性	儿童所在家庭距离最近的就医诊所超过 5 公里赋值为 1，否则为 0	1/30
	饮用水	儿童所在家庭使用湖水、河水、池塘水等地表水、未受到保护的浅井水（深度<5m）或取水不便赋值为 1，否则为 0	1/30
	卫生设施	儿童所在家庭使用非冲水或非本户独用厕所赋值为 1，否则为 0	1/30
	能源环境	儿童所在家庭以柴草、秸秆、牲畜粪便、灌木、木材、木炭或煤为生活燃料赋值为 1，否则为 0	1/30
教育 (1/5)	适龄入学	儿童晚于适龄年龄 2 年以上接受义务教育或未曾接受过任何学前教育赋值为 1，否则为 0	1/20
	字典拥有	儿童家中没有字典赋值为 1，否则为 0	1/20
	信息获取	儿童无法从电视、广播、报纸、杂志、互联网、手机等任意三种传播媒介获取信息资料赋值为 1，否则为 0	1/20
	家校距离	儿童所在家庭与入读学校的距离在 5 公里及以上赋值为 1，否则为 0	1/20

贫困维度	具体指标	相对贫困定义（1表示相对贫困，0表示非相对贫困）	指标权重
保护 (1/5)	家庭暴力	过去12个月，儿童"经常"或"偶尔"受到家人的打骂赋值为1，否则为0	1/15
	校园暴力	过去12个月，儿童"经常"或"偶尔"受到老师和同学的打骂赋值为1，否则为0	1/15
	社会暴力	过去12个月，儿童"经常"或"偶尔"受到校外社会人员的打骂赋值为1，否则为0	1/15
参与 (1/5)	日常生活	儿童不能自由支配日常生活（吃饭、穿衣、娱乐）赋值为1，否则为0	1/15
	学习决定	儿童无法自主决定学习（何时学、怎么学、学什么）赋值为1，否则为0	1/15
	业余爱好	儿童不能自主决定业余爱好赋值为1，否则为0	1/15

本章小结

　　本章立足后脱贫时代国家探索建立易地扶贫搬迁后续扶持政策体系的长效性减贫面向，重点关注易地扶贫搬迁儿童的相对贫困问题。在选取易地扶贫搬迁儿童相对贫困的测量维度和指标时，兼顾国际标准和中国现实，借鉴阿马蒂亚·森的可行能力理论，从生存、健康、教育、保护和参与5个维度21项指标构建了一个可以系统衡量易地扶贫搬迁儿童生存发展状况的相对贫困测量指标体系，并设定易地扶贫搬迁儿童相对贫困的多维测度标准，同时采取国际通用的等权重法对各维度和指标进行赋值，为易地扶贫搬迁儿童相对贫困的精准测度奠定了扎实的理论基础。虽然，构建一套系统科学的儿童相对贫困测量指标体系会受到儿童在生存发展需求层面的特殊性影响和限制，但基于已有研究构建的易地扶贫搬迁儿童相对贫困测量指标体系，能够较为精准地评估易地扶贫搬迁儿童相对贫困的现状与特征，且具有现实的可行性和可操作性。因此，可以认为，本书所构建的易地扶贫搬迁儿童相对贫困测量指标体系能够为社会各界实现对易地扶贫搬迁儿童相对贫困现象的完整认识提供良好的认知谱系，同时也能够为后脱贫时代其他社会特殊群体的相对贫困测度研究指引方向。

第四章 易地扶贫搬迁儿童相对贫困的多维测度分析

    贫困是需求与手段之间的失衡，但这并不意味着贫困只能依靠传统的单维家庭收入/消费指标来加以衡量。当前，要系统掌握易地扶贫搬迁儿童相对贫困的规模和特征，就应该根据该群体的实际生活水平进行全面衡量。本章将运用第三章基于阿马蒂亚·森的可行能力理论分析框架构建的易地扶贫搬迁儿童相对贫困测量指标体系，利用在四川省凉山州 J 县 D 社区收集的第一手数据资料，测度分析该社区易地扶贫搬迁儿童相对贫困的现实状况，从而为该群体后续的帮扶管理提供最有效的政策指向。在具体的操作方法上，本书主要采用 S. 阿尔基尔和 J. 福斯特联合构建的 AF 多维贫困测量法，以精准识别相对贫困儿童。

第一节 测度方法

    在贫困测量领域，将反映研究对象遭受相对贫困的福利清单指标化，然后再依据指标的获得或匮乏情况判断其贫困状态，已成为国际社会广泛使用的多维贫困识别策略。本书基于阿马蒂亚·森的可行能力理论，同时参照 Alkire 和 Foster 的多维贫困测量框架对易地扶贫搬迁儿童相对贫困状况展开测度与分解。在实践操作上，AF 多维贫困测量法主要包括贫困识别和贫困测算两个步骤：第一步为识别出单个的相对贫困儿童，第二步为测量整个儿童群体的相对贫困状态。AF 多维贫困测量法的测算方式和操作步骤如下。

一 各维度取值

假设 $X = [x_{ij}]$ 代表 $n \times m$ 维矩阵，反映 n 个儿童个体在 m 个维度上的取值。其中，x_{ij} 表示儿童个体 i 在维度 j 上的实际取值，$i = 1, 2, \cdots, n$；$j = 1, 2, \cdots, m$。行向量 $X_i = (x_{i1}, x_{i2}, \cdots, x_{im})$，包括儿童个体 i 在维度 j 上的所有取值状态。同理，列向量 $X_j = (x_{1j}, x_{2j}, \cdots, x_{nj})$，反映 j 维度上 n 个儿童个体的实际取值分布。令 z_j（$z_j > 0$）表示儿童个体 i 在维度 j 上的贫困临界值（Cut-off Value）或相对贫困线，Z 代表特定维度上贫困临界值的行向量。

二 相对贫困识别

（一）相对贫困的单维识别

对于矩阵 $X = [x_{ij}]$，可以定义贫困矩阵：$g^0 = [g_{ij}^0]$。其中，典型元素 g_{ij}^0 通过贫困临界值来判定：当 $x_{ij} \geq z_j$ 时，$g_{ij}^0 = 1$，表示儿童个体 i 在维度 j 上处于相对贫困；当 $x_{ij} < z_j$ 时，$g_{ij}^0 = 0$，表示儿童个体 i 在维度 j 上不存在相对贫困。例如，对于第 ij 个元素，当儿童个体 i 在第 j 个维度上（如家校距离指标）处于相对贫困时，则赋值为 1；当儿童个体 i 在第 j 个维度上处于非相对贫困时，则赋值为 0。具体来讲，可以将儿童所在家庭距入读学校距离（j）的贫困临界值定义为 5 公里。如果儿童个体 i 从家到入读学校的距离为 4 公里，即 $x_{ij} = 4 < z_j = 5$，则 $g_{ij}^0 = 0$；如果该儿童个体 i 从家到入读学校的距离为 6 公里，则 $g_{ij}^0 = 1$。对于贫困矩阵 g^0，可以设置列向量 $c_i = [g_i^0]$，代表儿童个体 i 遭受的总的贫困维度数或整体的贫困状况。

（二）相对贫困的多维识别

一般情况下，贫困矩阵 $g^0 = [g_{ij}^0]$ 中的每一个元素都反映了儿童个体 i 在维度 j 上所处的相对贫困状态，是一种单一维度的识别方法。如果考虑衡量儿童个体 i 在 k 个维度上的相对贫困状况，那么需要导入多维的识别方法。在此之前，需要确定各个指标的权重，即确定贫困计数函数，计算相对贫困缺失得分。假设 c_i 为儿童个体 i 的贫困计数函数，w_j 为维度 j 的权重，则 $c_i = \sum_{j=1}^{m} w_j g_{ij}^0$。相对贫困缺失得分越高，表示儿童个体 i 遭受的相对贫困程度越高；反之亦然。随后，判断儿童个体 i 是否处于相对贫困状态时，令 k（0，1）为贫困维度的临界值，则相对贫困识别函数为 p_k（X_i，Z）。在相对贫困测度中，p_k（X_i，Z）的取值如下：当 $c_i \geqslant k$ 时，p_k（X_i，Z）= 1，反映儿童个体 i 处于相对贫困状态；当 $c_i < k$ 时，p_k（X_i，Z）= 0，表示儿童个体 i 处于非相对贫困状态。通过上述贫困测度步骤，我们可以精准识别儿童个体 i 是否为相对贫困人口。此外，需要特别指出的是，p_k 不仅受到维度内 z_j 被剥夺状况的影响，还会受到 c_i（即跨维度被剥夺情况）的影响。因此，AF 多维贫困测量法也被称为"双临界值法"（Dual Cut-off）。在 AF 多维贫困测量框架中，z_j 是每个贫困维度的临界值，用来判定儿童个体 i 在该维度或指标上是否处于相对贫困状态；c_i 是各项贫困指标的临界值，用以衡量儿童个体 i 是否属于相对贫困的考察范畴。

三 相对贫困加总

在识别出相对贫困儿童个体 i 后，需要对各个维度进行贫困加总，得到儿童相对贫困指数（M_0）。最简单的操作方式是采用传统的 FGT 指数法，即按照人数来计算儿童相对贫困发生率（H）：$H = H$（y，z）；$H = q/n$。其中，q 代表在维度临界值 z_k 之下所识别出的相对贫困儿童的总体数量。从操作层面上来讲，尽管 FGT 指数法具有简单明了、测算灵活的特征，但其对贫困的深度和贫困的分布并不敏感，无法如实反映研究对象遭受贫困的真实情况。因此，为克服 FGT 指数法所存在的上述识别缺陷，Alkire 和 Foster[1] 又提出了一种新的贫困加总方法。具体计算公式如下：

$$H = q/n \tag{1}$$

$$A = \sum_{i=1}^{q} c_i(k)/q \tag{2}$$

---

[1] Alkire, S., Foster, J., "Counting and Multidimensional Poverty Measurement", *Journal of Public Economics*, Vol. 95, No. 8(2007): 476-487.

$$M_0 = H \times A = \sum_{i=1}^{q} c_i(k)/n \qquad (3)$$

在上述贫困测算表达式（2）和式（3）中，M_0 是运用平均缺失份额调整后的儿童相对贫困指数[①]，A 为相对贫困平均缺失份额，表示儿童个体 i 被剥夺的维度数与相对贫困儿童数之比。

四　相对贫困指数分解

在贫困测量中，儿童相对贫困指数（M_0）具有可分解性。不仅可以按照年龄、性别以及留守状况等不同组别展开子群分解，同时还可以对各维度和指标进行分解。因此，在儿童相对贫困指数（M_0）的分解过程中，我们能够精准识别出相对贫困贡献率最大的维度或指标，为后续制定具有针对性的公共福利减贫政策提供现实依据。以按维度分解为例，假设 M_j 为维度 j 对儿童相对贫困指数（M_0）的贡献率，q_j 为在维度 j 上处于贫困状态的相对贫困儿童数量，则维度 j 对儿童相对贫困指数（M_0）的贡献率为：

$$M_j = [(q_j/n) \times w_j]/M_0 \qquad (4)$$

总体而言，立足"相对剥夺"概念基础上的 AF 多维贫困测量法，可以根据研究需要进行相应调整。这也是 AF 多维贫困测量法被学术界广泛使用的一个重要缘由。鉴于此，本书参照国际社会通用研究惯例，采用 AF 多维贫困测量法来识别易地扶贫搬迁儿童的相对贫困状况。

第二节　单指标和单维度测度结果分析

基于第三章所建构的易地扶贫搬迁儿童相对贫困测度标准和识别指标体系，本部分在进行易地扶贫搬迁儿童相对贫困多维识别的测度分析前首先实证测算了易地扶贫搬迁儿童在单指标和单维度上的相对贫困发生率（H），目的在于从单维视角全面把握该群体的相对贫困状况，从而初步了

[①]　M_0 也被称为人均相对贫困指数，包含相对贫困广度和相对贫困人口缺失宽度信息。

解其相对贫困的发生规模和现实特征。

一　易地扶贫搬迁儿童单指标相对贫困发生率

表4-1测算了易地扶贫搬迁儿童在单指标上的相对贫困发生率（H）。从单指标测算结果来看，易地扶贫搬迁儿童相对贫困发生率（H）存在较大差异，呈现高低起伏的不稳定态势。易地扶贫搬迁儿童相对贫困发生率（H）较低的指标依次为饮用水（0%）、卫生设施（0%）、能源环境（0%）、户籍状况（2.6%）、医疗保险（12.4%）、卫生服务可及性（14.8%）和家校距离（20.6%）。这主要得益于我国"十三五"时期易地扶贫搬迁政策的全面落实和精准执行，原建档立卡贫困儿童的福祉得到了较大提升。然而，由于安置社区的公共基础服务配套设施尚不健全和完善，易地扶贫搬迁儿童在户籍状况、医疗保险和家校距离三项指标上仍面临一定程度的相对贫困。易地扶贫搬迁儿童相对贫困发生率（H）介于30%~60%的指标主要有健康状况（33.0%）、住房条件（36.8%）、家庭暴力（38.2%）、业余爱好（41.2%）、校园暴力（41.6%）、字典拥有（43.6%）、家庭照顾（43.8%）、经济贫困（49.8%）、日常生活（53.8%）和学习决定（56.6%）十项指标。一方面，儿童不仅在家庭和校园两个活动场所面临较大的暴力伤害，还遭遇较为严重的健康贫困问题；另一方面，由于儿童所在家庭面临搬迁移民后的生计转型困境，部分儿童在经济贫困和家庭照顾两项指标上均陷入了相对贫困。因此，多数易地扶贫搬迁儿童仍需要依赖国家的社会政策兜底保障来维持最基本的生存发展需要。通过调查发现，易地扶贫搬迁儿童的家庭人口规模普遍较大。其中，拥有3个以上子女的家庭占比高达48.8%，这是导致其在搬迁后仍面临住房贫困的重要原因。此外，多数易地扶贫搬迁儿童在业余爱好、日常生活以及学习决定等方面均遭遇较为严重的相对贫困，缺乏一定的自我决策权。易地扶贫搬迁儿童相对贫困发生率（H）达到60%的指标主要有三项，从低到高依次为适龄入学（63.2%）、一日三餐（65.6%）和信息获取（69.0%）。这表明易地扶贫搬迁儿童在面临较为严重的营养不良问题的同时，还普遍陷入了难有实质性发展的教育相对贫困。可见，单纯采取以收入/消费为中心的传统一维指标难以准确衡量易地扶贫搬迁儿童相对贫困，反映了从多维可行能力视角探析易地扶贫搬

迁儿童相对贫困的重要性。

表 4-1　易地扶贫搬迁儿童单指标相对贫困发生率（$N=500$）

单位：%

维度	指标	儿童相对贫困发生率（H）
生存	户籍状况	2.6
	一日三餐	65.6
	住房条件	36.8
	家庭照顾	43.8
	经济贫困	49.8
健康	健康状况	33.0
	医疗保险	12.4
	卫生服务可及性	14.8
	饮用水	0
	卫生设施	0
	能源环境	0
教育	适龄入学	63.2
	字典拥有	43.6
	信息获取	69.0
	家校距离	20.6
保护	家庭暴力	38.2
	校园暴力	41.6
	社会暴力	24.4
参与	日常生活	53.8
	学习决定	56.6
	业余爱好	41.2

资料来源：根据调研数据测算得出。

二　易地扶贫搬迁儿童单维度相对贫困发生率

表 4-2 测算了易地扶贫搬迁儿童单维度相对贫困发生率。从单维度测算结果来看，易地扶贫搬迁儿童相对贫困发生率（H）位居前三的维度依次是教育（96.2%）、生存（95.0%）和参与（87.0%）。首先，在教育维

度，由于区域、城乡和群体之间发展差距的长期存在，易地扶贫搬迁儿童仍面临较为严重的教育相对贫困。这表明我国在确保社会全体儿童享有同等水准的教育资源和发展机会方面任重而道远。其次，在生存维度，易地扶贫搬迁儿童在面临发展之"困"的同时，还经受家庭收入之"贫"的困扰。这反映我国在相对贫困治理的初期阶段应接续推进"两不愁三保障"的反贫困实践工作。最后，在参与维度，受儿童无能力的推定①观念影响，易地扶贫搬迁儿童在家庭、学校以及社会等活动场域的参与权依然处于较严重的缺失或不足状态。这说明易地扶贫搬迁儿童享有采取"公共行动"的社会权利尚未得到广泛认可。因此，各层级政府不仅要持续关注易地扶贫搬迁儿童在"贫"维度的生存困境，更要注重消解其在"困"层面的发展难题。长远来看，缓解易地扶贫搬迁儿童在"困"层面的难题往往要比解决其在"贫"层面的问题更具长效性减贫价值。

表 4-2 易地扶贫搬迁儿童单维度相对贫困发生率 （$N=500$）

单位：%

维度	指标	维度相对贫困发生率（H）
生存	户籍状况	95.0
	一日三餐	
	住房条件	
	家庭照顾	
	经济贫困	
健康	健康状况	48.6
	医疗保险	
	卫生服务可及性	
	饮用水	
	卫生设施	
	能源环境	
教育	适龄入学	96.2
	字典拥有	
	信息获取	
	家校距离	

---

① 儿童无能力的推定指涉成人社会不仅对儿童的被倾听权缺乏认识，还缺乏对儿童有能力为决策做出贡献的理解。成年人常常会低估儿童的能力，或没有意识到儿童发表观点的价值，因为他们不善于以成年人使用的方式来表达自己的想法。

维度	指标	维度相对贫困发生率（H）
保护	家庭暴力	74.2
	校园暴力	
	社会暴力	
参与	日常生活	87.0
	学习决定	
	业余爱好	

资料来源：根据调研数据测算得出。

第三节　多维测度结果分析

围绕易地扶贫搬迁儿童相对贫困测量指标体系，本部分从多维可行能力视角系统分析易地扶贫搬迁儿童相对贫困的现实状况，实证测度内容主要包括相对贫困发生率（H）、相对贫困指数（M_0）分解以及各维度和指标对相对贫困指数（M_0）的贡献率，旨在全面把握其相对贫困的广度、强度和深度。

一　易地扶贫搬迁儿童多维度相对贫困发生率

目前，学术界对贫困维度阈值 K 的理解主要存在两种不同的研究观点。其一，部分学者将贫困维度阈值 K 作为维度数来予以把握，如王小林和 Sabina Alkire[1]、汪为等[2]、霍萱和林闽钢[3]、宋扬和王暖盈[4]以及李良艳

---

[1]　王小林、Sabina Alkire：《中国多维贫困测量：估计和政策含义》，《中国农村经济》2009年第12期。

[2]　汪为、吴海涛、郑家喜：《城乡家庭多维贫困测度及影响因素研究——来自内蒙古的证据》，《干旱区资源与环境》2018年第7期。

[3]　霍萱、林闽钢：《中国农村家庭多维贫困识别指标体系研究》，《社会科学战线》2018年第3期。

[4]　宋扬、王暖盈：《生命周期视角下收入主导型多维贫困的识别与成因分析》，《经济理论与经济管理》2019年第3期。

和王旭①等。其二，也有部分学者将贫困维度阈值 K 视为多维度贫困人口在各项指标中的缺失得分来加以看待，如冯贺霞等②、杨晨晨和刘云艳③、刘林④以及谢家智和车四方⑤等。鉴于此，基于已有相关成果，本书借鉴第二种观点，将贫困维度阈值 K 看作贫困人口的缺失得分。在贫困测算时，阈值 K 的大小至为关键。通常情况下，随着 K 值的变动增大，相对贫困指数（M_0）会降低，而相对贫困平均缺失份额（A）则会变大。本质上，贫困维度阈值 K 是 AF 多维贫困测量法的第二个临界值。在儿童相对贫困测算中，阈值 K 就是儿童相对贫困缺失份额的临界值。当儿童相对贫困缺失份额超过 K 值时，就被判定为其处于相对贫困状态；反之亦然。从理论上来看，贫困维度阈值 K 可以在 0 至 1 之间变化。当 $K=0$ 时，所有儿童被认定为陷入相对贫困；当 $K=1$ 时，则没有任何一个儿童陷入相对贫困。如表 4-3 所示，本书测算了当贫困维度阈值 K 处于 0.1~0.6 水平时易地扶贫搬迁儿童的相对贫困状况。

表 4-3　不同阈值下易地扶贫搬迁儿童相对贫困发生率（$N=500$）

阈值（K）	相对贫困儿童数（q）（人）	相对贫困发生率（H）（%）	相对贫困平均缺失份额（A）（%）	相对贫困指数（M_0）
0.1	498	99.6	36.7	0.366
0.2	462	92.4	38.3	0.354
0.3	349	69.8	42.3	0.295
0.4	184	36.8	48.6	0.179
0.5	66	13.2	56.1	0.074
0.6	14	2.8	63.0	0.018

注：当贫困维度阈值 $K \geq 0.7$ 时，相对贫困儿童数（q）为 0，儿童相对贫困发生率（H）为 0%。此时，测算儿童相对贫困平均缺失份额（A）和儿童相对贫困指数（M_0）已无意义，故本书仅报告当 $0.1 \leq K \leq 0.6$ 时的分解结果。

资料来源：根据调研数据测算得出。

① 李良艳、王旭：《中国农村贫困识别指标体系构建及应用——基于剥夺和需求的视角》，《河北经贸大学学报》2019 年第 4 期。
② 冯贺霞、高睿、韦轲：《贫困地区儿童多维贫困分析——以内蒙古、新疆、甘肃、广西、四川五省区为例》，《山西农业大学学报》（社会科学版）2017 年第 6 期。
③ 杨晨晨、刘云艳：《早期儿童多维贫困测度及致贫机理分析——基于重庆市武陵山区的实证研究》，《内蒙古社会科学》（汉文版）2019 年第 3 期。
④ 刘林：《边境连片特困区多维贫困测算与空间分布——以新疆南疆三地州为例》，《统计与信息论坛》2016 年第 1 期。
⑤ 谢家智、车四方：《农村家庭多维贫困测度与分析》，《统计研究》2017 年第 9 期。

如表 4-3 所示，随着贫困维度阈值 K 的增大，易地扶贫搬迁儿童相对贫困发生率（H）和相对贫困指数（M_0）呈现大幅度的下降趋势，相对贫困平均缺失份额（A）则呈现不断增大态势。例如，当 $K=0.1$ 时，易地扶贫搬迁儿童至少在 0.5 个维度 2 项指标上处于相对贫困的比例（H）为 99.6%，相对贫困平均缺失份额（A）为 36.7%，相对贫困指数（M_0）为 0.366；当 $K=0.2$ 时，易地扶贫搬迁儿童在 5 个维度 21 项指标中至少有 1 个维度 4 项指标被判定为相对贫困的比例（H）为 92.4%，相对贫困平均缺失份额（A）为 38.3%，相对贫困指数（M_0）为 0.354。以此类推，易地扶贫搬迁儿童至少在 2 个维度 8 项指标上遭受相对贫困的比例（H）为 36.8%，相对贫困平均缺失份额（A）为 48.6%，相对贫困指数（M_0）为 0.179；易地扶贫搬迁儿童至少在任意 3 个维度 12 项指标上遭受相对贫困的比例（H）为 2.8%；不存在 3 个维度 12 项指标以上面临相对贫困的儿童。

确定科学合理的贫困维度阈值 K，对于精准识别"谁是真正的相对贫困儿童"至关重要。如果贫困维度阈值 K 取值过大，那么将过度夸大儿童相对贫困程度，脱离我国社会特殊群体反贫困的现实国情；如果贫困维度阈值 K 取值过小，那么将无法精准识别"谁是真正的相对贫困儿童"，从而掩盖我国儿童相对贫困的真实状况。因此，贫困维度阈值 K 的确定应当立足本国的现实国情，同时结合调查数据作为参考，以避免其在确定过程中的主观性。总体来看，当贫困维度阈值 $K \leqslant 0.3$ 时，易地扶贫搬迁儿童相对贫困发生率（H）和相对贫困指数（M_0）均处于较高水平，且处于极端相对贫困的儿童比例较高；当贫困维度阈值 $K>0.3$ 时，易地扶贫搬迁儿童相对贫困发生率（H）和相对贫困指数（M_0）随着贫困维度的增加而开始呈现大幅度的下降趋势，此时覆盖的易地扶贫搬迁儿童尽管仍处于较为严重的相对贫困，但其所占比例已下降至较低水平；当贫困维度阈值 $K=0.6$ 时，易地扶贫搬迁儿童相对贫困发生率（H）和相对贫困指数（M_0）仍不为 0，反映易地扶贫搬迁儿童依旧面临极为严重的相对贫困，但处于极端相对贫困的儿童比例已降至较低水平。2021 年易地扶贫搬迁儿童相对贫困发生率和相对贫困指数的趋势如图 4-1 所示。

目前，学术界对贫困维度阈值 K 的取值标准尚未达成共识。多数学者主要

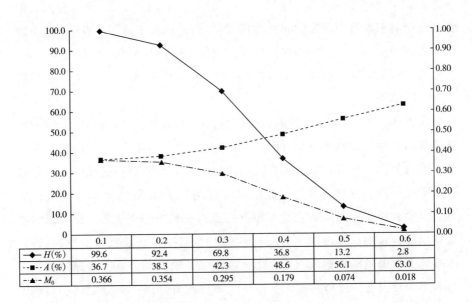

	0.1	0.2	0.3	0.4	0.5	0.6
$H(\%)$	99.6	92.4	69.8	36.8	13.2	2.8
$A(\%)$	36.7	38.3	42.3	48.6	56.1	63.0
M_0	0.366	0.354	0.295	0.179	0.074	0.018

图 4-1　易地扶贫搬迁儿童相对贫困发生率和相对贫困指数（2021 年）

注释：H 代表儿童相对贫困发生率；A 代表儿童相对贫困平均缺失份额；M_0 代表儿童相对贫困指数。

资料来源：根据调研数据整理制作而成。

依据以往的经验判断，将贫困维度阈值 K 取值为 1/3，如邹薇和方迎风[1]、高艳云[2]以及张全红和周强[3]等。当然，也有部分学者将贫困维度阈值 K 取值为 0.3，如汪三贵和孙俊娜[4]以及王卓[5]等。因此，立足已有相关成果，本书将 $K=0.3$ 设定为衡量易地扶贫搬迁儿童相对贫困与否的多维测度标准。也就是说，只要易地扶贫搬迁儿童在任意 1.5 个维度约 6 项指标上处于相对贫困状态就被认定为相对贫困儿童。通过贫困测算发现，易地扶贫搬迁儿童相对贫困发生率（H）为 69.8%，相对贫困平均缺失份额（A）为 42.3%，相对贫困指数（M_0）则为 0.295。与单维相对贫困发生状况相比，随着贫困维度阈值 K 的变动增大，易地扶贫搬迁儿童相对贫困发生率（H）

① 邹薇、方迎风：《关于中国贫困的动态多维度研究》，《中国人口科学》2011 年第 6 期。

② 高艳云：《中国城乡多维贫困的测度及比较》，《统计研究》2012 年第 11 期。

③ 张全红、周强：《中国贫困测度的多维方法和实证应用》，《中国软科学》2015 年第 7 期。

④ 汪三贵、孙俊娜：《全面建成小康社会后中国的相对贫困标准、测量与瞄准——基于 2018 年中国住户调查数据的分析》，《中国农村经济》2021 年第 3 期。

⑤ 王卓：《中国相对贫困的标准建构与测度——基于 2021 年四川专题调查》，《社会保障评论》2022 年第 2 期。

下降了 23 个百分点，相对贫困平均缺失份额（A）增加了 4 个百分点，但综合反映其相对贫困状况的相对贫困指数（M_0）仅下降了 0.059。这反映随着贫困维度的上升，易地扶贫搬迁儿童相对贫困发生率（H）大幅下降，其相对贫困平均缺失份额（A）随之增加，但相对贫困指数（M_0）仅呈现轻微下降趋势。

实地调研发现，政府精准扶贫期间已投入大量扶贫资金用于帮助凉山彝族贫困落后地区建档立卡贫困户"挪穷窝""换穷业""拔穷根"，并脱离了绝对贫困。然而，从贫困测度结果来看，易地扶贫搬迁儿童仍面临较为严重的经济、教育、信息、健康以及参与等多维层面上的相对贫困问题。出现此种现象的原因主要有如下几点：一是类似于 J 县这样的原深度贫困地区，长期以来由于缺乏支柱性的产业支撑，县域经济的发展滞后、水平低下；二是脱贫地区的工业化、城镇化发展以及公共服务始终处于较低水平，难以有效缓解易地扶贫搬迁儿童在教育和医疗等方面的相对贫困状况；三是刚刚摆脱绝对贫困问题的原建档立卡易地扶贫搬迁家庭由于较长时期深陷集"老少边穷"于一体的复杂环境，其对儿童的抚养能力依旧很弱；四是为了缓解搬迁后的生计转型压力，许多家庭主要劳动力选择外出务工，致使儿童不仅"留守"，而且由于对新社区的陌生性和疏离感，极易陷入更为严重的社会排斥。

由此可见，儿童相对贫困不再是由传统意义上的家庭收入贫困所引起的社会现象，而是一种更具综合性的复杂问题。从可持续发展视角来看，单纯采用以家庭收入为中心的单维贫困测算法，或者是按照简易人头法来度量儿童的相对贫困发生率，都难以真实反映其遭受的贫困信息和贫困内容。因此，基于多维可行能力理论分析思路，将更有利于探寻儿童相对贫困的现状和特征，从而为民族地区易地扶贫搬迁后续制定更具科学性和精准性的儿童减贫发展政策提供现实支撑。

二 易地扶贫搬迁儿童相对贫困指数分解

在贫困测算中，相对贫困指数（M_0）能够反映出儿童多维度和多指标的相对贫困整体变化。然而，要实证判断这些维度和指标作用的相对大小，还需要对儿童相对贫困指数（M_0）进行分解。因此，本书主要基于性

别、年龄、留守状况以及兄弟姐妹规模四个组别对易地扶贫搬迁儿童相对
贫困指数（M_0）展开分解。通过识别不同分组情况下易地扶贫搬迁儿童相
对贫困的实际状况，能够为我国新发展阶段制定更具针对性的反贫困政策
提供现实依据。易地扶贫搬迁儿童相对贫困发生情况如表4-4所示。

表 4-4　易地扶贫搬迁儿童相对贫困发生情况（$K = 0.3$）

指标	相对贫困		非相对贫困	
	频数（人）	有效占比（%）	频数（人）	有效占比（%）
性别				
男	170	68.0	80	32.0
女	179	71.6	71	28.4
年龄（岁）				
7~9	137	81.5	31	18.5
10~12	130	72.2	50	27.8
13~15	82	53.9	70	46.1
留守状况				
非留守	150	65.0	82	35.0
留守	199	74.3	69	25.7
单留守	102	73.9	36	26.1
双留守	97	74.6	33	25.4
兄弟姐妹规模				
3个及以下	171	66.8	85	33.2
3个以上	178	73.0	66	27.0

资料来源：根据调研数据测算得出。

（一）基于性别分组的易地扶贫搬迁儿童相对贫困指数分解

表4-5汇报了贫困维度阈值K在不同取值下易地扶贫搬迁儿童相对贫
困指数（M_0）的性别分解结果。从整体上来看，女童比男童遭受更严重的
相对贫困。当贫困维度阈值$K = 0.3$时，男童和女童的相对贫困发生率
（H）分别为68.0%和71.6%，表明在5个维度21项指标中至少存在1.5

个维度约 6 项指标处于相对贫困的男童和女童所占比例分别为 68.0% 和 71.6%。可见，女童的相对贫困发生率（H）比男童高出 3.6 个百分点，反映女童比男童更容易在陌生社区陷入相对贫困。然而，由于按照简易人头法（即 FGT 指数法）测算的相对贫困发生率（H）对易地扶贫搬迁儿童经历的贫困维度增加缺乏敏感性，因此应注重对相对贫困平均缺失份额（A）和相对贫困指数（M_0）这两项贫困指标展开分析。当贫困维度阈值 K=0.3 时，男童和女童的相对贫困平均缺失份额（A）分别为 42.3% 和 42.2%，相对贫困指数（M_0）分别为 0.288 和 0.302，其含义是所有面临相对贫困的男童和女童被剥夺维度/指标数量（1.5 个维度约 6 项指标）各占总体维度/指标数量（5 个维度 21 项指标）的 28.8% 和 30.2%。从社会性别视角来看，女童相较于男童明显处于更加劣势的地位，且往往更容易陷入难有实质性发展的相对贫困境地。

表 4-5　基于性别分组的易地扶贫搬迁儿童相对贫困指数（M_0）分解结果

阈值（K）	相对贫困儿童数（q）（人）		相对贫困发生率（H）（%）		相对贫困平均缺失份额（A）（%）		相对贫困指数（M_0）	
	男童	女童	男童	女童	男童	女童	男童	女童
0.1	248	0	99.2	0	36.3	—	0.360	
0.2	224	238	89.6	95.2	38.4	38.2	0.344	0.364
0.3	170	179	68.0	71.6	42.3	42.2	0.288	0.302
0.4	98	86	39.2	34.4	47.7	49.7	0.187	0.171
0.5	29	37	11.6	14.8	54.7	57.1	0.063	0.085
0.6	2	12	0.8	4.8	60.3	63.4	0.005	0.030

注：当贫困维度阈值 K≥0.7 时，相对贫困儿童数（q）为 0，儿童相对贫困发生率（H）为 0%。此时，测算儿童相对贫困平均缺失份额（A）和儿童相对贫困指数（M_0）已无意义，故本书仅报告当 0.1≤K≤0.6 时的分解结果。

资料来源：根据调研数据测算得出。

（二）基于年龄分组的易地扶贫搬迁儿童相对贫困指数分解

从整体上来看，易地扶贫搬迁儿童遭遇的不平等程度具有显著的年龄差异。事实证明，基于不同年龄分组对儿童相对贫困指数（M_0）进行分解，有助于把握处于不同年龄层次儿童的相对贫困状况差异。因此，本书按照年龄由低到高将所有儿童划分为7~9岁、10~12岁以及13~15岁三个结构层次。不同阈值下易地扶贫搬迁儿童相对贫困指数（M_0）的年龄分解结果如表4-6所示。

从表4-6可知，与10~12岁和13~15岁两个年龄组儿童相比，7~9岁儿童遭受的相对贫困程度最深。当贫困维度阈值$K=0.3$时，7~9岁儿童的相对贫困发生率（H）高达81.5%，相对贫困平均缺失份额（A）为45.7%，相对贫困指数（M_0）为0.373。相反，13~15岁儿童面临的相对贫困程度则处于较低水平。当贫困维度阈值$K=0.3$时，13~15岁儿童的相对贫困发生率（H）、相对贫困平均缺失份额（A）和相对贫困指数（M_0）分别为53.9%、38.9%和0.209。与7~9岁儿童相比，13~15岁儿童的相对贫困发生率（H）大幅度下降了将近30个百分点，相对贫困平均缺失份额（A）减少了6.8个百分点，综合反映易地扶贫搬迁儿童相对贫困状况的相对贫困指数（M_0）也大幅度降低了0.164。此外，10~12岁儿童在生存、健康、教育、保护和参与等层面也面临较严重的相对贫困。整体看来，10~12岁儿童遭受到的相对贫困程度介于7~9岁和13~15岁两个年龄组之间。当贫困维度阈值$K=0.3$时，10~12岁儿童的相对贫困发生率（H）为72.2%，相对贫困平均缺失份额（A）为40.8%，相对贫困指数（M_0）为0.294。通过以上分析可以发现，7~9岁儿童比13~15岁儿童面临更为严重的相对贫困状况；随着年龄的增加，其经受的相对贫困程度在不断加深。这从侧面反映了由于受到自我认知发展能力和其他基本可行能力不足的限制，低龄儿童往往比大龄儿童面临着更高的相对贫困风险。

表4-6　基于年龄分组的易地扶贫搬迁儿童相对贫困指数（M_0）分解结果

| 阈值 | 7~9岁（$N=168$） | | | | 10~12岁（$N=180$） | | | | 13~15岁（$N=152$） | | | |
(K)	q	H	A	M_0	q	H	A	M_0	q	H	A	M_0
0.1	168	100.0	41.7	0.417	180	100.0	63.4	0.364	150	98.7	31.6	0.311
0.2	159	94.6	43.1	0.408	174	96.7	37.1	0.359	129	84.9	34.1	0.289
0.3	137	81.5	45.7	0.373	130	72.2	40.8	0.294	82	53.9	38.9	0.209
0.4	90	53.6	50.8	0.272	62	34.4	46.9	0.162	32	21.1	45.6	0.096
0.5	45	26.8	56.9	0.153	17	9.4	53.8	0.051	4	2.6	55.7	0.015

续表

阈值	7~9岁 (N=168)				10~12岁 (N=180)				13~15岁 (N=152)			
(K)	q	H	A	M_0	q	H	A	M_0	q	H	A	M_0
0.6	11	6.5	63.7	0.042	2	1.1	60.3	0.007	1	0.6	61.0	0.004

注：(1) q 表示相对贫困儿童数，H 表示儿童相对贫困发生率，A 表示儿童相对贫困平均缺失份额，M_0 表示儿童相对贫困指数，q、H、A 单位分别为人、%、%；(2) 当贫困维度阈值 K≥0.7 时，相对贫困儿童数 (q) 为 0，儿童相对贫困发生率 (H) 为 0% 时，此时，测算儿童相对贫困平均缺失份额 (A) 和儿童相对贫困指数 (M_0) 已无意义，故本书仅报告当 0.1≤K≤0.6 时的分解结果。

资料来源：根据调研数据测算得出。

（三）基于留守状况分组的易地扶贫搬迁儿童相对贫困指数分解

在城镇化建设发展进程中，随着我国农村劳动力向城市转移规模的日渐增大，催生了"农村留守儿童"这一社会特殊群体。借鉴已有文献研究成果，本书将"农村留守儿童"界定为：父母一方或双方外出时间连续 6 个月以上，且拥有农村户籍的 7~15 岁儿童。研究表明，在人口加速流动的现实背景下，留守经历不仅对儿童在生命早期阶段的成长产生消极影响，同时也能够对其成年后的资源获取、资本积累和阶层流动等产生持续性的影响。[①] 因此，为有效验证留守儿童是否在各维度和指标上表现出更为严重的相对贫困，本书基于留守状况分组对易地扶贫搬迁儿童相对贫困指数 (M_0) 展开分解，以此把握其留守与非留守之下的相对贫困状况差异。易地扶贫搬迁儿童相对贫困指数 (M_0) 基于留守状况分组的分解结果如表 4-7 所示。从表 4-7 中可知，相较于非留守儿童，留守儿童更容易在一日三餐、家庭照顾以及信息获取等指标上陷入相对贫困。当 K=0.3 时，留守儿童遭受任意 1.5 个维度约 6 项指标的相对贫困发生率 (H) 为 74.3%，相对贫困平均缺失份额 (A) 为 43.0%，相对贫困指数 (M_0) 为 0.319。与非留守儿童相比，留守儿童的相对贫困发生率 (H) 明显高出 9.6 个百分点，相对贫困平均缺失份额 (A) 相差不大，仅高出 1.8 个百分点，而相对贫困指数 (M_0) 则高出了 0.052。这反映尽管留守儿童与非留守儿童遭受相对贫困程度的差距不大，但所有陷入相对贫困的留守儿童其

---

① 王亚军、郑晓冬、方向明：《留守经历对农村儿童长期发展影响的研究进展》，《中国农业大学学报》2021 年第 9 期。

被剥夺维度/指标数量（任意的 1.5 个维度约 6 项指标）占总维度/指标数量（5 个维度 21 项指标）的比例明显比非留守儿童高出了 5.2%。因此，从可持续发展视角来看，秉持差异性和分类减贫的基本原则，制定科学有效的易地扶贫搬迁儿童相对贫困治理政策具有现实必要性，且迫在眉睫。

表 4-7　基于留守状况分组的易地扶贫搬迁儿童相对贫困指数（M_0）分解结果

阈值（K）	留守儿童（$N=268$）				非留守儿童（$N=232$）			
	q	H	A	M_0	q	H	A	M_0
0.1	0	0	—	—	230	99.1	34.9	0.346
0.2	258	96.3	39.1	0.377	204	87.9	37.3	0.328
0.3	199	74.3	43.0	0.319	150	64.7	41.2	0.267
0.4	114	42.5	48.8	0.208	70	30.2	48.3	0.146
0.5	41	15.3	56.7	0.087	25	10.8	55.0	0.059
0.6	10	3.7	63.2	0.024	4	1.7	62.6	0.011

注：（1）q 表示相对贫困儿童数，H 表示儿童相对贫困发生率，A 表示儿童相对贫困平均缺失份额，M_0 表示儿童相对贫困指数，q、H、A 单位分别为人、%、%；（2）当贫困维度阈值 $K \geqslant 0.7$ 时，相对贫困儿童数（q）为 0，儿童相对贫困发生率（H）为 0%，此时，测算儿童相对贫困平均缺失份额（A）和儿童相对贫困指数（M_0）已无意义，故本书仅报告当 $0.1 \leqslant K \leqslant 0.6$ 时的分解结果。

资料来源：根据调研数据测算得出。

为进一步对比分析易地扶贫搬迁儿童在不同留守形式下的相对贫困状况，本书基于上述对留守儿童的定义，将易地扶贫搬迁儿童的留守状况划分为单亲留守儿童（父母一方外出）和双亲留守儿童（父母双方外出）两种类别，并利用 AF 多维贫困测量法分别测算基于留守类别分组的易地扶贫搬迁儿童相对贫困指数（M_0）。具体的分解结果如表 4-8 所示。从整体上来看，不同留守形式下易地扶贫搬迁儿童面临的相对贫困状况存在略微差异。当贫困维度阈值 $K=0.3$ 时，双亲留守儿童的相对贫困发生率（H）仅比单亲留守儿童高出 0.7 个百分点。然而，在相对贫困发生率（H）和相对贫困指数（M_0）的共同作用下，双亲留守儿童经受的相对贫困程度明显比单亲留守儿童更深。与单亲留守儿童相比，双亲留守儿童的相对贫困平均缺失份额（A）高出 4 个百分点，相对贫困指数（M_0）也增加 0.032。这表明在人口快速流动的现实背景下，双亲留守儿童比单亲留守儿童遭受更为严重的相对贫困。因此，除了要重点关注易地扶贫搬迁儿童本身的成长发展需求外，还应当特别注重考虑从家庭视角出发，制定科学有效的易地扶贫搬迁儿童减贫政策体系，从根源上消解其在生存、健康、教育、保护和参与等层面遭受的相对贫困。事实上，遵循"儿童优先"的可持续发展理念，对于我国在新发展阶段进一步巩固拓展民族地区易地扶贫搬迁成果，并在乡村振兴中嵌入儿童视角意义重大。

表 4-8　基于留守类别分组的易地扶贫搬迁儿童相对贫困指数（M_0）分解结果

阈值 (K)	单亲留守儿童（N = 138）				双亲留守儿童（N = 130）			
	q	H	A	M_0	q	H	A	M_0
0.1	0	0	—	—	0	0	—	—
0.2	133	96.4	37.5	0.361	125	96.2	40.9	0.393
0.3	102	73.9	41.1	0.304	97	74.6	45.1	0.336
0.4	53	38.4	46.9	0.179	61	46.9	50.5	0.237
0.5	12	08.7	55.0	0.048	29	22.3	57.4	0.128
0.6	2	1.5	62.3	0.009	8	6.2	63.3	0.039

注：（1）q 表示相对贫困儿童数，H 表示儿童相对贫困发生率，A 表示儿童相对贫困平均缺失份额，M_0 表示儿童相对贫困指数，q、H、A 单位分别为人、%、%；（2）当贫困维度阈值 $K \geqslant 0.7$ 时，相对贫困儿童数（q）为 0，儿童相对贫困发生率（H）为 0%，此时，测算儿童相对贫困平均缺失份额（A）和儿童相对贫困指数（M_0）已无意义，故本书仅报告当 $0.1 \leqslant K \leqslant 0.6$ 时的分解结果。

资料来源：根据调研数据测算得出。

（四）基于兄弟姐妹规模分组的易地扶贫搬迁儿童相对贫困指数分解

在家庭资源有限的条件下，兄弟姐妹规模的扩大对儿童可获得的发展资源具有强烈的稀释作用，包括受教育机会、父母的关注等。[1] 当前，儿童兄弟姐妹规模在各维度和指标上的贫困表现内容如何，仍值得进一步实证检验。一般而言，基于兄弟姐妹规模分组进行的儿童相对贫困指数（M_0）分解，有助于把握不同兄弟姐妹规模下儿童遭受相对贫困的状况差异。鉴于此，本书按照兄弟姐妹数量由少到多对所调查的 500 个易地扶贫

---

[1] 聂景春、庞晓鹏、曾俊霞、龙文进：《农村儿童兄弟姐妹的影响研究：交流互动或资源稀释?》，《人口学刊》2016 年第 6 期；张月云、谢宇：《低生育率背景下儿童的兄弟姐妹数、教育资源获得与学业成绩》，《人口研究》2015 年第 4 期。

搬迁儿童进行排序，并将其划分为 3 个及以下和 3 个以上两个组别。① 易
地扶贫搬迁儿童相对贫困指数（M_0）的兄弟姐妹规模分解结果如表 4-9 所
示。从表 4-9 可知，兄弟姐妹规模对易地扶贫搬迁儿童相对贫困具有显著
影响。随着兄弟姐妹数量的逐渐增多，易地扶贫搬迁儿童相对贫困发生率
（H）也逐步呈现上升趋势。以 K = 0.3 为例，拥有 3 个以上兄弟姐妹儿童
的相对贫困发生率（H）明显高于兄弟姐妹数量在 3 个及以下的儿童，高
出 6.2 个百分点。从两组易地扶贫搬迁儿童相对贫困指数（M_0）的分解
结果来看，当兄弟姐妹规模达到 3 个以上时，易地扶贫搬迁儿童遭受的相对
贫困程度明显比兄弟姐妹数量在 3 个及以下的儿童要更为严重。与兄弟姐
妹数量在 3 个及以下的儿童相比，兄弟姐妹规模达到 3 个以上的易地扶贫
搬迁儿童相对贫困指数（M_0）也高出 0.029。以上分析结果表明，加强对
原建档立卡贫困多子女家庭的帮扶和救助，对于缓解我国易地扶贫搬迁儿
童的相对贫困状况具有十分重要的现实意义。

表 4-9　基于兄弟姐妹规模分组的易地扶贫搬迁儿童相对贫困指数（M_0）分解结果

阈值 (K)	3 个及以下 (N=256)				3 个以上 (N=244)			
	q	H	A	M_0	q	H	A	M_0
0.1	254	99.2	35.8	0.355	0	0	—	—
0.2	228	89.1	37.9	0.338	234	95.9	38.7	0.371
0.3	171	66.8	42.0	0.281	178	73.0	42.5	0.310
0.4	87	34.0	48.6	0.165	97	39.4	48.7	0.193
0.5	28	10.9	57.3	0.063	38	15.6	55.1	0.086
0.6	9	3.5	62.3	0.022	5	2.0	64.3	0.013

注：（1）q 表示相对贫困儿童数，H 表示儿童相对贫困发生率，A 表示儿童相对贫困平均缺失份
额，M_0 表示儿童相对贫困指数，q、H、A 单位分别为人、%、%；（2）当贫困维度阈值 $K \geqslant 0.7$ 时，相
对贫困儿童数（q）为 0，儿童相对贫困发生率（H）为 0%，此时，测算儿童相对贫困平均缺失份额
（A）和儿童相对贫困指数（M_0）已无意义，故本书仅报告当 $0.1 \leqslant K \leqslant 0.6$ 时的分解结果。
资料来源：根据调研数据测算得出。

三　易地扶贫搬迁儿童相对贫困指数的指标贡献率

通过对相对贫困指数（M_0）进行指标层面上的分解，可得到 5 个维度

---

①　本书所指的兄弟姐妹数量不包括被调查的儿童本人。

21 项指标对易地扶贫搬迁儿童相对贫困指数（M_0）的贡献率。如表 4-10 所示，由于受到指标权重大小的影响，当贫困维度阈值 $K=0.3$ 时，各指标对易地扶贫搬迁儿童相对贫困指数（M_0）的贡献率位列前五的是日常生活（10.23%）、学习决定（10.17%）、信息获取（9.28%）、适龄入学（8.44%）和校园暴力（7.72%），表明在相对贫困治理的初期阶段应重点解决易地扶贫搬迁儿童在上述指标上的贫困问题。饮用水、卫生设施和能源环境三项指标的贡献率最低，均为 0.00%。反映了脱贫攻坚时期易地扶贫搬迁政策的减贫成效极为显著，影响儿童健康的不利因素得到了有效缓解，其生活条件也得到了全面改善。易地扶贫搬迁儿童在缺乏一定的自主决策权的同时，不仅陷入了信息贫困，甚至还遭受较为严重的校园暴力伤害。事实上，易地扶贫搬迁儿童在义务教育阶段所遭受的信息获取、社会参与等层面上的基本可行能力缺失或不足，将不利于其成年后的人力资本积累及自身的全面发展。因此，从积极社会政策视角出发，秉持差异性的贫困治理原则，消减易地扶贫搬迁儿童在日常生活、学习决定、信息获取、适龄入学、校园暴力等方面的贫困程度，对于我国在易地扶贫搬迁后续进一步提升并拓展相对贫困儿童在教育、保护和参与等维度的多维可行能力意义重大。

表 4-10　各指标对易地扶贫搬迁儿童相对贫困指数（M_0）的贡献率

单位：%

维度	指标	指标贡献率	维度	指标	指标贡献率
生存	户籍状况	0.35	教育	适龄入学	8.44
	一日三餐	6.80		字典拥有	6.06
	住房条件	3.79		信息获取	9.28
	家庭照顾	4.69		家校距离	2.23
	经济贫困	5.12	保护	家庭暴力	7.40
健康	健康状况	2.79		校园暴力	7.72
	医疗保险	1.20		社会暴力	4.99
	卫生服务可及性	1.25	参与	日常生活	10.23
	饮用水	0.00		学习决定	10.17
	卫生设施	0.00		业余爱好	7.49
	能源环境	0.00			

注：当贫困维度阈值 K 取不同值时，儿童相对贫困指标的分解结果类似。因此，为节省篇幅，本书仅报告 $K=0.3$ 时的分解结果。

资料来源：根据调研数据测算得出。

四　易地扶贫搬迁儿童相对贫困指数的维度贡献率

维度内各项次级指标的贡献率加总等于各维度对易地扶贫搬迁儿童相对贫困指数（M_0）的贡献率之和。因此，对易地扶贫搬迁儿童相对贫困指数（M_0）展开指标分解后即可测算得出各维度的贡献率。如表4-11所示，易地扶贫搬迁儿童相对贫困指数（M_0）的维度贡献率排名由高到低依次为参与（27.89%）、教育（26.01%）、生存（20.75%）、保护（20.11%）和健康（5.24%）。从参与维度来看，儿童作为积极公民参与的能力在受社会结构因素限制的同时，还受到童年主流理解所形成的潜意识偏见的影响，致使儿童被广泛认为是工具性利益的攸关方，而非社会转型过程中的积极推动者。[1] 这是脱贫攻坚以来我国易地扶贫搬迁儿童在家庭、学校和社会等活动场域参与权缺失与不足的主要原因。此外，教育和生存两个维度对易

表4-11　各维度对易地扶贫搬迁儿童相对贫困指数（M_0）的贡献率

维度	指标	维度贡献率（%）	维度	指标	维度贡献率（%）
生存	户籍状况	20.75	教育	适龄入学	26.01
	一日三餐			字典拥有	
	住房条件			信息获取	
	家庭照顾			家校距离	
	经济贫困		保护	家庭暴力	20.11
健康	健康状况	5.24		校园暴力	
	医疗保险			社会暴力	
	卫生服务可及性		参与	日常生活	27.89
	饮用水			学习决定	
	卫生设施			业余爱好	
	能源环境				

注：当贫困维度阈值 K 取不同值时，儿童相对贫困维度的分解结果类似。因此，为节省篇幅，本书仅报告 $K=0.3$ 时的分解结果。

资料来源：根据调研数据测算得出。

---

[1]　刘雄：《儿童参与权研究》，光明日报出版社，2020，第135~136页。

地扶贫搬迁儿童相对贫困指数（M_0）仍存在较高的贡献率水平。在生存维度，主要表现为一日三餐（6.80%）、经济贫困（5.12%）、家庭照顾（4.69%）和住房条件（3.79%）四项指标的贡献率处于较高水平。当贫困维度阈值 $K=0.3$ 时，健康维度的贡献率处于最低水平，具体表现在健康状况（2.79%）、医疗保险（1.20%）以及卫生服务可及性（1.25%）等指标层面。从可持续减贫视角来看，这些指标应成为易地扶贫搬迁后续儿童健康扶贫的重点关注领域。

本章小结

目前，由 Alikre 和 Foster 联合建构的"双临界值法"已成为多维贫困测度研究的主流识别方法。本章主要以 AF 多维贫困测量法为识别手段，围绕生存、健康、教育、保护和参与 5 个维度 21 项指标，实证测算了易地扶贫搬迁儿童的相对贫困状况。同时，为把握易地扶贫搬迁儿童内部遭受相对贫困状况的差异性特征，本书主要基于性别、年龄、留守状况以及兄弟姐妹规模等分组，对易地扶贫搬迁儿童相对贫困指数（M_0）进行分解。

首先，从单指标测算结果来看，易地扶贫搬迁儿童在信息获取（69.0%）、一日三餐（65.6%）、适龄入学（63.2%）、学习决定（56.6%）、日常生活（53.8%）、经济贫困（49.8%）、家庭照顾（43.8%）等指标上的相对贫困发生率（H）较高；从单维度测算结果来看，易地扶贫搬迁儿童相对贫困发生率（H）位居前三的维度分别是教育（96.2%）、生存（95.0%）和参与（87.0%）。这反映在经受家庭收入之"贫"的同时，易地扶贫搬迁儿童还深陷发展之"困"的艰难处境。

其次，从多维测度结果来看，易地扶贫搬迁儿童普遍面临较为严重的相对贫困。以贫困维度阈值 $K=0.3$ 为衡量标准，即在任意的 1.5 个维度约 6 项指标上被剥夺时判定为相对贫困，则易地扶贫搬迁儿童的相对贫困发生率（H）处于较高水平，达到了 69.8%，相对贫困平均缺失份额（A）为 42.3%，相对贫困指数（M_0）为 0.295。

再次，从相对贫困指数（M_0）分解结果来看，易地扶贫搬迁儿童的相对贫困状况呈现显著的组内差异。一方面，女童比男童面临更严重的相对贫困，其相对贫困发生率（H）为 71.6%、相对贫困平均缺失份额（A）为 42.2%、相对贫困指数（M_0）为 0.302。另一方面，7~9 岁儿童比 10~12 岁和 13~15 岁儿童更易遭受相对贫困，其相对贫困发生率（H）、相对贫困平均缺失份额（A）和相对贫困指数（M_0）分别为 81.5%、45.7% 和 0.373。在任意 1.5 个维度约 6 项指标上，留守儿童遭受的相对贫困程度比非留守儿童更为严重，其相对贫困发生率（H）、相对贫困平均缺失份额（A）和相对贫困指数（M_0）分别为 74.3%、43.0% 和 0.319。从留守形式上来看，双亲留守儿童与单亲留守儿童面临的相对贫困状况也存在较为显著的内在差异。与单亲留守儿童相比，双亲留守儿童经受更为严重的相对贫困。此外，易地扶贫搬迁儿童相对贫困状况与其所在家庭的兄弟姐妹规模存在紧密的相关性。拥有 3 个以上兄弟姐妹的儿童明显比兄弟姐妹数量在 3 个及以下的儿童遭受更严重的相对贫困，其相对贫困发生率（H）、相对贫困平均缺失份额（A）以及相对贫困指数（M_0）分别为 73.0%、42.5% 和 0.310。

最后，从贡献率测算结果来看，各维度和指标对易地扶贫搬迁儿童相对贫困指数（M_0）的贡献率差异明显。受指标权重大小的影响，当贫困维度阈值 $K=0.3$ 时，日常生活（10.23%）、学习决定（10.17%）、信息获取（9.28%）、适龄入学（8.44%）和校园暴力（7.72%）五项指标对易地扶贫搬迁儿童相对贫困指数（M_0）的贡献率处于较高水平。贡献率位列前三的维度分别是参与（27.89%）、教育（26.01%）和生存（20.75%）。其中，日常生活（10.23%）、信息获取（9.28%）和一日三餐（6.80%）在三个维度内的指标贡献率处于最高水平。以上分析结果表明，易地扶贫搬迁儿童普遍在生存、教育以及参与等维度面临较为严重的相对贫困。对此，在帮助原建档立卡贫困家庭实现"搬得出"的基础上，社会各界也应适时对易地扶贫搬迁儿童在相对基本需要上的满足和相对基本能力上的发展予以高度重视，避免产生不可逆转的贫困代际传递。

第五章 易地扶贫搬迁儿童相对
贫困的影响因素

　　第四章对易地扶贫搬迁儿童相对贫困状况进行了实证测度分析。测算结果表明，易地扶贫搬迁儿童普遍陷入了难有实质性发展的相对贫困。对此，遵循经典的"贫困测度—贫困归因—贫困治理"研究范式，本章将对"易地扶贫搬迁儿童为什么会陷入相对贫困"这一核心议题展开研究，探索贫困代际传递对其相对贫困发生的影响。当前，探究贫困致因的分析方法主要有如下两种。其一，分解相对贫困指数（M_0），观察各维度和指标的贡献率。贡献率越大，说明该维度和指标对特定福利目标人群发生贫困的关联性就越强。[1] 但该方法仅着眼于贫困测量指标体系内部，无法系统反映贫困发生的真实内容。其二，将贫困的测度结果设定为因变量，从整体数据中重新挖掘致贫因素。[2] 该方法可较为全面地解释贫困发生的原因。本书通过分解易地扶贫搬迁儿童相对贫困指数（M_0）进而观察各维度/指标的贡献率，在一定程度上虽意味着已对易地扶贫搬迁儿童相对贫困的发生原因展开了研究，贫困维度/指标即贫困原因。然而，单纯从已设定好的维度和指标出发来探究贫困的发生原因，无法深刻阐释易地扶贫搬迁儿童相对贫困的生成机理。这也是本章致力于从贫困代际传递视角进一步解释易地扶贫搬迁儿童为什么会发生相对

　　① 李晓明、杨文健：《儿童多维贫困测度与致贫机理分析——基于 CFPS 数据库》，《西北人口》2018 年第 1 期。
　　② 高翔、王三秀：《农村老年多维贫困的精准测量与影响因素分析》，《宏观质量研究》2017 年第 2 期。

贫困的原因所在。

从贫困归因视角来看，儿童贫困主要是由家庭这一中介在内外部的结构和文化机制综合作用下而形成的一种贫困代际传递现象。因此，为进一步考察易地扶贫搬迁儿童相对贫困的发生原因，本章立足贫困代际传递理论视角，同时借鉴樊丹迪等[1]的研究成果，将易地扶贫搬迁儿童相对贫困的测量结果作为被解释变量，然后采用二元 Logistic 回归分析，从整体数据中挖掘导致易地扶贫搬迁儿童陷入相对贫困的因素，从而把握其相对贫困发生的原因，进而为后脱贫时代国家制定和完善易地扶贫搬迁儿童反贫困政策提供依据。

第一节　理论分析与研究假设

一　个体特征对易地扶贫搬迁儿童相对贫困的影响

相对贫困是一个具有多维特质的复合性概念，核心是贫困者基本可行能力的不足与缺乏。王卓和王璇研究指出，多维可行能力在贫困个体之间呈现出显著的内在差异，年龄、性别以及身体健康状况等均是引致此种差异性的重要影响因素。[2] 对于儿童来说，受制于自我认知发展能力和基本可行能力的缺失或不足，低龄儿童往往比大龄儿童经受更深的相对贫困。前文对易地扶贫搬迁儿童相对贫困指数（M_0）的年龄分解结果已充分验证了这一研究观点。董强等研究发现，在我国原深度贫困民族地区仍存在较为严重的性别不平等问题，主要表现在农村家庭因生计资本供给的相对不足而呈现出极具典型性的"男孩优先"资源分配模式，阻碍了女童自我主体性的觉醒，从而使其比男童更易遭受相对贫困。[3] 此外，王卓和张伍呷强调，囿于经济资本和社会资本的短缺，身处社会底层的多数凉山彝族贫

---

① 樊丹迪、魏达、郑林如：《困难家庭儿童多维贫困测量与致贫因素分析》，《社会政策研究》2020 年第 4 期。

② 王卓、王璇：《多维贫困视角下贫困人口扶贫认可度及影响因素研究——基于西南地区三个贫困县的实地调查》，《农村经济》2020 年第 5 期。

③ 董强、李小云、杨洪萍、张克云：《农村教育领域的性别不平等与贫困》，《社会科学》2007 年第 1 期。

困家庭往往只能在家支内实现联姻，但这种家支内婚的近亲繁育模式将会加剧儿童患有先天残疾的可能性。[①] 与普通儿童相比，残疾儿童在陌生社区遭受歧视和社会排斥的风险更高[②]，这也将进一步使得此类联姻家庭及其子女陷入更深的长期贫困陷阱。从致贫的微观视角来看，性别、年龄和身体健康状况等个体特征能够在不同程度上影响儿童遭遇相对贫困的风险性。基于此，本书提出第一个研究假设 H_1：个体特征的差异性对易地扶贫搬迁儿童遭受相对贫困具有显著影响。

为更好地验证这一假设，本书将其细化为以下可操作性假设。

H_{1a}：个体年龄差异对易地扶贫搬迁儿童相对贫困具有显著影响。

H_{1b}：个体性别差异对易地扶贫搬迁儿童相对贫困具有显著影响。

H_{1c}：个体身体健康状况对易地扶贫搬迁儿童相对贫困具有显著影响。

二 家庭结构对易地扶贫搬迁儿童相对贫困的影响

儿童贫困问题与其所在家庭的结构特征存在天然的密切联系。经验证据表明，家庭结构会显著影响贫困的代际传递，固化儿童在生命早期阶段乃至其成年后经受相对贫困的人生经历。从儿童所在家庭的结构类型来看，家庭结构为离异/丧偶家庭、女性户主家庭以及未婚式单亲母亲家庭等的儿童其相对贫困发生率要远远高于社会平均水平。虽然家庭结构类型对儿童相对贫困的影响并不是直接的，但 Adams 和 Corcoran 研究指出，不完整的家庭结构和长期经历的贫困状态会更深地形塑儿童的"贫困亚文化"惯习，致使其所能获取的来自收入或非收入层面的成长资源和发展机会相对较少。[③]

---

① 王卓、张伍呷：《凉山彝族婚姻制度的松动与走向研究——兼析彝族贫困代际传递的原因》，《西南民族大学学报》（人文社会科学版）2018 年第 3 期。

② UNICEF, "Seen Counted, Included: Using Data to Shed Light on the Well-Being of Children with Disabilities", New York: United Nations Children's Fund, 2022.

③ Adams, T., Corcoran, M. E., "Family and Neighborhood Welfare Dependency and Sons' Labor Supply", *Journal of Family & Economic Issues*, Vol. 16, No. 2(1995):239–264.

这与目前已有的如陈银娥和何雅菲[1]、杨烁晨和余劲[2]等研究发现单亲家庭、隔代直系留守家庭和女性户主家庭对农村儿童的贫困冲击更加敏感的研究结论保持一致。此外，杜凤莲和孙婧芳研究强调，家庭人口规模或家庭人口构成也会显著影响农村儿童发生相对贫困的可能性。[3]受农村传统观念的长期影响，家庭人口规模的扩大会导致家庭内部资源分配的严重不均，继而加深贫困儿童的相对剥夺感，最终演变成催化贫困代际传递的重要影响因素。基于此，本书将户主性别状况、家庭人口规模、隔代抚养状况以及是否单亲家庭等因素综合考虑在内，并提出第二个研究假设 H_2：家庭结构的差异性对易地扶贫搬迁儿童相对贫困具有显著影响。

为更好地验证这一假设，本书将其细化为以下可操作性假设。

H_{2a}：户主性别状况对易地扶贫搬迁儿童相对贫困具有显著影响。

H_{2b}：家庭人口规模对易地扶贫搬迁儿童相对贫困具有显著影响。

H_{2c}：隔代抚养状况对易地扶贫搬迁儿童相对贫困具有显著影响。

H_{2d}：是否单亲家庭对易地扶贫搬迁儿童相对贫困具有显著影响。

三　社会支持对易地扶贫搬迁儿童相对贫困的影响

贫困代际传递理论认为，尽管儿童贫困受到家庭结构类型及其个体本身的自致性或先赋性因素影响，但还应将个体和家庭以外的制度性或非制度性的社会因素考虑在内，尤其是来自个体、家庭和社会等层面一系列因素的相互作用。陈云凡研究指出，作为社会的主要依赖型人口，儿童福祉的提升往往无法脱离其所在国家的社会经济发展状况。[4]从致贫的宏观视

---

[1]　陈银娥、何雅菲：《贫困变动及其影响因素研究：来自中国女户主的证据》，《湖北社会科学》2014 年第 4 期。

[2]　杨烁晨、余劲：《家庭生命周期视角下风险冲击对贫困的影响——基于秦巴山连片贫困区的实证分析》，《干旱区资源与环境》2020 年第 8 期。

[3]　杜凤莲、孙婧芳：《贫困影响因素与贫困敏感性的实证分析——基于 1991-2009 的面板数据》，《经济科学》2011 年第 3 期。

[4]　陈云凡：《中国未成年人贫困影响因素分析》，《中国人口科学》2009 年第 4 期。

角来看，儿童在生命早期发展阶段所遭遇的相对贫困经历主要受到来自社会贫富差距扩大、福利制度不健全以及公共服务供给不充分等因素的影响。因此，对导致儿童相对贫困因素的分析不能简单归咎于儿童个体本身及其所在的原生家庭，还要综合考虑政府福利支出、社会制度安排等社会性因素与儿童相对贫困问题之间的内在关系。事实证明，作为一种既包含客观物质，又包含主观情绪感受的综合过程①，来自国家或社会的制度性和非制度性的社会支持在很大程度上能够对儿童群体经受的相对贫困程度产生影响——降低儿童相对贫困发生率。例如，获得国家公共政策扶持的贫困儿童往往比那些未曾得到社会政策帮扶的困难儿童更不易陷入相对贫困。基于此，本书在对易地扶贫搬迁儿童相对贫困的影响因素进行全面分析时，考虑到国家宏观层面社会因素的差异性特征，增加社会支持这一变量，并提出第三个研究假设 H_3：社会支持的差异性对易地扶贫搬迁儿童相对贫困具有显著影响。

为更好地验证这一假设，本书将其细化为以下可操作性假设。

H_{3a}：是否享受低保政策对易地扶贫搬迁儿童相对贫困具有显著影响。

H_{3b}：是否享受社区儿童服务对易地扶贫搬迁儿童相对贫困具有显著影响。

第二节 变量设置与模型构建

一 变量设置

本书着重探讨来自个体特征、家庭结构和社会支持等层面的因素是否通过家庭内外部传递的方式使易地扶贫搬迁儿童陷入相对贫困。因此，将被解释变量设置为易地扶贫搬迁儿童是否发生相对贫困，即在设定的

① 崔丽娟、肖雨蒙：《依托乡村振兴战略改善社会支持系统：留守儿童社会适应促进对策》，《苏州大学学报》（教育科学版）2022 年第 1 期。

贫困维度阈值 $K = 0.3$ 时，易地扶贫搬迁儿童在相对贫困测量指标体系中是否存在任意 1.5 个维度约 6 项指标的相对贫困，则将其相对贫困发生与否设置为被解释变量。在实际操作中，被解释变量主要采取类别变量（0/1）的形式进行二项赋值（相对贫困 = 1，非相对贫困 = 0），设定虚拟变量。

儿童相对贫困的发生原因可归结为贫困者个人特征、贫困者家庭结构以及贫困者所能得到的社会支持这三类因素。因此，在借鉴葛岩等[①]、王卓和时玥[②]以及吴继煜等[③]相关成果的基础上，本书立足贫困代际传递理论视角，从自致性因素、先赋性因素和社会性因素考察易地扶贫搬迁儿童相对贫困的发生原因。在解释变量的选择上，根据调查数据的相关性检验结果，最终选取个体特征、家庭结构和社会支持 3 个维度 9 项变量。其中，个体特征维度主要选取儿童的年龄、性别以及身体健康状况 3 项变量；家庭结构维度主要选取儿童所在家庭的户主性别状况、家庭人口规模、隔代抚养状况以及是否单亲家庭 4 项变量；社会支持维度主要选取儿童是否享受低保政策福利和是否享受社区儿童服务[④] 2 项变量。变量设置与描述性统计如表 5-1 所示。

表 5-1　变量设置与描述性统计（$N = 500$）

变量类别	变量名称	定义与赋值	均值	标准差
被解释变量	易地扶贫搬迁儿童是否发生相对贫困	在任意 1.5 个维度约 6 项指标上发生相对贫困赋值为 1，否则为 0	0.698	0.459

[①] 葛岩、吴海霞、陈利斯：《儿童长期多维贫困、动态性与致贫因素》，《财贸经济》2018 年第 7 期。

[②] 王卓、时玥：《彝族贫困代际传递现状及影响因素研究》，《中国人口科学》2019 年第 3 期。

[③] 吴继煜、周鹏飞、贾洪文：《多维因素视域下贫困人口代际传递特征研究》，《人口学刊》2021 年第 4 期。

[④] 社区儿童服务是社区儿童福利概念的衍生品，主要有两层含义：一是把儿童作为服务对象，以满足社区内家长和儿童的成长发展需要；二是将儿童作为服务者，引导其参与社区的相关活动。社区儿童服务的对象主要是社区内 18 岁以下的全体儿童。本书所指涉的社区儿童服务对象主要是易地扶贫搬迁社区正处于义务教育阶段的 7～15 岁儿童。

变量类别		变量名称	定义与赋值	均值	标准差
解释变量	个体特征	年龄	7~9 岁 = 1，10~12 岁 = 2，13~15 岁 = 3	10.92	2.504
		性别	男 = 1，女 = 0	0.500	0.501
		身体健康状况	残疾 = 1，非残疾 = 0	0.080	0.268
	家庭结构	户主性别状况	男 = 1，女 = 0	0.930	0.262
		家庭人口规模	5 个以上 = 1，5 个及以下 = 0	6.500	1.505
		隔代抚养状况	隔代抚养 = 1，非隔代抚养 = 0	0.412	0.493
		是否单亲家庭	单亲家庭 = 1，非单亲家庭 = 0	0.172	0.378
	社会支持	是否享受低保政策福利	是 = 1，否 = 0	0.372	0.484
		是否享受社区儿童服务	是 = 1，否 = 0	0.430	0.496

二 模型构建

本书的被解释变量"易地扶贫搬迁儿童是否发生相对贫困"是一个二元分类变量，故选用二元 Logistic 模型对影响易地扶贫搬迁儿童相对贫困的 9 项因素进行实证检验。在二元 Logistic 回归模型中，将被解释变量"易地扶贫搬迁儿童是否发生相对贫困"设为 Y，服从二项分布，取值为 0 或 1。当二元分类变量 Y 取值为 1 时，代表儿童发生相对贫困；当 Y 取值为 0 时，则表示儿童未发生相对贫困。解释变量为导致易地扶贫搬迁儿童相对贫困的各项影响因素，设为 X_1，X_2，…，X_9，其函数表达式如下：

$$Logit(Y) = Ln[P/(1-P)] = \beta_0 + \beta_1 X_1 + \cdots + \beta_9 X_9 + \mu \qquad (1)$$

式（1）中，$Ln[P/(1-P)]$ 表示易地扶贫搬迁儿童相对贫困事件发生与不发生概率之比的自然对数；X_1，X_2，…，X_9 为回归模型中影响易地扶贫搬迁儿童相对贫困的各解释变量。其中，X_1 为儿童年龄，X_2 为儿童性别，X_3 为儿童身体健康状况，X_4 为户主性别状况，X_5 为家庭人口规模，X_6 为隔代抚养状况，X_7 为是否单亲家庭，X_8 为是否享受低保政策福利，X_9 为是否享受社区儿童服务。β_0 为常数项；β_1，β_2，…，β_9 代表易地扶贫搬迁儿童相对贫困事件发生的各影响因素的待估回归系数；μ

为随机残差项。

第三节　实证结果分析

一　易地扶贫搬迁儿童相对贫困影响因素的描述性统计

本书将 $K=0.3$ 设置为贫困维度阈值,得到相对贫困儿童 349 人,非相对贫困儿童 151 人。具体的分析结果如表 5-2 所示。在个体特征维度,从儿童年龄来看,7~9 岁、10~12 岁儿童比 13~15 岁儿童更易陷入相对贫困;从社会性别视角来看,女童遭遇相对贫困的比例比男童高;从身体健康状况来看,残疾儿童面临相对贫困的风险比非残疾儿童更高。可见,个体特征中的年龄、性别和身体健康状况等变量,在某种程度上能够对易地扶贫搬迁儿童相对贫困产生影响。在家庭结构维度,户主性别状况、家庭人口规模、隔代抚养状况、是否单亲家庭等因素均有可能对易地扶贫搬迁儿童相对贫困产生影响。生活在女性户主家庭、人口规模较小家庭、隔代抚养家庭或单亲家庭的儿童遭受相对贫困的可能性较高,占比分别为75.7%、81.0%、80.6% 和 72.1%。在社会支持维度,没有享受低保政策福利和社区儿童服务的相对贫困儿童比非相对贫困儿童更易遭受相对贫困,所占比例分别为 76.3% 和 77.4%。可见,是否享受低保政策福利和是否享受社区儿童服务 2 项因素均有可能对易地扶贫搬迁儿童相对贫困产生一定影响,需要给予重点关注。

表 5-2　易地扶贫搬迁儿童相对贫困影响因素的描述性统计分析结果（$N=500$）

变量名称	变量定义	相对贫困（$N=349$）		非相对贫困（$N=151$）	
		频数（个）	占比（%）	频数（个）	占比（%）
年龄	7~9 岁	137	81.5	31	18.5
	10~12 岁	130	72.2	50	27.8
	13~15 岁	82	54.0	70	46.0

续表

变量名称	变量定义	相对贫困（N = 349）		非相对贫困（N = 151）	
		频数（个）	占比（%）	频数（个）	占比（%）
性别	男	170	68.0	80	32.0
	女	179	71.6	71	28.4
身体健康状况	残疾	34	87.2	5	12.8
	非残疾	315	68.3	146	31.7
户主性别状况	男	321	69.3	142	30.7
	女	28	75.7	9	24.3
家庭人口规模	5 个及以下	68	81.0	16	19.0
	5 个以上	281	67.5	135	32.5
隔代抚养状况	隔代抚养	166	80.6	40	19.4
	非隔代抚养	183	62.2	111	37.8
是否单亲家庭	是	62	72.1	24	27.9
	否	287	69.3	127	30.7
是否享受低保政策福利	是	207	65.9	107	34.1
	否	142	76.3	44	23.7
是否享受社区儿童服务	是	181	64.0	102	36.0
	否	168	77.4	49	22.6

资料来源：根据调研数据分析得出。

二 易地扶贫搬迁儿童相对贫困影响因素的多重共线性检验

为避免易地扶贫搬迁儿童相对贫困各影响因素之间存在高度的线性相关，致使回归模型的估计结果失真，本书使用 SPSS 26.0 统计软件计算各影响因素之间的两两相关程度，即皮尔逊（Pearson）相关性检验。同时，将儿童的年龄、性别、身体健康状况及其所在家庭的户主性别状况、家庭人口规模、隔代抚养状况、是否单亲家庭以及社会支持维度的是否享受低保政策福利和是否享受社区儿童服务 9 项自变量分别编号为 X_1 至 X_9 进行多重共线性检验。具体的分析结果如表 5-3 所示。结果表明，易地扶贫搬迁儿童相对贫困各影响因素两两之间的相关估计系数的绝对值均处于 0.3

以下。这说明易地扶贫搬迁儿童相对贫困各解释变量间的相关程度较弱，不存在明显的多重共线性问题。因此，本书所选取的各项解释变量适合对易地扶贫搬迁儿童相对贫困进行回归模型分析。

表 5-3　易地扶贫搬迁儿童相对贫困影响因素的 Pearson 相关性检验

变量	X_1	X_2	X_3	X_4	X_5	X_6	X_7	X_8	X_9
X_1	1								
X_2	0.000	1							
X_3	-0.044	-0.007	1						
X_4	-0.021	0.008	-0.032	1					
X_5	-0.011	-0.011	-0.049	0.118	1				
X_6	-0.068	0.073	0.044	-0.167	-0.048	1			
X_7	-0.002	-0.011	0.045	-0.279	-0.135	0.189	1		
X_8	0.020	-0.091	-0.008	-0.130	-0.130	0.037	0.197	1	
X_9	-0.207	-0.077	-0.014	0.047	0.059	0.021	0.029	0.061	1

注：X_1 表示儿童年龄、X_2 表示儿童性别、X_3 表示儿童身体健康状况、X_4 表示户主性别状况、X_5 表示家庭人口规模、X_6 表示隔代抚养状况、X_7 表示是否单亲家庭、X_8 表示是否享受低保政策福利、X_9 表示是否享受社区儿童服务。

三　易地扶贫搬迁儿童相对贫困影响因素的回归分析

回归结果显示，个体的年龄、性别、身体健康状况、家庭人口规模、隔代抚养状况、是否单亲家庭、是否享受低保政策福利和是否享受社区儿童服务共 8 项自变量均通过了显著性检验，是影响易地扶贫搬迁儿童相对贫困的重要因素（见表 5-4）。在解释各因素的作用大小时，本书使用优势比（Odds Ratio)[1] 来解释易地扶贫搬迁儿童相对贫困事件的发生比，即测量自变量一个单位的增加给原来的易地扶贫搬迁儿童相对贫困事件发生比所带来的变化。

---

[1]　优势比即 OR 值。在本书中，主要指相对贫困儿童人数与非相对贫困儿童人数的比值除以对照组中相对贫困儿童人数与非相对贫困儿童人数的比值。当 OR = 1 时，表明某一因素对儿童相对贫困事件的发生不起作用；当 OR>1 时，表明某一因素是导致儿童相对贫困事件发生的危险性因素；当 OR<1 时，表明某一因素对儿童相对贫困事件的发生起保护性作用。

（一）个体特征对易地扶贫搬迁儿童相对贫困的影响

表 5-4 模型 1 结果显示，个体特征的差异性对易地扶贫搬迁儿童相对贫困的发生存在显著影响，即年龄、性别、身体健康状况等均是易地扶贫搬迁儿童相对贫困的影响因素，研究假设 H_{1a}、H_{1b}、H_{1c} 通过检验。回归结果表明：第一，易地扶贫搬迁儿童相对贫困的发生受到个体年龄差异的显著影响。年龄越大，易地扶贫搬迁儿童陷入相对贫困的可能性越小。研究显示，10~12 岁的中龄儿童和 13~15 岁的大龄儿童比 7~9 岁的低龄儿童更不易遭受相对贫困，尤其是 13~15 岁的大龄儿童遭受相对贫困的风险最低，其优势比为 0.266。这在一定程度上反映出随着个体年龄的增长，儿童的自我认知发展能力和多维可行能力得到了进一步的提升与拓展，从而弱化其遭遇相对贫困的风险。吉字 XD 在易地扶贫搬迁社区的生活经历验证了这一研究发现。

> 我今年 13 岁，家里有一个弟弟和两个双胞胎妹妹。弟弟（9 岁）和妹妹（7 岁）因为年纪小，不管是在社区，还是在学校，总是被人欺负。如果我在的话，他们是不敢欺负的。社区里的活动只要有空我都会参加，挺有趣的。比如儿童议事会，我之前报名参加过，但没竞选上。弟弟妹妹参加过的活动就比较少了，爸爸妈妈管他们还比较严，甚至在外出干活时担心没人照看，就会把他们锁在家里不让出去。（吉字 XD20210712M13）

第二，易地扶贫搬迁儿童相对贫困的发生受到个体性别差异的显著影响。从社会性别视角来看，女童比男童面临更高的相对贫困风险，其发生相对贫困的可能性是男童的 1.195 倍。从致贫的微观视角而言，时代因素作用下的"社会性别差异扩大化"是易地扶贫搬迁儿童相对贫困日益呈现"女性化"脸谱的重要催化剂。石一 YSM 在家庭资源分配中的从属地位有力印证了这一社会事实。

> 我 10 岁才上的小学，如果按正常年龄入学的话，现在应该初中毕业了。家里经济条件不好，没办法同时供两个孩子上学，我爸就让弟

弟先上了学。弟弟今年 13 岁，我俩在一个班级读书，9 月份就可以念初中了。前几年，妈妈跟别人跑了，爸爸也因犯事被监禁了八年半。目前，我跟弟弟暂时由亲戚照顾。再过半年左右，我爸就回来了。现在，爸爸年纪也很大了，出来就 67（岁）了。到时我应该就不能再继续上学了，我爸让我跟他一起出去打工挣钱，供弟弟读书，养活一家三口。（石一 YSM20210718F15）

第三，易地扶贫搬迁儿童相对贫困的发生受到个体身体健康状况的显著影响。残疾儿童面临相对贫困的风险比非残疾儿童更高。与非残疾儿童相比，残疾儿童遭受相对贫困的概率会增加 218.2%。这意味着当某一个体一旦被社会认定为残疾儿童，那么来自观念、交往、教育以及环境等方面的排斥就会如影随形，进而使其陷入持久的"贫困恶性循环"怪圈。[①]由此可见，个体身体健康状况往往会弱化残疾儿童的基本可行能力和自我认知发展能力，从而使其遭受相对贫困的可能性比非残疾儿童更大。吉史木 RH 因右眼残疾而在易地扶贫搬迁社区遭受社会排斥的经历有效验证了上述事实。

我家里有 4 个妹妹，妈妈 4 年前在生小妹的时候难产去世了。妹妹们还小，没人照料，爸爸就一直待在家里，很少外出打工，但社区给安排了公益性岗位。三妹 RH 今年 10 岁，右眼患有先天性残疾，眼睛睁不太开。在学校里经常被同学欺负，甚至还被人取了一个非常难听的外号。她不怎么爱说话，在家里也一样。社区开展活动时，都没人愿意跟她搭伴，怕她拉后腿，她就只能在旁边默默看着。你喊她，她基本不怎么回应的，有时候只是点点头，但不说话。我爸之前一直考虑要带她去大医院检查，但迫于其他孩子没人照料，就一直没去成。（吉史木 XY20210809F14）

（二）家庭结构对易地扶贫搬迁儿童相对贫困的影响

表 5-4 模型 2 结果显示，家庭人口规模、隔代抚养状况和是否单亲家

---

① 解韬、谢清华：《社会排斥理论视角下的残疾儿童研究》，《残疾人研究》2014 年第 3 期。

庭对易地扶贫搬迁儿童相对贫困存在显著影响。其中，家庭人口规模在5%的统计水平上显著影响易地扶贫搬迁儿童相对贫困；隔代抚养状况和是否单亲家庭均在1%的统计水平上产生显著影响作用。对此，研究假设 H_{2b}、H_{2c} 和 H_{2d} 通过检验。然而，令人意外的是，户主性别状况对易地扶贫搬迁儿童相对贫困发生的影响却并不显著，研究假设 H_{2a} 未通过检验。回归结果表明：第一，易地扶贫搬迁儿童相对贫困的发生受到家庭人口规模的显著影响。与家庭人口规模在5个及以下的儿童相比，家庭人口规模超过5个的儿童更不易遭受相对贫困，优势比为0.466。也就是说，家庭人口规模越大，易地扶贫搬迁儿童面临的相对贫困风险就越小。与杜凤莲和孙婧芳[①]研究发现家庭人口规模每增加1人，儿童遭受贫困的可能性就会提高的结论存在明显差异。这是一个非常有趣的研究发现。出现此种现象的原因可能在于，在原建档立卡易地扶贫搬迁家庭，家庭人口规模大意味着可利用的劳动力数量多，家庭资本存量相对较为雄厚。因此，家庭人口规模的扩大在某种程度上能够提高易地扶贫搬迁家庭抵御贫困风险的抗逆能力，从而降低子女遭遇相对贫困的可能性。以上分析结论得到了吉字LZ这一社区案例的验证。

> 我家7口人，我有2个哥哥、1个姐姐和1个妹妹。爸爸妈妈平时都不住在这里（社区），都回老家种地了。大哥和二哥不喜欢读书，初中辍学后去了广东打工，每个月会往家里寄些钱。大姐今年20岁，嫁到了西昌，她每次回来都会给我和小妹买衣服。爸妈以前在福建打过工，前几年因为身体不怎么好就回来了。现在，他们都比较愿意供我和小妹念书。他们总说，只有读书，将来才会有出息。平时家里要是遇到困难的话，哥哥和姐姐都会回来帮忙。（吉字 LZ20210813F12）

第二，易地扶贫搬迁儿童相对贫困的发生受到隔代抚养状况的显著影响。从优势比来看，与非隔代抚养儿童相比，处于隔代抚养的儿童遭遇相对贫困的可能性会增加152.6%。这说明被隔代抚养的儿童比非隔代抚养

① 杜凤莲、孙婧芳：《贫困影响因素与贫困敏感性的实证分析——基于 1991–2009 的面板数据》，《经济科学》2011 年第 3 期。

的儿童面临更高的相对贫困风险。经验证据揭示，隔代抚养儿童由于常年生活在"亲代缺位"的不完整家庭结构中，往往会导致其生命早期成长阶段的基本可行能力提升受到这一家庭缺损或离散状态的负面影响。[1] 与此同时，需要着重指出的是，易地扶贫搬迁儿童如果在生活、亲情、心理、学习、道德、安全以及行为等方面长期遭受相对贫困，那么其未来人生的全面发展受到某种程度的抑制，从而其遭受相对贫困的风险将加大。显然，由高龄奶奶独自抚养的花 PG 及其弟弟花 XQ 正遭遇较为严重的相对贫困。

> 4 年前，爸爸因为疾病去世了。一个月前，妈妈也被送到了精神病院。现在，我和弟弟由奶奶抚养和照顾。但奶奶年纪大了（84 岁），没有什么精力管我们。目前，哥哥在广东打工，平时会往家里寄钱。我和弟弟换洗的衣服很少，只有两三套。奶奶很少会给我们买新衣服，只有大哥每年过年回来的时候才会买。弟弟今年 8 岁了，非常不听话，还经常逃课，到现在连自己的名字都不会写。有时候，弟弟肚子饿了，还会直接翻进垃圾箱找吃的，谁管都没用，只会跟我们闹脾气。你看，我今年都 15（岁）了，才上小学 4 年级。老实说，不是很想继续念了，想跟大哥出去外面打工。（花 PG20210728M15）

第三，易地扶贫搬迁儿童相对贫困的发生受到是否单亲家庭的显著影响。从优势比来看，单亲家庭儿童发生相对贫困的可能性是非单亲家庭儿童的 1.816 倍，高出了 81.6%。这表明生活在单亲家庭的易地扶贫搬迁儿童陷入相对贫困的风险更高。出现此种状况的原因在于，家庭是儿童社会化的基本单位，但单亲家庭环境的特殊性却使儿童社会化出现了问题。在单亲家庭中，家庭功能的缺损、家庭关系的剧变以及家庭结构的解体均会导致家庭这一重要场所难以真正发挥其所具备的社会化功能，从而弱化儿童基本可行能力的进一步提升与拓展，最终使其比非单亲家庭儿童遭受更

---

[1]　吴重涵、戚务念：《留守儿童家庭结构中的亲代在位》，《华东师范大学学报》（教育科学版）2020 年第 6 期。

为强烈的相对剥夺。① 杨 SL 在单亲家庭中的生活境遇可以有效验证上述观点。

> 妈妈在我 2 岁时跑了,爸爸在西昌打工,半年左右才会回来一次,很少往家里寄钱。现在,我跟爷爷一起生活。但爷爷身体不是很好,也没有太多精力管我。我的好朋友很少,平时只跟表姐和表弟一起玩。有时,我也会去社区的阅读室看书,那里有很多有趣的书,都是我没有看过的。爷爷平时很少给我买,只要我想看书了,都会来这里。王叔说,进教室前必须先洗手才能进去。我在家很少洗手,爷爷也不会管。但有时候爷爷不想让我出来,怕我看到其他小朋友有零食吃心理会不平衡。(杨 SL20210805M11)

(三) 社会支持对易地扶贫搬迁儿童相对贫困的影响

表 5-4 模型 3 结果显示,社会支持的差异性显著影响易地扶贫搬迁儿童相对贫困。具体而言,是否享受低保政策福利和是否享受社区儿童服务均在 1% 的统计水平上产生显著影响,研究假设 H_{3a} 和 H_{3b} 均通过了显著性检验。回归结果表明:第一,是否享受低保政策福利显著影响易地扶贫搬迁儿童相对贫困的发生。与未享受低保政策福利的儿童相比,享受低保政策福利的儿童不陷入相对贫困的可能性会增加 29.4%。这意味着未享受低保政策福利的儿童遭受相对贫困的风险更高,是享受低保政策福利儿童的1.416 倍。目前,作为社会保障体系中社会救助制度的核心和基础,最低生活保障制度已成为我国最具普遍性的贫困治理制度,发挥着难以忽视的反贫困功能。② 然而,在分配正义原则下,儿童是难以共享社会分配和进行社会参与的脆弱性人群,具体表现为缺乏谋生能力、家庭收入低下以及基本可行能力缺乏。因此,最低生活保障制度可在一定程度上降低易地扶贫搬迁儿童陷入相对贫困的风险。然而,家庭收入低下、社会保障缺失无疑会加大在返贫边缘挣扎的易地扶贫搬迁儿童遭受相对贫困的可能性。如

---

① 熊猛、刘若瑾、叶一舵:《单亲家庭儿童相对剥夺感与心理适应的循环作用关系:一项追踪研究》,《心理学报》2021 年第 1 期。

② 王一:《后 2020 "参与式"反贫困路径探索》,《社会科学战线》2019 年第 5 期。

齐步 XL 一家 6 口因适时得到了政府的兜底扶持，有效降低了其家庭成员遭受相对贫困的风险。

> 我今年 12 岁，马上就可以上小学 5 年级了。现在家里有 1 个弟弟和 2 个妹妹，都由爷爷奶奶照顾。自从爸爸去世后，妈妈就失踪不见了。爷爷说，政府每个月都会给我和弟弟妹妹们发放孤儿补助 590 元/人，他自己每个月也可以领取老年补贴 3600 元。虽然爷爷（84 岁）和奶奶（73 岁）的年纪都比较大了，但我们家有补助，学费也是全免的，所以在经济方面还算过得去。就是有的时候奶奶要是生病了，我们全家都得饿肚子。爷爷不会做饭，我自己也不会。（齐步 XL20210710F12）

第二，是否享受社区儿童服务显著影响易地扶贫搬迁儿童相对贫困的发生。从优势比来看，享受社区儿童服务的儿童遭受相对贫困的可能性是未享受社区儿童服务的儿童的 0.608 倍。这表明未享受社区儿童服务的儿童面临更高的相对贫困风险，是享受社区儿童服务儿童的 1.645 倍。作为社区服务的主要内容之一，社区儿童服务指向社会内全体儿童的成长发展需求，能够提升儿童在交往、学习和自我实现等方面的基本可行能力。[①]因此，对于易地扶贫搬迁儿童来说，未能及时享受社区儿童服务可能会不利于其在信息获取和社会参与等层面可行能力的拓展，同时也将严重阻碍其进一步提升抵御相对贫困风险的抗逆能力。孙子木 CZ 受社工站帮扶而降低返贫风险的经历就说明了社区儿童服务的重要性。

> 一年前，父母在搬迁的路途中因遭遇泥石流不幸去世了。哥哥原本在成都的一家职业技校念书，自从父母发生意外后就不读了，去了广东打工。现在主要是爷爷奶奶在抚养和照顾我们，但他们年纪都比较大了，家里唯一的经济来源就是政府每个月发的孤儿补助。弟弟妹妹们都还小，家里花销比较大，生活还是比较困难的。社区工作人员来家里走访过几次，了解我们的需求后，会给家里提供一些生活用品，比如大米、食用油之类的。我之前也一直在担心上学的学费问

---

① 严仲连：《我国社区儿童服务的问题与对策》，《社会科学家》2016 年第 1 期。

题，现在王哥帮我们联系了可以提供补助和减免学费的高职院校，只要符合报名条件，都可以入学。（孙子木 CZ20210724F15）

表 5-4　易地扶贫搬迁儿童相对贫困影响因素的 Logistic 回归模型分析结果

变量	模型 1	模型 2	模型 3
个体特征			
年龄			
10~12 岁	0.615 * (0.261)	0.621 * (0.267)	0.607 * (0.270)
13~15 岁	0.266 *** (0.259)	0.260 *** (0.267)	0.276 *** (0.276)
性别	0.837 *** (0.202)	0.762 *** (0.209)	0.805 *** (0.212)
身体健康状况	3.182 *** (0.501)	3.053 ** (0.512)	3.173 ** (0.512)
家庭结构			
户主性别状况		0.858 (0.489)	0.802 (0.497)
家庭人口规模		0.466 ** (0.315)	0.477 ** (0.318)
隔代抚养状况		2.526 *** (0.228)	2.585 *** (0.231)
是否单亲家庭		1.816 *** (0.325)	1.684 *** (0.337)
社会支持			
是否享受低保政策福利			0.706 *** (0.231)
是否享受社区儿童服务			0.608 *** (0.224)
常数项	4.436 *** (0.228)	7.656 *** (0.614)	5.375 *** (0.632)

变量	模型 1	模型 2	模型 3
-2 对数似然	575.661	550.559	539.689
H&L 检验	0.286	0.788	0.174
样本量	500	500	500

注：（1）解释变量的系数估计值为优势比；（2）括号内为稳健性标准误；（3）***、**、*分别表示在1%、5%和10%的置信水平上显著。

第四节　稳健性检验

为进一步验证二元 Logistic 回归模型分析结果的可信度，本书主要采取替换被解释变量的方式来开展下一步的稳健性检验工作。在贫困测度研究领域，儿童相对贫困缺失得分是一个极为重要的判定指标。因此，本书将被解释变量由原来的"易地扶贫搬迁儿童是否发生相对贫困"替换成"易地扶贫搬迁儿童相对贫困缺失得分"。与此同时，使用普通最小二乘法构建 OLS 回归分析模型，检验各解释变量对易地扶贫搬迁儿童相对贫困影响的稳健性，具体的分析结果如表5-5所示。表5-5模型1汇报了加入个体特征变量的结果，表5-5模型2汇报了同时加入个体特征和家庭结构变量的结果，表5-5模型3汇报了同时加入个体特征、家庭结构和社会支持变量的结果。回归分析结果显示，3个回归模型的F统计量所对应的p值均为0.000，并在设定的1%统计水平上显著，表明易地扶贫搬迁儿童相对贫困的各项解释变量与被解释变量之间的关系是显著的。此外，模型1至模型3的调整 R^2 分别为0.142、0.206和0.236，说明实证检验的回归模型表现出较好的拟合优度，影响易地扶贫搬迁儿童相对贫困的各项因素对被解释变量具有较强的说服力。

表5-5模型1结果显示，在个体特征维度，易地扶贫搬迁儿童相对贫困的发生受到年龄、性别和身体健康状况等因素的影响。其中，年龄对易地扶贫搬迁儿童相对贫困的发生存在显著的负向影响。儿童年龄越大，遭受相对贫困的风险就越小。性别对易地扶贫搬迁儿童相对贫困的发生具有显著影响。与男童相比，女童显著处于劣势，且遭受相对贫困的风险也处

于更高水平。此外，易地扶贫搬迁儿童相对贫困的发生也受到身体健康状况的显著影响。残疾儿童明显比非残疾儿童更易陷入相对贫困。

表5-5模型2结果显示，在家庭结构维度，户主性别状况对易地扶贫搬迁儿童相对贫困的影响不显著。然而，家庭人口规模、隔代抚养状况和是否单亲家庭是造成易地扶贫搬迁儿童相对贫困的重要因素。其中，易地扶贫搬迁儿童相对贫困的发生受到家庭人口规模的显著影响。家庭人口规模越大，儿童越不易遭受相对贫困。隔代抚养状况对易地扶贫搬迁儿童相对贫困的发生具有显著影响。隔代抚养儿童比非隔代抚养儿童更易遭受相对贫困。此外，易地扶贫搬迁儿童相对贫困的发生也受到是否单亲家庭的显著影响。与非单亲家庭儿童相比，单亲家庭儿童显然面临更高的相对贫困风险。

表5-5模型3结果显示，在社会支持维度，影响易地扶贫搬迁儿童相对贫困的因素主要有是否享受低保政策福利和是否享受社区儿童服务两项变量。其中，易地扶贫搬迁儿童相对贫困的发生受到"是否享受低保政策福利"这一变量在1%的统计水平上的显著影响，享受低保政策福利的儿童遭受相对贫困的可能性比那些未享受低保政策福利的儿童更低。"是否享受社区儿童服务"这一变量也在1%的统计水平上对易地扶贫搬迁儿童相对贫困产生显著影响，与那些没有享受社区儿童服务的儿童相比，享受社区儿童服务的儿童显然更加不易陷入相对贫困。

以上分析结果显示，OLS回归模型估计结果与前文分析结果基本保持一致，表明本书的所得结论总体上稳健且可靠。

表5-5　易地扶贫搬迁儿童相对贫困影响因素的 OLS 回归模型分析结果

解释变量	被解释变量：易地扶贫搬迁儿童相对贫困缺失得分		
	模型 1	模型 2	模型 3
年龄	−0.052 *** （0.006）	−0.049 *** （0.027）	−0.049 *** （0.006）
性别	−0.011 *** （0.010）	−0.015 *** （0.009）	−0.011 *** （0.009）

续表

解释变量	被解释变量：易地扶贫搬迁儿童相对贫困缺失得分		
	模型 1	模型 2	模型 3
身体健康状况	0.047*** (0.018)	0.041*** (0.017)	0.043*** (0.017)
户主性别状况		-0.019 (0.020)	-0.017 (0.020)
家庭人口规模		-0.015*** (0.012)	-0.010*** (0.012)
隔代抚养状况		0.059*** (0.010)	0.059*** (0.009)
是否单亲家庭		0.005*** (0.014)	0.014*** (0.014)
是否享受低保政策福利			-0.042*** (0.010)
是否享受社区儿童服务			-0.011*** (0.009)
常数项	0.469*** (0.014)	0.474*** (0.027)	0.466*** (0.027)
F	28.451***	19.505***	18.124***
调整 R^2	0.142	0.206	0.236

注：（1）括号内为稳健性标准误；（2）***、**、* 分别代表在 1%、5% 和 10% 的统计水平上显著。

本章小结

立足贫困代际传递理论视角，本章从个体、家庭和社会三个层面探索了易地扶贫搬迁儿童相对贫困的发生原因。研究结果显示：第一，年龄、性别和身体健康状况等人口统计学特征对易地扶贫搬迁儿童相对贫困的发生与否具有显著影响。其中，性别的影响最大，女童显著处于劣势。第二，户主性别状况对易地扶贫搬迁儿童相对贫困的发生不产生显著影响，而家庭人口规模、隔代抚养状况和是否单亲家庭均显著影响易地扶贫搬迁儿童相对贫困的发生。但令人意外的是，家庭人口规模对易地扶贫搬迁儿童相对贫困的发生产生了显著的负向影响。家庭人口规模越大，易地扶贫搬迁儿童遭受相对贫困的风险就越小。第三，在社会支持维度，是否享受低保政策福利和是否享受社区儿童服务两项变量是决定易地扶贫搬迁儿童是否陷入或摆脱相对贫困的重要影响因素。与那些未能享受低保政策福利或社区儿童服务的儿童相比，得到社会支持的儿童发生相对贫困的可能性显然处于更低水平。

综上可见，易地扶贫搬迁儿童相对贫困影响因素的分析结论能够为新发展阶段我国易地扶贫搬迁儿童反贫困政策的目标定位、制度安排和扶贫手段等提供现实依据。在福利目标人群的精准定位上，由于个体、家庭和社会等多重致贫因素的交织影响，持续阻碍易地扶贫搬迁儿童内在潜能的有效发挥。因此，后脱贫时代的反贫困政策重点应回归公共性的济贫本位，构建儿童政策与家庭政策相互融合的减贫行动体系。在反贫困政策的制度安排上，应逐渐改变重整体和区域的扶贫趋向，以优先满足易地扶贫搬迁儿童的成长发展需求和拓展提升其多维可行能力集为标准，进一步接续完善社会福利保障制度，达到实现提升易地扶贫搬迁儿童相对贫困治理效率的可持续减贫发展目标。在扶贫政策的减贫手段上，生活在不完整家庭的易地扶贫搬迁儿童更易遭受相对贫困，因此反贫困政策在重点加强对易地扶贫搬迁儿童的基本公共服务投资的同时，还应重视对其父/母内生发展动力的提升，以最大程度重塑家庭减贫功能，从而实现易地扶贫搬迁儿童相对贫困的根本性治理。

第六章　易地扶贫搬迁儿童相对贫困的治理策略

　　作为"十三五"时期脱贫攻坚的主战场，我国西部12省份约664万建档立卡贫困人口到2020年末已基本通过"拔穷根""挪穷窝"的方式实现了精准脱贫的易地扶贫搬迁目标，反贫困的重点也逐步从"搬得出"转向"稳得住"和"能致富"。然而，在新的生存空间，多数摘掉绝对贫困帽子后的易地扶贫搬迁家庭仍然处于社会发展的边缘位置，表现出一定程度的发展脆弱性，导致家庭成员中缺乏自我发展能力的年幼子女极易再次陷入贫困处境。可见，在未来相当长的一段时间内，通过易地扶贫搬迁实现精准脱贫摘帽后的搬迁家庭将面临返贫风险。事实上，消除绝对贫困问题后，相对贫困将成为我国后脱贫时代的主要治理形态。在反贫困领域，易地扶贫搬迁儿童是一种因国家政策性人口转移而产生的新特殊群体，需要采取更加有效的治理方式来不断提升该人群的福祉水平。从社会学视角来看，儿童是良好家庭关系维持的重要纽带。因此，提升儿童在搬迁后的生存与发展水平，降低其遭受相对贫困的风险，既是国家从生命的早期发展阶段有效阻断易地扶贫搬迁家庭发生贫困代际传递的内在要求，也是进一步确保该群体在成年后能够稳定致富的关键所在。

　　在全面推进国家治理体系和治理能力现代化的发展进程中，我国儿童福利体系建设已从管理范式逐渐转向治理范式，以福利分配为取向的儿童反贫困模式也发挥着将贫困儿童的个人福祉上升至国家战略高度和激活政府与社会协同共治减贫活力的理性化制度优势。^① 现阶段，在民族贫困落后地区，跟随父母从农村搬迁到城镇集中安置社区共同生活的贫困儿童规模相对较大以及该群体所面临解决后续发展问题的复杂性，导致针对这一人群搬迁后续的帮扶管理工作进展缓慢。在后脱贫时代，面临贫困治理形态发展变迁的现实，要彻底消除因生存空间置换后儿童个体发展需要所带来的"新贫困"问题，迫切需要加强儿童相对贫困治理的顶层制度设计与具体实施路径的有机结合，并适时转向新发展主义理念指导下的福利治理逻辑。因此，基于前文对易地扶贫搬迁儿童相对贫困多维测度和影响因素的分析结论，本章拟立足福利治理理论分析框架，探索建立涵盖"制度设计—工具选择—实施路径"的易地扶贫搬迁儿童相对贫困治理政策方案，以期为我国新发展阶段的儿童相对贫困治理提供决策参考。

第一节 易地扶贫搬迁儿童相对贫困治理的制度设计

拓展巩固绝对贫困摘帽地区的脱贫攻坚成果，降低易地扶贫搬迁儿童遭受相对贫困的风险，需要顶层反贫困制度的支持。顶层制度设计，尤其是针对相对贫困儿童的顶层制度设计决定国家贫困治理的现代化程度。因而，追寻易地扶贫搬迁儿童反贫困的可持续性就必须事先解决由顶层扶贫制度建设不完善所造成的相对贫困治理效率低下的问题。从我国的反贫困实践经验来看，只有立足已有的儿童福利政策体系就相对贫困儿童的顶层扶贫制度展开系统性设计，易地扶贫搬迁儿童相对贫困的长效性治理才有可能实现。对此，本书从贫困治理理念、贫困测度标准和反贫困制度体系等层面系统阐述新发展阶段易地扶贫搬迁儿童相对贫困治理的顶层制度设计规划。

一 贯彻以"儿童优先"为取向的贫困治理理念

在早期的扶贫实践中，儿童反贫困已成为我国福利治理的一项核心议

---

① 谢岳：《中国贫困治理的政治逻辑——兼论对西方福利国家理论的超越》，《中国社会科学》2020 年第 10 期。

题，聚焦相对贫困儿童的一系列社会福利政策也开始重视儿童减贫发展的特殊性。研究发现，儿童如果长期深陷贫困处境，将对其未来的人生发展产生无法逆转的消极影响。正是由于儿童相对贫困问题的复杂性，严重制约了我国社会福利政策的减贫干预成效。从整体上来看，当前我国反生存型贫困行动中的儿童视角仍嵌入不足。一方面，在传统的反生存型贫困治理阶段，尽管国家的反贫困政策体系也开始将儿童减贫的发展目标纳入其中，但长期以来我国以"家"或"户"为基本单位的扶贫趋向，一定程度上忽视了相对贫困儿童在生存、健康、教育、保护以及参与等维度上的脱贫与发展需求。这不仅反映出我国基于福利治理框架下的儿童优先脱贫的反贫困行动体系仍尚未建立，同时也表明了政府部门对于儿童相对贫困问题的复杂程度认识还不够到位。另一方面，综观国家的脱贫攻坚行动体系，虽然政府部门的反贫困政策文件均强调了儿童减贫的重要性[1]，但长期以来我国的扶贫开发工作主要聚焦于整个社会人口的"两不愁三保障"层面，致使儿童减贫始终处于国家反贫困政策体系的一个附属部分，还没有上升到国家扶贫战略的"优先"或"重点"位置，以"儿童优先"为价值取向的贫困治理理念也还没有具体落实到儿童福利发展上来。[2]出现上述状况的原因主要源于脱贫攻坚层次的差异性，即国家重点解决贫困家庭生存型贫困问题的减贫目标，决定了"儿童优先"的治贫理念势必缺乏相应的制度空间。因此，在以往的脱贫攻坚实践中，国家还难以将"儿童优先"的贫困治理理念在反贫困行动体系中加以贯彻。

从本质上看，福利治理代表了一种崭新的以新发展主义为价值遵循的相对贫困治理理念。其中，儿童福祉被认为应当成为各项社会福利减贫政策的优先关注。1990 年，联合国世界儿童问题首脑会议（The World

---

[1]　例如，2015 年发布的《中共中央 国务院关于打赢脱贫攻坚战的决定》，在儿童教育、儿童健康以及儿童福利等方面明确了儿童减贫的具体要求。(参见《中共中央 国务院关于打赢脱贫攻坚战的决定》，中国政府网，http：//www. gov. cn/xinwen/2015-12/07/content_5020963. htm。)；2016 年印发的《"十三五"脱贫攻坚规划》，在教育扶贫、健康扶贫以及兜底保障部分内容中强调了儿童减贫的重要性。(参见《国务院关于印发"十三五"脱贫攻坚规划的通知》，中国政府网，http：//www. gov. cn/zhengce/content/2016-12/02/content_5142197. htm。)

[2]　姜妙屹：《试论我国家庭政策与儿童政策相结合的儿童优先脱贫行动》，《社会科学辑刊》2019 年第 4 期；尹吉东：《从适度普惠走向全面普惠：中国儿童福利发展的必由之路》，《社会保障评论》2022 年第 2 期。

Summit for Children）在《儿童生存、保护和发展世界宣言》中明确强调，在福利资源分配上，儿童的生存和发展需求应高度予以优先满足。也就是说，"儿童优先"应最终落实于各项社会福利减贫政策的制定和执行上，并以消除任何形式的多维度儿童贫困为根本目标。现阶段，随着我国贫困治理形态从绝对贫困向相对贫困的转型变迁，儿童相对贫困问题也日益呈现出个体基本可行能力缺失、社会不平等现象加剧等多维特征。对此，我国易地扶贫搬迁后续的扶持政策体系建设迫切需要贯彻以"儿童优先"为取向的贫困治理理念，从而进一步推动国家发展型贫困治理与儿童社会福利政策制定的全面融合。事实上，在减贫行动过程中，优先解决易地扶贫搬迁儿童的生存发展问题对于我国全面建成小康社会和实现共同富裕目标具有重要意义，儿童视角在公共福利政策议程中的核心地位也将更加凸显。因此，基于我国探索建立缓解相对贫困长效治理机制的政策面向，后脱贫时代的反贫困行动应始终坚持"以儿童减贫为重点"和"以儿童减贫为引领"的基本原则。具体而言，在制度设计和资源分配上，应优先将消除儿童相对贫困的减贫目标充分考虑在内，并重点加强与生存、健康、教育、保护以及参与等维度有关的一系列儿童反贫困实践。与此同时，结合儿童生命历程中对于健康、教育、住所以及信息获取等具有年龄敏感性的特定发展需求，政府部门也应尝试通过采取福利治理的减贫手段，降低儿童相对贫困发生率，从而达到消除各种形式儿童贫困的脱贫目标。① 从可持续发展视角来看，儿童优先脱贫不仅有助于易地扶贫搬迁家庭有效阻断贫困的代际传递，还能最大程度推动社会整体反贫困的治理进程。因此，在相对贫困治理阶段，政府部门应重点思考如何将"儿童优先"的贫困治理理念嵌入新时期的减贫发展行动体系中，以便为后脱贫时代摸索建立具有内在一致性的儿童反贫困政策体系提供经验指导。

二 制定与新发展阶段相适应的贫困测度标准

制定科学合理的贫困测度标准是精准识别福利目标人群，进而建立长

---

① 邓锁、吴玉玲：《社会保护与儿童优先的可持续反贫困路径分析》，《浙江工商大学学报》2020 年第 6 期。

效性相对贫困治理机制的基础和前提。① 当前，相对贫困已成为我国易地扶贫搬迁儿童摆脱绝对贫困问题后面临的首要问题。同时，防止易地扶贫搬迁社区处于绝对贫困边缘的儿童再次返贫也是新发展阶段儿童反贫困的核心任务。研究表明，儿童相对贫困是我国社会主义现代化建设发展过程中的客观存在，不仅需要重视相对贫困儿童发展层次上的需求维度，还要注意避免忽视对具有绝对贫困返贫风险儿童的关注。也就是说，相对贫困治理阶段的儿童减贫与发展一方面需要进一步巩固拓展原深度贫困民族地区的易地扶贫搬迁成果，防止已脱贫的儿童再次返贫；另一方面还需要适时对经过"挪穷窝""搬新居"后儿童的相对贫困状况展开动态性监测，传统货币分析法显然已难以适应贫困形态转型时期的儿童反贫困要求。李壮壮和龙莹研究指出，新发展阶段的相对贫困人口识别既要充分考虑传统货币测度指标下的家庭收入贫困，又要重点考察非货币层面贫困者基本可行能力的缺失与不足。② 因此，基于我国易地扶贫搬迁儿童面临相对贫困多维测度复杂性的现实国情，政府部门应着重考虑从相对基本需要和相对能力发展的双重视角出发，尝试构建多维价值取向的儿童相对贫困测度标准和识别指标体系，以期为易地扶贫搬迁后续的儿童反贫困政策的落地实施提供工具性支撑。

儿童相对贫困具有特殊性，其发展需求的外显差异性特征也极为鲜明。实证测度分析结果显示，当前我国易地扶贫搬迁儿童的相对贫困发生率普遍处于较高水平，且儿童相对贫困指数（M_0）在性别、年龄、留守状况以及兄弟姐妹规模等方面均存在较为显著的组内差异。这意味着后脱贫时代我国儿童减贫与发展往往更具相对性、复杂性和隐蔽性等多重特征。从本质上看，儿童相对贫困不仅纯粹指涉儿童个体最低物质需求或生理需求的"生存的正义"，往往还需要更加侧重于满足其生命早期发展阶段在适龄入学、信息获取以及社会参与等层面基本可行能力提升所需的"公平的正义"。所以，在遵循儿童相对贫困测度标准制定的内在差异性、动态性、可调整性以及可操作性等基本原则的同时，还应始终坚持制定与新发

① 白永秀、吴杨辰浩：《论建立解决相对贫困的长效机制》，《福建论坛》（人文社会科学版）2020年第3期。
② 李壮壮、龙莹：《新发展阶段农村多维贫困的识别与测度》，《华南农业大学学报》（社会科学版）2022年第2期。

展阶段相适应的儿童相对贫困测度标准的最终目的是实现更具公平性的儿童福利"善治"减贫目标这一根本出发点和落脚点。从操作层面来看，政府部门可结合不同地区之间的社会经济发展状况在儿童扶贫实践中试点施行新标准并制定与之配套的减贫措施。例如，在接续绝对贫困时期"两不愁三保障"儿童贫困识别标准的基础上，尝试将新发展阶段的儿童相对贫困测量指标从传统的一维收入贫困标准拓展到多维度贫困层面。事实证明，多维度儿童相对贫困测量标准可以提供更加丰富的贫困内容和贫困信息，同时也能够更加清晰地呈现相对贫困儿童的物质匮乏状况以及不同组群之间的内在贫困差异。此外，在相对贫困测量指标体系的构建上，可适当调整国际通用的儿童多维贫困指标，以满足新发展阶段相对贫困儿童识别的减贫要求，并将提升儿童福祉、拓展儿童可行能力和实现儿童全面发展作为衡量儿童相对贫困的主要内容。

三　构建多元主体良性互动的反贫困制度体系

在后脱贫时代，儿童反贫困已转变成一个极具挑战性的"在地"贫困治理问题，应重点关注的是如何将政府部门嵌入易地扶贫搬迁社区的福利资源有效地转化为相对贫困儿童的长效性脱贫资源。当前，我国重在授之以"鱼"的儿童反贫困模式，已难以适应新时期儿童相对贫困治理需要授之以"渔"的发展现实，面临"强国家、弱社会、弱家庭"扶贫格局易见成效而不易持久的反贫困挑战。[1] 因此，反发展型贫困过程中以儿童为主的社会特殊群体的综合性社会福利政策的深化落实，将接续成为易地扶贫搬迁后续摸索建立解决儿童相对贫困长效治理机制应重点考虑的一项核心议题。易地扶贫搬迁儿童相对贫困问题的复杂性、特殊性以及综合性等特征要求国家反贫困政策行动体系应更加突出政府、社会、社区（学校）以及家庭等多元福利治理主体的系统性和创新性。[2] 否则，单纯依靠政府这一单一主体将难以实现提升儿童相对贫困治理效率的脱贫目标。从福利治

---

[1] 何伟强：《基于"扶贫先扶志"理念的全球儿童贫困治理范例研究》，《教育发展研究》2021 年第 6 期。

[2] 侯斌：《主体性均衡：后脱贫时代反贫困治理的路径转向》，《哈尔滨商业大学学报》（社会科学版）2020 年第 5 期。

理视角来看，作为儿童减贫发展的主要治贫主体，政府、社会、社区（学校）和家庭在儿童福利资源供给中均发挥着重要的反贫困作用。基于此，在以重点解决易地扶贫搬迁儿童基本可行能力缺失或不足为重心的相对贫困治理阶段，迫切需要实现政府、社会、社区（学校）以及家庭等多元福利供给主体之间责权关系的对等及反贫困功能的均衡。对此，在易地扶贫搬迁社区，除了需要满足相对贫困儿童的多元发展需求外，营造各福利供给主体之间的良性互动关系也应在"支持"和"反馈"两个层面上展开。一方在为相对贫困儿童提供包括现金、物品、服务以及政策等多种形式的社会救助时，另一方也应给予积极的反馈，以提升儿童相对贫困治理效率。① 多元福利供给主体间的互动关系模型如图 6-1 所示。

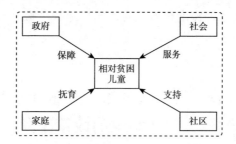

图 6-1　多元福利供给主体之间的互动关系模型
资料来源：笔者绘制。

　　个体福利的总和主要由政府、市场、社会、社区和家庭等多元行动主体可能提供的福利净值所决定。② 原深度贫困民族地区处于义务教育阶段的易地扶贫搬迁儿童缺乏从竞争性劳动力市场获取足够的成长发展资源的基本可行能力，仅仅只能依赖成人社会的扶助。从这个层面来看，易地扶贫搬迁儿童相对贫困长效治理机制的建设与完善，实质上是要协调好政府、社会、社区（学校）和家庭等多元治贫主体间在福利资源递送过程中的关系模式与角色定位。当然，一个以福利分配为基本导向的"治理型国家"在持续投入儿童减贫与发展资源的同时，也应最大限度地发挥福利反

---

① 高丽茹、万国威：《福利治理视阈下城市困境儿童的福利提供——基于南京市 FH 街道的个案研究》，《学术研究》2019 年第 4 期。

② 程福财：《家庭、国家与儿童福利供给》，《青年研究》2012 年第 1 期。

贫困的积极效应。也就是说，易地扶贫搬迁儿童的可持续发展应置于福利治理的研究范式之下，同时强调相对贫困儿童的长效性脱贫是政府、社会、社区（学校）和家庭等多元行动主体间协同共治的福利减贫过程。Jessop 指出，作为国家治理的重要组成部分，福利治理是一个社会得以稳定运行的基础，维系着个体生存状态与社会秩序之间的动态平衡。[①] 因此，在反发展型贫困阶段，福利治理视域下儿童反贫困政策体系的构建应更加注重多元福利供给主体间的责权划分及其良性互动关系的形成，更加注重不同权力关系结构下儿童福利减贫资源的有效传递。同时，在新发展主义相对贫困治理理念的积极引导下，通过完善的社会保障体系或普遍性的福利供给，适时为相对贫困儿童建立起一种基于"政府主导-社会参与-社区/学校支持-家庭抚育"的系统化多元福利反贫困制度体系，通过全面有效的福利治理手段实现原深度贫困民族地区易地扶贫搬迁儿童相对贫困的长效性脱贫。

第二节　易地扶贫搬迁儿童相对贫困治理的政策工具

政策工具（Policy Instruments）也被称为治理工具（Governance Tools），是政府部门为最大程度实现政策价值和政策目标而使用的一种柔性化治理手段。根据发挥作用和运行规律的不同，政策工具主要有基本型/战略型/综合型[②]、强制型/自愿型/混合型[③]以及供给型/需求型/环境型[④]等分类体系。其中，在政策干预实践研究中，由罗斯威尔（Rothwell）和赛格费尔德（Zegveld）联合提出的供给型、需求型和环境型政策工具更

---

① Jessop, B., "The Changing Governance of Welfare: Recent Trends in Its Primary Functions, Scale, and Modes of Coordination", *Social Policy and Administration*, Vol. 33, No. 4(1999): 348–359.

② Joern, H., Michael, P., Malte, S., Volker, H., "The Two Faces of Market Support—How Deployment Policies Affect Technological Exploration and Exploitation in the Solar Photovoltaic Industry", *Research Policy*, Vol. 42, No. 4(2013): 989–1003.

③ 〔美〕迈克尔·豪利特、M. 拉米什：《公共政策研究：基于循环与政策子系统》，庞诗等译，生活·读书·新知三联书店，2006，第 144 页。

④ Rothwell, R., Zegveld, W., *Reindusdalization and Technology*, London: Longman Group Limited, 1985.

侧重于强调政府的宏观调控角色、市场机制的调节作用以及供给与需求协调衔接的重要性。该分类方法与我国易地扶贫搬迁儿童相对贫困治理应凸显供给、需求和环境营造的减贫思路相契合。因此，基于前文对易地扶贫搬迁儿童相对贫困的实证测度和影响因素分析，本书在充分借鉴罗斯威尔和赛格费尔德的分类做法的基础上，将治理易地扶贫搬迁儿童相对贫困的政策工具做出如下三种划分，即供给型、需求型和环境型。事实表明，通过多种政策工具的有机组合，可以降低易地扶贫搬迁儿童遭受相对贫困的风险，从而实现儿童福利政策减贫效应的最优化。在本书中，政府部门为有效降低儿童在易地扶贫搬迁社区面临的相对贫困风险而提供的发展资源和制度保障属于供给型政策工具范畴，主要包括义务教育服务和社区基础设施建设等减贫手段。需求型政策工具在扶贫手段的选择上往往偏向于通过政府来提升易地扶贫搬迁儿童在保护、参与和健康等层面的社会福利服务水平，促进其人生的全面发展。环境型政策工具则致力于通过采取政策宣传、信息服务以及制定扶贫规划等手段，进一步优化易地扶贫搬迁儿童的家庭生存发展环境，从而实现其可持续发展的脱贫目标。政策工具对易地扶贫搬迁儿童相对贫困治理的作用模型如图6-2所示。

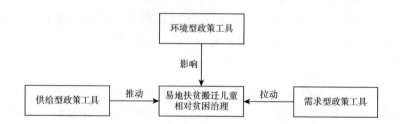

图6-2　政策工具对易地扶贫搬迁儿童相对贫困治理的作用模型
资料来源：笔者绘制。

一　供给型的相对贫困治理政策工具

供给型政策工具在以儿童为中心的社会特殊群体反贫困中发挥直接的减贫推动作用。实地调研发现，易地扶贫搬迁社区义务教育服务不均等现象依然较为严重，致使儿童在搬迁后的发展资源和机会相对欠缺。例如，在凉山州D社区，易地扶贫搬迁儿童在适龄入学、信息获取以及家校距离等指标上均存在较高的相对贫困发生率，主要表现在年级错位、单一的信息获取渠道和较远的上学路程。因此，针对教育扶贫要素活力不足的反贫困现状，可尝试从人、财、物等供给型政策工具入手，形成易地扶贫搬迁儿童相对贫困治理事业发展的政策组合拳。

第一，加大教育扶贫资源的投入力度，提升易地扶贫搬迁社区义务教育服务的供给能力。就义务教育服务供给而言，民族地区原建档立卡贫困人口"搬得出"的问题基本上得到了全面解决，处于初建阶段的易地扶贫搬迁社区面临的最大发展瓶颈之一是安置区的整体教育服务质量提升仍缺乏有效保障，尤其是信息化基础设施建设相对滞后、师资力量薄弱和优质教育资源匮乏，还难以适时满足义务教育阶段易地扶贫搬迁儿童的成长发展需求。事实证明，若地方政府在社区基础设施建设中的投入能力不足，尤其在义务教育服务层面上的基础配套设施供给不充分，将极大影响儿童享有与社会同等水准教育的公平感。对此，在新的发展阶段，为有效缓解易地扶贫搬迁儿童在教育维度的相对贫困问题，还需要政府投入大量的财政资金，加快安置社区"九年一贯制学校"的建设步伐，实现搬迁群众子女一公里内就近上学、享受与社会同等水准教育资源的反贫困目标。此外，考虑到易地扶贫搬迁儿童在学习上的文化适应性问题，相关政府部门也应尽快培养出一支符合新时期相对贫困治理要求的本土化教师人才队伍，减少以往一轮一换短期支教模式对易地扶贫搬迁儿童带来的负面影响。

第二，解决易地扶贫搬迁家庭的过渡性发展需求，提升其对儿童义务教育服务的消费水平。就义务教育服务消费来说，易地扶贫搬迁家庭在子女的教育消费层面存在较为严重的短视行为，特别是受贫困文化惯习的长期影响，多数父母往往趋于当下利益，造成其子女频繁遭遇因辍学而被劝返的贫困经历。事实上，易地扶贫搬迁家庭不仅经济基础非常薄弱，底子也很差，对其子女的教育投入能力也处于较低水平。从某种程度上来说，这是造成大多数易地扶贫搬迁儿童在法定入学年龄（6/7 周岁）错过最佳受教育机会现象普遍存在的主要原因之一。同时，家庭资源供给的不充分和社区基础公共服务建设的滞后性，也进一步制约了易地扶贫搬迁儿童多渠道获取教育信息和学习资源。鉴于此，结合易地扶贫搬迁儿童教育相对贫困的实际特征，政府部门在加快建设社区义务教育基础设施、统筹安排周边现有义务教育资源的同时，还应帮助搬迁家庭规避生计转型风险、解决过渡性发展需求、重塑家庭福利功能并提升其教育消费水平。

二　需求型的相对贫困治理政策工具

在倡导发挥社工站的柔性扶贫优势，鼓励社会工作者深入易地扶贫搬迁社区的背景下，需求型政策工具对儿童减贫具有直接的拉动作用。当前，诸如服务外包、政府购买等需求型政策工具的运用仍相对不足，一定程度上影响了易地扶贫搬迁社区脱贫攻坚成果的巩固与拓展。对此，基于需求型政策工具的缺失，易地扶贫搬迁后续的儿童相对贫困治理可尝试从以下两个方面入手来进一步优化社会特殊群体反贫困的政策内容。

第一，加强特殊贫困儿童个案的动态追踪与帮扶管理，降低易地扶贫搬迁儿童相对贫困发生率。当前，政府部门虽已制定并实施了一系列针对特殊贫困儿童的社会救助政策，但受制于绝对贫困摘帽地区资源要素短缺和政策执行偏差的影响，以残疾儿童为主的贫困人口在平等接受教育（特殊学校缺乏）和康复疗养（如肢体矫正）等方面的发展需求还难以得到有效满足，阻碍了这部分群体的健康成长和全面发展。实地调研发现，因言语、听力或肢体等方面的功能丧失，残疾儿童遭受社会排斥和相对贫困的风险很高。这意味着如果不能为残疾儿童提供发展所需的资源和机会，将不利于易地扶贫搬迁家庭彻底摆脱贫困处境。鉴于此，政府部门可通过向外界购买服务的方式，最大限度满足易地扶贫搬迁儿童的特殊性发展需求。同时，安置社区也可依托社工站这一载体，统筹安排社会工作者及时做好辖区内的特殊贫困儿童个案工作，并根据该群体的特殊发展需求适时向外界链接社会资源，充分发挥社会工作专业的柔性扶贫优势。此外，在财政资金充足的情况下，当地政府也可考虑联合普通中小学校开设特殊教育班，这将有利于满足安置社区内残疾儿童随班就读的发展需求和个体社会化的培养目标。

第二，培育多元互动的儿童参与环境，强化相对贫困儿童的社会适应能力。一般来讲，儿童参与主要涉及家庭、学校、社区或社会等与儿童利益紧密相关的领域。研究指出，在民主生活建构中，为儿童提供适合其发展水平的参与机会，让其成为自身问题研究的领导者，能够促进儿童的全面发展。① 然而，在经济发展不充分不平衡的民族地区，刚刚解决了温饱问题的易地扶贫搬迁家庭对子女的教养方式往往不恰当，当地学校教师的思想观念普遍也比较传统，同时安置社区正处于发展建设阶段，还难以为易地扶贫搬迁儿童提供良好的参与环境和支援服务。实地调研发现，当前易地扶贫搬迁社区的治理重点仍过度停留于儿童保护层面，主要是为了避免已脱贫人口中的儿童因进入陌生社区面临社会适应问题而再次发生大规模返贫。从这个层面来看，促进儿童参与的前提是为其营造良好的成长环境。为此，从易地扶贫搬迁儿童遭受与保护相关的返贫风险情况来看，可探索通过服务外包的形式向安置社区引入第三方专业服务机构，弥补政府在社会特殊群体反贫困中治理能力有限的不足。对于安置社区而言，可依托社工站和儿童之家，通过开展个案服务、小组活动以及社区活动等形式，全面改善相对贫困儿童的生活处境，降低其因社区融入适应问题而带来的返贫风险，从而间接实现为其参与赋能的减贫目标。此外，在补充更新安置社区文体设备的同时，也可通过建立社区文化志愿者队伍、引导搬迁居民组建文艺队伍、开展儿童图书阅读活动或暑期电影放映活动等方式，提升儿童在新社区的参与程度，从而逐步实现打造易地扶贫搬迁社区综合文化服务示范点的文化减贫目标。

三 环境型的相对贫困治理政策工具

环境型政策工具的使用间接影响国家贫困治理目标的实现，旨在为社会贫困问题的解决营造良好的减贫环境。实地调研发现，易地扶贫搬迁社区的生存环境相对脆弱，还难以全面满足儿童及其家庭的过渡性发展需求。尤其是对政策宣传、就业服务以及技能培训等环境型政策工具的运用仍相对不足，为我国易地扶贫搬迁后续扶持政策体系的优化与完善预留了空间潜力。因此，进一步改善易地扶贫搬迁儿童及其家庭的生存与发展环境，可尝试从以下两个方面入手。

第一，拓宽易地扶贫搬迁儿童及其家庭的信息获取渠道，提高社会救

---

① 张增修、卢凤、曾凡林：《让儿童成为儿童问题的研究者——促进儿童参与研究的策略》，《基础教育》2017 年第 5 期；胡金木：《儿童参与式民主生活的建构：必要与可能》，《安徽师范大学学报》（人文社会科学版）2020 年第 6 期。

助政策的知晓率。实地调研和分析发现，易地扶贫搬迁儿童的规模较大，多数搬迁家庭的经济基础比较薄弱，造成了部分低保儿童、特困儿童以及残疾儿童等特殊儿童在生存、教育以及保护等层面的帮扶与救助需求较大。这说明传统的家计调查、人口抽样调查和人口普查等已无法满足新发展阶段促进儿童全面发展的科学研究与规划需要，亟须将"人找政策"的被动扶贫模式转向"政策找人"的主动脱贫模式。从现实情况来看，社区基层干部与搬迁群众之间普遍还存在着较为严重的政策信息"鸿沟"，一定程度上影响了相对贫困儿童的减贫效率和救助水平的提升。对此，为有效提高搬迁群众对后续帮扶政策的知晓率，各社区基层干部应扮演好政策宣讲员的角色。在制定完善针对特定福利目标人群后续帮扶工作方案的基础上，可通过采取政策宣传和信息服务的手段打通社区政策入户的"最后一公里"，即通过采取定期或不定期召开居民座谈大会或在社区公示栏张贴政策宣传单的形式，让搬迁群众充分了解各项政策的补助内容和救助标准。此外，在条件允许的情况下，也可联合社区、家庭和学校组建一支由社区便民服务站人员、居民区帮扶救助代表、教师社会救助服务人员以及专业儿童社工组成的社区救助顾问团队，协助困难儿童及其家庭找到适合的救助政策和救助方式。

第二，加大对易地扶贫搬迁家庭的就业帮扶力度，重塑其家庭福利保障功能。实地调研发现，由于受到个体的能力素质及其家庭的资源禀赋等差异性影响，易地扶贫搬迁家庭在提供儿童发展需求上普遍表现出较弱的福利性。比如在家庭照顾上，居住条件虽有所改善，但由于缺乏生计来源，多数搬迁家庭仍承受着较大的儿童抚养压力；在家庭社会资本层面，部分搬迁家庭的社会支持网络具有较强的同质性、有限性，甚至是断裂性等特征，从而导致相对贫困多子女家庭内部的福利自我供给能力较弱；在教育资源供给方面，受贫困文化的长期影响，多数搬迁家庭的受教育水平普遍较低，思想观念也较为保守，导致对子女的教育投资相对不足，甚至使其沿袭了贫困文化的思想惯习。实质上，搬迁家庭发展需求的过渡性特征，将进一步形塑其在新社区生活实践的自我封闭性，最终造成家庭内部成员中的儿童再次陷入一种极具脆弱性的生存环境系统之中。可见，在"搬得出"的基础上，能否帮助易地扶贫搬迁群众尽快调整生计策略、谋得生计资源和获取可持续的经济收入，不仅是促进安置社区有序运转和规避儿童及其家庭返贫风险的关键，同时也是纾解贫困文化对相对贫困儿童消极影响的重要经济基础。因此，对于无土安置的搬迁家庭来说，可通过劳务输出、技能培训以及开发新的公益性岗位等手段，帮助其尽快融入劳动力就业市场；对于有土安置的搬迁家庭来说，可通过支柱性产业培育、内外部资源整合以及社会支持网络重建等方式，降低其在新社区的安置成本。实际上，文化贫困与教育资源的相对缺乏，在很大程度上可归咎于易地扶贫搬迁家庭在经济维度面临的贫困。从这个层面来看，只有充分解决易地扶贫搬迁家庭的生计发展难题，重塑其家庭福利保障功能的儿童减贫目标才能实现，儿童在教育等维度面临的发展困局也才能得到有效破解。

第三节　易地扶贫搬迁儿童相对贫困
治理的实施路径

易地扶贫搬迁儿童相对贫困的特殊性、复杂性以及不可逆转性等多重特征决定了新发展阶段的儿童减贫与发展无法一蹴而就。同时，易地扶贫搬迁儿童相对贫困发生原因的多维特性又决定了解决相对贫困儿童在生存、健康、教育、保护和参与等层面的基本可行能力缺失问题必须采取综合的"社会取向"的福利治理措施，通过构建以儿童为本位的相对贫困长效治理机制，逐步完善我国地方特色解决易地扶贫搬迁儿童相对贫困的福利资源供给制度。因此，依据凉山州易地扶贫搬迁儿童相对贫困的现状特征及其发生原因，本书遵循新发展主义理念指导下的相对贫困福利治理逻辑，提出加大分类帮扶力度、提高兜底保障水平，整合社会扶贫资源、提升儿童可行能力，建立内源培育机制、阻断贫困代际传递的实施路径，以期为后脱贫时代的易地扶贫搬迁儿童相对贫困治理提供具有多元反贫困功能的路径选择。

一　加大分类帮扶力度，提高兜底保障水平

兜底保障是精准扶贫期间实施的一项重要减贫措施，在维持贫困人口

最基本的生存与发展需求上发挥着不可忽视的反贫困功能。实证分析结果表明，易地扶贫搬迁儿童不仅面临"贫"的问题，还处于较为严重的"困"状态。在新发展阶段，为进一步巩固拓展绝对贫困摘帽地区的脱贫攻坚成果，接续开展兜底保障扶贫对于有效缓解易地扶贫搬迁儿童在生存、健康、教育、保护和参与等层面的相对贫困状况同样具有十分重要的减贫价值。解决易地扶贫搬迁儿童的相对贫困问题除了要持续关注生存型贫困边缘人口外，还应更加注重对发展型相对贫困儿童成长需求的有效满足。因此，后脱贫时代要继续发挥兜底保障在缓解易地扶贫搬迁儿童相对贫困中的减贫作用，就必须始终坚持以新发展主义的福利治理理念为价值指导，在紧密结合易地扶贫搬迁儿童相对贫困内在异质性特征的基础上，加大分类帮扶管理力度，提高兜底保障水平，从而进一步巩固国家对易地扶贫搬迁儿童相对贫困治理的现代化能力和水平。

第一，基于易地扶贫搬迁社区相对贫困儿童的家庭结构特征，实施差异性分类救助保障措施，进一步提升国家社会福利制度的公平性。从整体上来看，我国现行以家庭为基本单位的最低生活保障制度，尚未依据相对贫困儿童的家庭结构特征或类型特征进行有效划分，这对于易地扶贫搬迁社区的残疾儿童家庭、多子女家庭、留守儿童家庭以及单亲儿童家庭等而言具有严重的制度不合理性。当前，尽管上述类型易地扶贫搬迁家庭的总体收入水平有可能超越国家制定的扶贫标准，但由于受到稀缺资源对子女不平等分配的非理性家庭决策的影响，大多数生活在此种家庭结构中的残疾儿童、多兄弟姐妹儿童、留守儿童以及单亲家庭儿童的实际生活水平并未能够真正摆脱贫困桎梏，依然在生存、健康、教育、保护和参与等方面遭受较为严重的相对贫困。因此，作为一种国家反贫困的制度安排，最低生活保障制度应始终遵循"儿童优先""积极福利""强弱有别"的相对贫困治理原则，通过以特定福利目标群体的家庭结构特征为基准，实行差异化分类帮扶救助，从而有效阻断易地扶贫搬迁家庭的贫困代际传递。

第二，根据易地扶贫搬迁儿童相对贫困的组内差异，实施"物质+服务"的儿童福利减贫措施，提高对相对贫困儿童社会救助的精准性。同时，在新发展主义福利治理理念指导下，基于儿童扶贫资源递送的反贫困模式也应逐步从"适度普惠"转向"部分普惠"①。具体而言，教育、医疗、保护以及参与等以服务形式为主要供给内容的儿童福利减贫资源，应持续面向包括相对贫困儿童在内的所有儿童。在贫困治理领域，以现金为主要递送方式的儿童福利减贫资源应更具针对性，并优先考虑"类型救助"，尤其是对那些来自原深度贫困民族地区的相对贫困儿童（如孤儿、残疾儿童以及事实无人抚养儿童等）应及时给予优先关注。此外，通过实证测度和因素分析发现，易地扶贫搬迁儿童相对贫困呈现出显著的性别差异。从社会性别视角来看，女童往往比男童更易陷入相对贫困，且在家庭内部资源的分配中也明显处于边缘位置。因此，在后脱贫时代，政府、社会、家庭、社区以及学校等多元福利供给主体对相对贫困女童的成长发展需求也应给予高度重视，切实保障其所能够获取到的发展资源和机会与其他儿童保持同等的社会水准。

二 整合社会福利资源，提升儿童可行能力

易地扶贫搬迁儿童的相对贫困是一个综合性的社会"贫血"问题，需要考虑其家庭社会网络资源的匮乏、人力资本发展机会的贫乏以及表达自己要求和希望的权利缺失等致贫因素。当前，在易地扶贫搬迁政策持续深化的减贫趋势下，促进易地扶贫搬迁儿童基本可行能力的提升不仅需要持续"输血"，更要采取科学有效的方式进行"造血"。实际上，易地扶贫搬迁儿童相对贫困的内涵及其特性决定了我国在新发展阶段的儿童减贫与发展必须采取外力嵌入帮扶与内在生命治理相结合，且以提升相对贫困儿童的自我认知能力和自主发展能力的"造血"手段来加以有效纾解。换言之，构建易地扶贫搬迁儿童相对贫困长效性治理机制最根本的减贫之道是遵循"扶贫先扶志"的发展型福利治理理念，通过整合内外部社会福利资

---

① "部分普惠"概念最初由尚晓援提出。作为一种为了推进我国适度普惠型儿童福利制度实现而提供的实践方案，"部分普惠"强调国家在福利供给中的主导性，包括如下两个部分的概念内涵：其一，以服务形式提供的诸如教育、医疗、儿童保护、残疾儿童及家庭的服务等儿童福利资源均面向社会所有儿童，应该是普惠的；其二，面向某些类型儿童（如孤儿）提供的现金福利应该是补缺的。具体参见乔东平、黄冠：《从"适度普惠"到"部分普惠"——后2020时代普惠性儿童福利服务的政策构想》，《社会保障评论》2021年第3期。

源，并围绕儿童可行能力建设这个中心，从政策实践层面破解易地扶贫搬迁儿童因相对基本需要匮乏和相对基本能力不足所造成的发展困境。据此，可从以下两个方面提升易地扶贫搬迁儿童的内在自我发展能力。

首先，加大易地扶贫搬迁社区儿童社会工作的专业服务实践力度，形成针对儿童反贫困的制度-能力整合模式。研究表明，作为社会福利资源的主要输送体之一，社会工作者具有优先考虑服务对象、深入挖掘案主内在发展潜能、引导个体提升抵御相对贫困风险的抗逆能力，并将个体培育成集自我主体性、内在能动性以及公民权责意识于一体的人，从而使其能够形成积极主动应对后风险社会中的一切不利因素的柔性减贫优势。[①] 因此，在后脱贫时代，社会工作者在对相对贫困儿童及其家庭现有可行能力水平进行科学评估的基础上，应当确保儿童分类保障服务与儿童成长发展需求的高度契合，同时帮助相对贫困儿童在新的社会生活环境中获取自我认同性身份和自我适应结构性压力的反贫困能力，从而帮助其实现从生命早期阶段的"他助"向成年后的"自助"转变的全面发展目标。此外，社会工作者也应发挥链接社会福利资源的专业优势，帮助易地扶贫搬迁社区部分特殊贫困儿童的发展需求得到优先满足，从而提升其在健康、教育和参与等层面的基本可行能力。

其次，推进易地扶贫搬迁社区基层儿童福利主任专业队伍建设，建立完善针对相对贫困儿童的心理救助机制。与其他社会弱势群体相比，易地扶贫搬迁儿童相对贫困的显著特征主要来自他/她天然的生理属性和社会属性的不成熟。这必然决定了易地扶贫搬迁社区处于义务教育阶段相对贫困儿童的自我发展能力和多维可行能力存在缺失与不足。事实证明，开展适当的心理疏导服务有利于培育儿童健全的心智和积极的责任感，并提升其在陌生社区的自我适应性和身份认同感。因此，作为基层福利服务资源的递送者，社区儿童福利主任在充分尊重易地扶贫搬迁儿童及其家庭实际经济状况的基础上，应科学合理地规划该群体在义务教育阶段成长发展所需的相关服务与援助。同时，针对易地扶贫搬迁儿童因长期遭受贫困文化影响而产生普遍的习得性无助感知，社区儿童福利主任也应及时地介入并

---

① 刘振、徐立娟：《走向生活世界：后脱贫时代反贫困社会工作的范式转型》，《深圳大学学报》（人文社会科学版）2021 年第 3 期。

对其进行有效的心理疏导，以避免其再次陷入更为严重的相对贫困。同时，社区儿童福利主任也应更加注重从家庭、学校以及社区等层面对相对贫困儿童进行全方位的系统干预，强化家庭监护人对子女的责任和照护意识，从而避免其陷入童年逆境。此外，以儿童需求为反贫困的出发点，社区基层儿童福利主任也可尝试通过采取内部赋权和外部赋权的方法，为相对贫困儿童提供参与的信息和资源平台，帮助其降低因社区融入问题而引致的一系列返贫风险。

三 建立内源培育机制，阻断贫困代际传递

实地调研发现，民族地区通过"拔穷根""挪穷窝"摆脱绝对贫困问题后，仍需依靠国家相关政策兜底以维持基本生活的原建档立卡贫困家庭所占比例较大，特别是留守儿童家庭、多子女家庭、残疾儿童家庭表现出经济负担重、抚育能力弱以及发展需求受限等多维贫困特征。这进一步弱化了易地扶贫搬迁家庭的稳定脱贫能力，极易导致家庭内部成员中因年幼子女缺乏劳动能力再次陷入返贫风险。祝建华研究指出，儿童在家庭可持续发展中占据重要地位，但目前我国仍未针对儿童实施专门的社会救助政策，加大了贫困风险在家庭中形成代际传递的可能性。[①] 因此，在新发展阶段，缓解易地扶贫搬迁群众潜在的贫困代际传递风险应着重从家庭政策入手，尤其是从针对儿童的减贫政策着手。

第一，建立以资产为基础的儿童发展账户，增加相对贫困儿童未来的人力资本积累机会。实证研究表明，易地扶贫搬迁儿童相对贫困与其自身及其家庭在生命发展历程中面临的脆弱性有关。对此，易地扶贫搬迁儿童减贫与发展除了需要持续完善教育、医疗、保护和救助等方面的基础性社会保障制度外，还应从家庭视角出发创新儿童福利减贫政策体系，为相对贫困儿童积极的代际社会流动创造条件。即立足积极社会政策视角，系统审视精准扶贫期间我国易地扶贫搬迁超常规治理诱发的负外部性，从生存、健康、教育、保护和参与等维度重构面向共同富裕的儿童反贫困的积

---

① 祝建华：《缓解贫困代际传递的低保家庭子女补贴制度设计》，《江汉学术》2013 年第 3 期。

极型社会福利政策体系。① 作为一种制度性的代际贫困干预工具，设立以资产为基础的儿童发展账户能够为我国有效破解易地扶贫搬迁儿童基本可行能力的缺失与不足提供新的减贫方向。因此，面向易地扶贫搬迁后续的儿童相对贫困治理，我国可尝试在原深度贫困民族地区选取条件合适的市（县），并结合当地的实际情况，探索进行儿童发展账户项目的试点工作，发挥其在促进儿童社会情感发展、提升获得高教育成就信心、降低习得性无助感和增强未来发展规划能力等方面的正向减贫效应。事实上，建立一套具有中国本土特色的以儿童发展账户为主要载体的家庭资产福利政策体系，可精准助力我国易地扶贫搬迁儿童相对贫困治理实现从"补缺型福利"转向"发展型福利"、从"物质救助"转向"精神扶贫"的无缝对接。

第二，强化教育供给阻断代际风险传递的减贫功能，提升易地扶贫搬迁儿童义务教育阶段的适龄入学率。实质上，贫困的代际传递是一个包括个体、家庭、社会、文化以及制度等层次的复杂系统②，导致儿童呈现出基本可行能力缺失、自我认知发展能力不足以及社会日常参与能力欠缺等方面的代际贫困特征。从致贫的多维视角来看，结构性的代际贫困要素形成了制约我国民族地区原建档立卡易地扶贫搬迁家庭难以在短期内跨越代际贫困的主要障碍，使得跨代减贫异常艰难。此外，在城乡二元结构制约下，我国民族地区仍然存在较为普遍的社会排斥现象，尤其是刚进入陌生社区的易地扶贫搬迁儿童往往更易遭受社会排斥。因此，在易地扶贫搬迁场域，教育供给阻断跨代贫穷的减贫机制是通过接续完善涵盖儿童教育、家庭教育以及民族教育等多层级的教育扶贫体系，缩小相对贫困儿童及其家庭在价值观念、思维方式和主体意识上与我国现代社会发展之间存在的减贫鸿沟。针对易地扶贫搬迁儿童在适龄入学、家校距离和信息获取上存在较高的相对贫困发生率问题，政府应进一步完善易地扶贫搬迁社区的基础教育机制，加快社区"九年一贯制学校"建设，确保儿童能够均衡地享受到与社会同等水准的义务教育资源和发展机会，从而有效纾解其在教育

① 王卓、徐杰：《面向共同富裕的相对贫困治理研究——基于积极社会政策视角》，《西北师大学报》（社会科学版）2022年第3期。
② 王志章、杨珂凡：《教育阻断边疆民族地区代际贫困的具体路理——基于云南省怒江傈僳族自治州泸水市老窝镇的实地调查》，《云南师范大学学报》（哲学社会科学版）2020年第4期。

维度的相对贫困程度。从可持续发展视角而言，加大原深度贫困民族地区的教育资源供给力度，是新发展阶段我国破除易地扶贫搬迁相对贫困家庭多维度代际贫困最直接的干预手段。

本章小结

当前，面临未富先老的人口结构现实，我国要想实现从人口数量大国向人口质量强国转型，必须切实保障作为独立社会成员的儿童能够拥有健康成长和全面发展的基本权利，避免其因遭受来自家庭和社会的一系列风险性因素而陷入相对贫困。本书提出基于新发展主义的福利治理框架构建缓解易地扶贫搬迁儿童相对贫困的长效性减贫机制，以期能够为后脱贫时代的儿童反贫困实践提供整体性治理方案。首先，在宏观层面，应贯彻以"儿童优先"为价值取向的贫困治理理念，制定与新发展阶段相适应的贫困测度标准，构建政府、社会、家庭、社区和学校等多元主体良性互动的反贫困制度体系，从而为易地扶贫搬迁儿童相对贫困治理提供制度保障。其次，在中观层面，针对易地扶贫搬迁儿童在生存、教育、保护和参与等维度较弱的可行能力，应采取基于供给型、需求型和环境型的减贫政策工具，以降低其因社会融入问题而引致的相对贫困风险。最后，在微观层面，提出加大分类帮扶力度、提高兜底保障水平，整合社会福利资源、提升儿童可行能力，建立内源培育机制、阻断贫困代际传递的易地扶贫搬迁儿童相对贫困治理的实施路径。本书认为，以下措施能够有效避免易地扶贫搬迁儿童陷入贫困代际传递困境：依据易地扶贫搬迁儿童的家庭结构特征及其相对贫困的组内差异，实施"物质+服务"的差异性分类福利救助措施；加大儿童社会工作专业服务实践力度、推进基层儿童福利主任专业队伍建设，帮助相对贫困儿童从"他助"转向"自助"；通过发挥教育供给阻断贫困代际传递的减贫功能和建立以资产为基础的儿童发展账户等方式，拓展易地扶贫搬迁儿童的多维可行能力集。

结　语

一　研究结论

在梳理国内外关于儿童贫困问题相关研究成果的基础上，通过对核心概念的界定和理论基础的阐释，本书构建了易地扶贫搬迁儿童相对贫困的多维测度标准和识别指标体系，并识别了易地扶贫搬迁儿童的生存发展状况，同时从个体、家庭和社会三个层面明确了易地扶贫搬迁儿童相对贫困的发生原因，最后依据实证分析结果提出具有儿童群体特性的相对贫困长效性治理的多元干预路径。本书结论具体有以下四点。

第一，可行能力理论蕴含的多维福利观可为儿童个体福利状态的精准度量提供更具包容性的价值标准和更为广泛的信息基础。对此，本书在阿马蒂亚·森的可行能力理论指导下，从生存、健康、教育、保护和参与5个维度21项指标构建了易地扶贫搬迁儿童相对贫困测量指标体系，同时明确了易地扶贫搬迁儿童相对贫困的定义和指标权重的设定方法，为精准识别易地扶贫搬迁儿童的相对贫困状况奠定了理论基础。虽然儿童相对贫困的多维特质决定了我们难以罗列出完整的儿童福利清单，但基于既有研究成果和学理分析构建的易地扶贫搬迁儿童相对贫困测量指标体系，具有针对性、可比性、全面性和现实的可操作性，能够较为精准地评估易地扶贫搬迁儿童的相对贫困状况。因此，本书认为，以儿童而非家庭为分析单元的相对贫困测量指标体系能够为多元贫困治理主体和相关实践部门实现对易地扶贫搬迁儿童相对贫困现象的完整认识提供良好的认知基础。

第二，实证测度结果显示，易地扶贫搬迁儿童普遍遭受着较为严重的相对贫困。从单指标测算结果来看，易地扶贫搬迁儿童在信息获取（69.0%）、一日三餐（65.6%）、适龄入学（63.2%）、学习决定（56.6%）、日常生活（53.8%）、经济贫困（49.8%）以及家庭照顾（43.8%）等指标的相对贫困发生率（H）仍处于较高水平；从单维度测算结果来看，易地扶贫搬迁儿童相对贫困发生率（H）位居前三的维度分别是教育（96.2%）、生存（95.0%）和参与（87.0%）。从多维度测算结果来看，将任意1.5个维度约6项指标被剥夺判定为相对贫困，则易地扶贫搬迁儿童的相对贫困发生率（H）高达69.8%，相对贫困平均缺失份额（A）为42.3%，相对贫困指数（M_0）为0.295。在新的生存空间，易地扶贫搬迁儿童遭受相对贫困的事实得到了检验。从相对贫困指数（M_0）分解结果来看，易地扶贫搬迁儿童相对贫困呈现显著的组内差异。女童、低龄儿童、留守儿童和多兄弟姐妹儿童遭受着更严重的相对贫困。各维度和指标对易地扶贫搬迁儿童相对贫困指数（M_0）的贡献率大小不一，呈现出明显的异质性。在指标层面，日常生活、学习决定、信息获取、适龄入学和校园暴力五项指标对易地扶贫搬迁儿童相对贫困指数（M_0）的贡献率处于较高水平，分别为10.23%、10.17%、9.28%、8.44%和7.72%。在维度层面，贡献率位列前三的维度分别是参与（27.89%）、教育（26.01%）和生存（20.75%）。以上分析结果表明，易地扶贫搬迁儿童普遍面临较为严重的相对贫困。

第三，为掌握易地扶贫搬迁儿童相对贫困的发生原因，本书从个体特征、家庭结构和社会支持三个维度进行系统考察。分析结果表明：（1）在个体特征维度，年龄、性别和身体健康状况等人口学特征对易地扶贫搬迁儿童相对贫困的发生具有显著影响。其中，性别的影响最大，女童更易陷入相对贫困。（2）在家庭结构维度，户主性别状况对易地扶贫搬迁儿童相对贫困不产生显著影响，但家庭人口规模、隔代抚养状况和是否单亲家庭三个变量均显著影响易地扶贫搬迁儿童相对贫困的发生。其中，家庭人口规模越大，易地扶贫搬迁儿童陷入相对贫困的可能性就越小。（3）在社会支持维度，是否享受低保政策福利和是否享受社区儿童服务两个变量是易地扶贫搬迁儿童相对贫困的重要影响因素。如果得到充足的社会支持，那么易地扶贫搬迁儿童发生相对贫困的可能性就小。以上分析结果表明，易地扶贫搬迁后续的儿童减贫与发展除了要重视对相对贫困儿童基本可行能力的提升外，还应持续关注搬迁移民家庭可持续生计的进一步发展，以重塑其家庭福利减贫功能。

第四，易地扶贫搬迁儿童相对贫困治理关乎国家共同富裕目标的实现，关乎国家能否从人口数量大国向人口质量大国的成功转型，关乎社会全体儿童的福祉水平能否得到有效提升。对此，必须将贯彻以"儿童优先"为导向的相对贫困治理理念、制定与新发展阶段相适应的相对贫困测度标准以及构建政府、社会、家庭、社区和学校等多元主体良性互动的反贫困制度体系纳入顶层制度的设计规划。实际上，新发展阶段的易地扶贫搬迁儿童减贫与发展是一个极具挑战性的"在地"贫困治理问题，需要重点思考的是如何将政府部门嵌入易地扶贫搬迁社区的福利资源高效地转化为以相对贫困儿童为主的社会特殊群体的长效性脱贫资源。本书认为，综合采取基于供给型、需求型和环境型的减贫政策工具，能够有效缓解易地扶贫搬迁儿童在生存、教育以及参与等维度的相对贫困状况。就微观层面的实施路径来说，依据易地扶贫搬迁儿童相对贫困的现状特征和发生原因，新发展阶段易地扶贫搬迁儿童相对贫困长效性治理的政策措施可视为由加大分类帮扶力度、提高兜底保障水平，整合社会福利资源、提升儿童可行能力，建立内源培育机制、阻断贫困代际传递等所构成的减贫谱系，这也将为我国易地扶贫搬迁后续的儿童减贫与发展提供更具多元价值取向的路径选择。

二　研究展望

儿童的生存发展状况在很大程度上直接影响着民族地区的发展前景，加强易地扶贫搬迁后续的儿童福利政策体系建设，能够从根本上缓解儿童群体在生存、健康、教育、保护和参与等层面遭受相对贫困的程度。因此，在新发展阶段，始终保持对易地扶贫搬迁儿童在物质获得、发展需求、心理建设以及贫困状态等问题的时刻关注，是我国在后脱贫时代逐步建立和完善易地扶贫搬迁后续扶持政策体系的基本要求之一。对此，本书认为，新时期易地扶贫搬迁儿童减贫与发展可将关注的重点聚焦在以下三个方面。

第一，关于易地扶贫搬迁儿童相对贫困的动态性研究。从时间分析视角来看，易地扶贫搬迁儿童的生存发展状况会随着时间的推移而在一定程度上发生某种改变——进入或退出相对贫困序列。在反贫困领域，针对贫困是少数儿童必然会经历的短期行为还是更大范围内长期所处的生活状态这一现实问题，应当成为掌握我国易地扶贫搬迁儿童相对贫困现象的发生规律时需要关注的重点。事实证明，着眼于不同时期每个儿童遭受相对贫困状况的动态性变化，有助于在既定资源条件下实现儿童扶贫政策优化和儿童扶贫效果提升的相对贫困治理目标。因此，易地扶贫搬迁儿童相对贫困的动态性特征将成为我国新发展阶段探索建立缓解儿童相对贫困长效治理机制需要给予重点关注的一个研究方向。

第二，关于易地扶贫搬迁社区儿童服务机制的构建研究。在新的生存空间，由于面临搬迁后的家庭生计转型困难，易地扶贫搬迁社区由祖辈抚养和照顾的留守儿童所占比例较大，其父母多数为一方或者双方外出务工。实证测度结果显示，留守儿童比非留守儿童遭受更为严重的相对贫困。这表明我国在易地扶贫搬迁后续急需开展的社区扶持工作是尽快建立"家—校—社会"三位一体的留守儿童专业服务机制。从长远来看，建立健全易地扶贫搬迁社区留守儿童专业服务机制，提升留守儿童的福祉水平，是防止儿童相对贫困发生的有效保障。要实现儿童减贫的福利"善治"目标，就需要国家充分整合内外部社会福利资源，完善易地扶贫搬迁社区儿童服务工作参与模式。对此，后脱贫时代易地扶贫搬迁儿童相对贫困治理的重点应集中在针对留守儿童的专业服务机制建设方面。这是新发展阶段我国逐步形成易地扶贫搬迁后续扶持政策体系的重要内容之一。

第三，关于儿童群体分类的贫困差异比较研究。从分类视角来看，可将儿童群体划分为城市儿童和农村儿童、搬迁儿童和非搬迁儿童等不同类型。然而，在区域、城乡以及群体之间发展差距长期存在的社会环境中，不同类型儿童的生活状态、贫困特征、发展需求、贫困原因等存在较大的群体差异。新发展阶段重点解决以儿童为主体的社会特殊群体的相对贫困问题，需要重视对群体内部贫困差异的比较分析。只有针对不同类型儿童面临贫困的异质性特征制定具有差异化的反贫困政策，才能从根本上消除儿童贫困问题，并逐步缩小群体内部的发展差距。因此，在贫困治理形态转型的新时期，可重点关注易地扶贫搬迁儿童与非搬迁儿童、农村儿童与城市儿童等群体的贫困差异研究，以此掌握不同类型儿童之间贫困状况的共性以及差异性。这是后续研究中应重点关注的儿童减贫方向。

参考文献

一　中文著作

陈彦艳：《我国儿童权利保护制度研究》，中国政法大学出版社，2016。

陈胜可、刘荣：《SPSS 统计分析从入门到精通》（第三版），清华大学出版社，2015。

风笑天：《现代社会调查方法》（第六版），华中科技大学出版社，2021。

龚幼龙：《卫生服务研究》，复旦大学出版社，2002。

卢淑华：《社会统计学》（第四版），北京大学出版社，2009。

刘雄：《儿童参与权研究》，光明日报出版社，2020。

陆士桢、魏兆鹏、胡伟编著《中国儿童政策概论》，社会科学文献出版社，2005。

覃志敏：《社会网络与移民生计的分化发展——以桂西北集中安置扶贫移民为例》，知识产权出版社，2016。

吴明隆：《问卷统计分析实务——SPSS 操作与应用》，重庆大学出版社，2010。

王雪梅：《儿童权利论：一个初步的比较研究》，社会科学文献出版社，2018。

王小林：《贫困测量：理论与方法》（第二版），社会科学文献出版社，2016。

熊惠平：《"穷人经济学"的权利解读》，浙江大学出版社，2012。

俞可平主编《治理与善治》，社会科学文献出版社，2000。

苑立新主编《中国儿童参与状况报告（2017）》，社会科学文献出版社，2017。

二 译著

〔英〕安东尼·吉登斯：《社会学》（第五版），李康译，北京大学出版社，2009。

〔印〕阿马蒂亚·森：《以自由看待发展》，任赜、于真译，中国人民大学出版社，2013。

〔印〕阿马蒂亚·森：《贫困与饥荒》，王宇、王文玉译，商务印书馆，2019。

〔印〕阿马蒂亚·森：《论经济不平等/不平等之再考察》，王利文、于占杰译，社会科学文献出版社，2006。

〔美〕杰夫·马德里克：《看不见的孩子：美国儿童贫困的代价》，汪洋、周长天译，上海人民出版社，2022。

〔美〕罗伯特·帕特南：《我们的孩子：危机中的美国梦》，田雷、宋昕译，中国政法大学出版社，2017。

〔美〕迈克尔·豪利特、M. 拉米什：《公共政策研究：基于循环与政策子系统》，庞诗等译，生活·读书·新知三联书店，2006。

三 中文期刊论文

艾娟：《为什么贫困会阻碍儿童的发展：基于心理学的解释》，《江汉学术》2017年第5期。

白濑由美香、李晓魁：《日本社会福利的变迁：向以"自立"为主的生活支援转型》，《社会保障评论》2018年第2期。

白永秀、吴杨辰浩：《论建立解决相对贫困的长效机制》，《福建论坛》

（人文社会科学版）2020 年第 3 期。

陈淑云、陈伟鸿、王佑辉：《住房环境、社区环境与青少年身心健康》，《青年研究》2020 年第 3 期。

陈珏静：《儿童信息需求与信息获取渠道研究》，《图书馆建设》2013 年第 8 期。

陈银娥、何雅菲：《贫困变动及其影响因素研究：来自中国女户主的证据》，《湖北社会科学》2014 年第 4 期。

陈云凡：《中国未成年人贫困影响因素分析》，《中国人口科学》2009 年第 4 期。

崔丽娟、肖雨蒙：《依托乡村振兴战略改善社会支持系统：留守儿童社会适应促进对策》，《苏州大学学报》（教育科学版）2022 年第 1 期。

程福财：《家庭、国家与儿童福利供给》，《青年研究》2012 年第 1 期。

曹军会、朱玉春：《基于家庭策略的贫困代际传递治理》，《西北农林科技大学学报》（社会科学版）2020 年第 6 期。

董运来、王艳华：《易地扶贫搬迁后续社区治理与社会融入》，《宏观经济管理》2021 年第 9 期。

邓锁、吴玉玲：《社会保护与儿童优先的可持续反贫困路径分析》，《浙江工商大学学报》2020 年第 6 期。

丁建峰：《超越"先验主义"——对阿马蒂亚·森正义理论的一种解读与评价》，《学术研究》2013 年第 3 期。

丁道勇：《儿童的日常参与：一种观察教育的视角》，《教育发展研究》2016 年第 20 期。

董强、李小云、杨洪萍、张克云：《农村教育领域的性别不平等与贫困》，《社会科学》2007 年第 1 期。

杜凤莲、孙婧芳：《贫困影响因素与贫困敏感性的实证分析——基于 1991-2009 的面板数据》，《经济科学》2011 年第 3 期。

丰华琴：《英国防止虐待儿童协会（NSPCC）的产生及其救助实践》，《学海》2018 年第 3 期。

冯贺霞、高睿、韦轲：《贫困地区儿童多维贫困分析——以内蒙古、新疆、甘肃、广西、四川五省区为例》，《山西农业大学学报》（社会科学版）2017年第6期。

樊丹迪、魏达、郑林如：《困难家庭儿童多维贫困测量与致贫因素分析》，《社会政策研究》2020年第4期。

房宁：《政治学为什么需要田野调查》，《华中师范大学学报》（人文社会科学版）2021年第1期。

风笑天：《方法论背景中的问卷调查法》，《社会学研究》1994年第3期。

阎小操、陈绍军：《重启与激活：后扶贫时代易地搬迁移民生计转型与发展研究——以新疆W县P村为例》，《干旱区资源与环境》2021年第5期。

葛岩、吴海霞、陈利斯：《儿童长期多维贫困、动态性与致贫因素》，《财贸经济》2018年第7期。

高艳云：《中国城乡多维贫困的测度及比较》，《统计研究》2012年第11期。

高翔、王三秀：《农村老年多维贫困的精准测量与影响因素分析》，《宏观质量研究》2017年第2期。

高丽茹、万国威：《福利治理视阈下城市困境儿童的福利提供——基于南京市FH街道的个案研究》，《学术研究》2019年第4期。

何芳：《儿童发展账户：新加坡、英国与韩国的实践与经验——兼谈对我国教育扶贫政策转型的启示》，《比较教育研究》2020年第10期。

黄建宏：《住房贫困与儿童学业：一个阶层再生产路径》，《社会学评论》2018年第6期。

何青、袁燕：《儿童时期健康与营养状况的跨期收入效应》，《经济评论》2014年第2期。

何伟强：《基于"扶贫先扶志"理念的全球儿童贫困治理范例研究》，《教育发展研究》2021年第6期。

华学成、许加明：《阿马蒂亚·森的自由发展观对中国农村反贫困的启示》，《学海》2017年第5期。

和红、闫辰聿、张娇、王攀、黄芊源：《发展生态学理论视角下困境家庭儿童健康水平影响因素研究》，《中国卫生政策研究》2020年第5期。

霍萱、林闽钢：《中国农村家庭多维贫困识别指标体系研究》，《社会科学战线》2018年第3期。

侯斌：《主体性均衡：后脱贫时代反贫困治理的路径转向》，《哈尔滨商业大学学报》（社会科学版）2020年第5期。

胡金木：《儿童参与式民主生活的建构：必要与可能》，《安徽师范大学学报》（人文社会科学版）2020年第6期。

金梅、何金风：《基于多维重叠剥夺分析方法的我国儿童贫困问题研究》，《兰州交通大学学报》2018年第5期。

金梅、傅正：《儿童贫困多维测度、影响因素及政策研究——以甘肃临夏回族自治州为例》，《兰州交通大学学报》2021年第2期。

焦克源、陈晨：《社会资本对农村贫困代际传递影响机制研究》，《中国人口·资源与环境》2020年第4期。

姜妙屹：《试论我国家庭政策与儿童政策相结合的儿童优先脱贫行动》，《社会科学辑刊》2019年第4期。

卢爱国：《制度重塑生活：民族地区扶贫移民融入城市社区的制度分析》，《湖湘论坛》2022年第1期。

李晓明、杨文健：《儿童多维贫困测度与致贫机理分析——基于CFPS数据库》，《西北人口》2018年第1期。

吕文慧、苏华山、黄姗姗：《被忽视的潜在贫困者：农村留守儿童多维贫困分析》，《统计与信息论坛》2018年第11期。

刘欢、胡天天：《家庭人力资本投入、社会网络与农村代际贫困》，《教育与经济》2017年第5期。

李姣媛、沈政：《父母心理健康与农村儿童人力资本积累——来自中国家庭追踪调查（CFPS）的经验证据》，《西北人口》2021年第2期。

刘亚飞：《童年饥饿经历会影响老年健康吗？》，《经济评论》2018年第6期。

李春凯、彭华民：《贫困与留守儿童心理健康关系研究——以江西省修水县分析为例》，《浙江工商大学学报》2018年第1期。

刘瑞平、李建新：《童年逆境对我国中老年人健康的多重影响：单一、累积和组合效应》，《云南民族大学学报》（哲学社会科学版）2021年第3期。

刘科：《能力及其可行性——阿玛蒂亚·森能力理论的伦理基础》，

《社会科学》2018年第1期。

林闽钢：《缓解城市贫困家庭代际传递的政策体系》，《苏州大学学报》（哲学社会科学版）2013年第3期。

刘宗华：《易地扶贫搬迁移民社会适应研究——基于宜昌市的调查分析》，《三峡大学学报》（人文社会科学版）2018年第5期。

李永前：《基于实证分析的云南藏区教育阻断贫困代际传递调查研究——以德钦县为例》，《中国农业资源与区划》2019年第4期。

李迎生、李泉然、袁小平：《福利治理、政策执行与社会政策目标定位——基于N村低保的考察》，《社会学研究》2017年第6期。

李强、叶昱利、姜太碧：《父母外出对农村留守儿童辍学的影响研究》，《农村经济》2020年第4期。

陆士桢、刘宇飞：《我国未成年人校园暴力问题的现状及对策研究》，《中国青年研究》2017年第3期。

卢盛峰、潘星宇：《中国居民贫困代际传递：空间分布、动态趋势与经验测度》，《经济科学》2016年第6期。

李良艳、王旭：《中国农村贫困识别指标体系构建及应用——基于剥夺和需求的视角》，《河北经贸大学学报》2019年第4期。

刘林：《边境连片特困区多维贫困测算与空间分布——以新疆南疆三地州为例》，《统计与信息论坛》2016年第1期。

李晓明、杨文健：《儿童多维贫困测度与致贫机理分析——基于CFPS数据库》，《西北人口》2018年第1期。

李壮壮、龙莹：《新发展阶段农村多维贫困的识别与测度》，《华南农业大学学报》（社会科学版）2022年第2期。

刘振、徐立娟：《走向生活世界：后脱贫时代反贫困社会工作的范式转型》，《深圳大学学报》（人文社会科学版）2021年第3期。

马明、陈绍军、陶思吉、曹志杰：《易地扶贫搬迁移民生计策略、生计资本与家庭收入影响研究——以云南少数民族深度贫困地区为例》，《干旱区资源与环境》2021年第8期。

麻宝斌、杜平：《医疗卫生服务可及性如何影响民众的公共医疗公平感——基于七省市问卷调查数据的分析》，《甘肃行政学院学报》2019年第1期。

聂景春、庞晓鹏、曾俊霞、龙文进：《农村儿童兄弟姐妹的影响研究：交流互动或资源稀释？》，《人口学刊》2016年第6期。

潘绥铭、姚星亮、黄盈盈：《论定性调查的人数问题：是"代表性"还是"代表什么"的问题——"最大差异的信息饱和法"及其方法论意义》，《社会科学研究》2010年第4期。

秦玉友、孙颖：《学校布局调整：追求与限度》，《教育研究》2011年第6期。

乔东平、黄冠：《从"适度普惠"到"部分普惠"——后2020时代普惠性儿童福利服务的政策构想》，《社会保障评论》2021年第3期。

冉亚辉：《中国校园暴力的特殊性与遏制路径论析》，《教育理论与实践》2017年第13期。

申云、贾晋、洪程程、张华泉：《安置区空间重构对农户社区融入的影响及其效应》，《中国人口·资源与环境》2022年第5期。

孙延杰、任胜洪：《易地扶贫搬迁儿童的社会融入问题及其教育支持》，《当代青年研究》2021年第5期。

宋扬、刘建宏：《儿童时期多维贫困的长期影响——基于CHARLS生命历程数据的实证分析》，《中国人民大学学报》2019年第3期。

宋扬、王暖盈：《生命周期视角下收入主导型多维贫困的识别与成因分析》，《经济理论与经济管理》2019年第3期。

孙晓娥：《深度访谈研究方法的实证论析》，《西安交通大学学报》（社会科学版）2012年第3期。

王寓凡、江立华：《空间再造与易地搬迁贫困户的社会适应——基于江西省X县的调查》，《社会科学研究》2020年第1期。

王小林、尚晓援：《论中国儿童生存、健康和发展权的保障：基于对中国五省（区）的调查》，《人民论坛》2011年第14期。

王作宝、满小欧：《儿童贫困治理的几个理论问题》，《人口与社会》2014年第3期。

王慧娟：《儿童贫困与社会排斥文献述评》，《社会工作与管理》2021年第1期。

魏乾伟、王晓莉、郝波、张敬旭、罗树生、赵春霞、郭素芳、Scherpbier Robert：《山西和贵州贫困地区儿童多维贫困测量及现状分析》，《中国公共卫生》2018 年第 2 期。

王诗棋、李敏谊、李汪洋：《贫困地区父母外出对儿童早期发展的影响及其作用机制》，《中国农业大学学报》（社会科学版）2020 年第 5 期。

王殿玺：《童年经历与成年转变模式研究——以生命历程为视角》，《青年研究》2019 年第 2 期。

王化起、吴倩、赵晶：《家庭监护对儿童生活保障类型的影响：一项政策比较研究》，《社会工作与管理》2020 年第 2 期。

汪为、吴海涛、彭继权：《农村家庭多维贫困动态性及其影响因素研究——基于湖北数据的分析》，《中南财经政法大学学报》2018 年第 1 期。

王小林、冯贺霞：《2020 年后中国多维相对贫困标准：国际经验与政策取向》，《中国农村经济》2020 年第 3 期。

王卓：《论暂时贫困、长期贫困与代际传递》，《社会科学研究》2017 年第 2 期。

王卓、时玥：《彝族贫困代际传递现状及影响因素研究》，《中国人口科学》2019 年第 3 期。

王卓、张伍呷：《凉山彝族婚姻制度的松动与走向研究——兼析彝族贫困代际传递的原因》，《西南民族大学学报》（人文社会科学版）2018 年第 3 期。

王志章、刘天元：《连片特困地区农村贫困代际传递的内生原因与破解路径》，《农村经济》2016 年第 5 期。

王志章、杨珂凡：《教育阻断边疆民族地区代际贫困的具体路理——基于云南省怒江傈僳族自治州泸水市老窝镇的实地调查》，《云南师范大学学报》（哲学社会科学版）2020 年第 4 期。

万兰芳、向德平：《中国减贫的范式演变与未来走向：从发展主义到福利治理》，《河海大学学报》（哲学社会科学版）2018 年第 2 期。

王昶、王三秀：《福利治理下的能力正义：内涵、价值及困境消解——兼论我国扶贫新情境下能力福利正义塑造》，《学习与实践》2021 年第 6 期。

王卓、郭真华：《中国相对贫困长效治理机制构建研究——基于英美福利治理的反思》，《农村经济》2021 年第 11 期。

王亚军、郑晓冬、方向明：《留守经历对农村儿童长期发展影响的研究进展》,《中国农业大学学报》2021 年第 9 期。

王小林、Sabina Alkire:《中国多维贫困测量:估计和政策含义》,《中国农村经济》2009 年第 12 期。

汪为、吴海涛、郑家喜:《城乡家庭多维贫困测度及影响因素研究——来自内蒙古的证据》,《干旱区资源与环境》2018 年第 7 期。

汪三贵、孙俊娜:《全面建成小康社会后中国的相对贫困标准、测量与瞄准——基于 2018 年中国住户调查数据的分析》,《中国农村经济》2021 年第 3 期。

王卓:《中国相对贫困的标准建构与测度——基于 2021 年四川专题调查》,《社会保障评论》2022 年第 2 期。

王卓、王璇:《多维贫困视角下贫困人口扶贫认可度及影响因素研究——基于西南地区三个贫困县的实地调查》,《农村经济》2020 年第 5 期。

吴继煜、周鹏飞、贾洪文:《多维因素视域下贫困人口代际传递特征研究》,《人口学刊》2021 年第 4 期。

吴重涵、戚务念:《留守儿童家庭结构中的亲代在位》,《华东师范大学学报》(教育科学版)2020 年第 6 期。

王一:《后 2020"参与式"反贫困路径探索》,《社会科学战线》2019 年第 5 期。

王卓、徐杰:《面向共同富裕的相对贫困治理研究——基于积极社会政策视角》,《西北师大学报》(社会科学版)2022 年第 3 期。

谢大伟:《易地扶贫搬迁移民的可持续生计研究——来自新疆南疆深度贫困地区的证据》,《干旱区资源与环境》2020 年第 9 期。

徐慧:《转型期农村贫困代际转移、影响因素及对策研究》,《经济体制改革》2016 年第 3 期。

谢治菊、李小勇:《您在他乡还好吗?——易地扶贫搬迁农户五层级社会适应研究》,《福州大学学报》(哲学社会科学版)2022 年第 2 期。

解安、侯启缘:《中国相对贫困多维指标建构——基于国际比较视角》,《河北学刊》2021 年第 1 期。

谢家智、车四方:《农村家庭多维贫困测度与分析》,《统计研究》2017 年第 9 期。

解韬、谢清华：《社会排斥理论视角下的残疾儿童研究》，《残疾人研究》2014 年第 3 期。

熊猛、刘若瑾、叶一舵：《单亲家庭儿童相对剥夺感与心理适应的循环作用关系：一项追踪研究》，《心理学报》2021 年第 1 期。

谢岳：《中国贫困治理的政治逻辑——兼论对西方福利国家理论的超越》，《中国社会科学》2020 年第 10 期。

姚建平：《儿童现金转移支付模式：国际比较与路径选择》，《社会保障评论》2020 年第 4 期。

杨晨晨、刘云艳：《早期儿童多维贫困测度及致贫机理分析——基于重庆市武陵山区的实证研究》，《内蒙古社会科学》（汉文版）2019 年第 3 期。

杨爽：《儿童照顾的"家庭化"与"去家庭化"——日本育儿支援政策分析与启示》，《社会建设》2021 年第 2 期。

闫坤、孟艳：《教育阻断贫困代际传递模式的国际比较研究》，《国外社会科学》2019 年第 6 期。

杨善华、孙飞宇：《作为意义探究的深度访谈》，《社会学研究》2005 年第 5 期。

杨立雄、谢丹丹：《"绝对的相对"，抑或"相对的绝对"——汤森和森的贫困理论比较》，《财经科学》2007 年第 1 期。

姚进忠：《福利研究新视角：可行能力的理论起点、内涵与演进》，《国外社会科学》2018 年第 2 期。

杨颖、孙俊、陈娟：《边疆民族地区县域农村学校空间布局合理性研究——以云南省 Y 县为例》，《学术探索》2019 年第 7 期。

杨烁晨、余劲：《家庭生命周期视角下风险冲击对贫困的影响——基于秦巴山连片贫困区的实证分析》，《干旱区资源与环境》2020 年第 8 期。

尹吉东：《从适度普惠走向全面普惠：中国儿童福利发展的必由之路》，《社会保障评论》2022 年第 2 期。

严仲连：《我国社区儿童服务的问题与对策》，《社会科学家》2016 年第 1 期。

张会萍、石铭婷：《易地扶贫搬迁女性移民的社会适应研究——基于宁夏"十三五"不同安置方式的女性移民考察》，《宁夏社会科学》2021

年第 3 期。

张时飞、唐钧：《中国的贫困儿童：概念与规模》，《河海大学学报》（哲学社会科学版）2009 年第 4 期。

祝建华：《缓解贫困代际传递的低保家庭子女补贴制度设计》，《江汉学术》2013 年第 3 期。

张浩淼、朱杰：《贫困对儿童的影响及社会保障政策回应——基于三个理论视阈的分析》，《治理研究》2021 年第 3 期。

赵蜜：《儿童贫困表征的年龄与城乡效应》，《社会学研究》2019 年第 5 期。

仲超、林闽钢：《中国相对贫困家庭的多维剥夺及其影响因素研究》，《南京农业大学学报》（社会科学版）2020 年第 4 期。

周铮毅、应瑞瑶、徐志刚、孙顶强：《农村家庭贫困的代际传导路径：来自江苏省的经验证据》，《人口与发展》2015 年第 3 期。

郑震：《社会学方法的综合——以问卷法和访谈法为例》，《社会科学》2016 年第 11 期。

周沛：《"福利整合"与"福利分置"：老年残疾人与残障老年人的福利治理》，《内蒙古社会科学》2020 年第 3 期。

张婷皮美、石智雷：《父母外出务工对农村留守儿童心理健康的影响研究》，《西北人口》2021 年第 4 期。

赵媛、王远均、杨柳、淳姣：《基于弱势群体信息获取现状的弱势群体信息获取保障水平和标准研究》，《情报科学》2016 年第 1 期。

张赟：《多维视角下的贫困群体的实证分析——以贫困儿童和流动妇女为样本》，《经济问题》2018 年第 6 期。

翟高远：《论我国儿童家庭暴力防治体系的合理构建》，《东南大学学报》（哲学社会科学版）2020 年第 A1 期。

赵雪雁、李东泽、李巍、严江平：《西北地区农村儿童日常生活时空间特征研究》，《人文地理》2018 年第 3 期。

邹薇、方迎风：《怎样测度贫困：从单维到多维》，《国外社会科学》2012 年第 2 期。

邹薇、方迎风：《关于中国贫困的动态多维度研究》，《中国人口科学》2011 年第 6 期。

张全红、周强：《中国贫困测度的多维方法和实证应用》，《中国软科学》2015 年第 7 期。

张月云、谢宇：《低生育率背景下儿童的兄弟姐妹数、教育资源获得与学业成绩》，《人口研究》2015 年第 4 期。

张增修、卢凤、曾凡林：《让儿童成为儿童问题的研究者——促进儿童参与研究的策略》，《基础教育》2017 年第 5 期。

四　外文著作

Cassiem, S., *Are Poor Children Being Put First? Child Poverty and the Budget* 2000, Idasa, 2000.

Dietrich, R., & James, M., *Comparative Historical Analysis in the Social Sciences*, Cambridge: Cambridge University Press, 2003.

Gordon, D., Nandy, S., & Pantazis, C., Pemberton S, Townsend P, Child Poverty in the Developing World, Bristol: The Policy Press, 2003.

Gordon, D., Levitas, R., Pantazis, C., Patsios, D., Payne, S., & Townsend, P., *Poverty and Social Exclusion in Britain*, London: Joseph Rowntree Foundation, 2000.

Kirsch, I. H, Braun, M. L., & Lennon, A., *Choosing Our Future: A Story of Opportunity in America*, Princeton: Educational Testing Service Project, 2016.

Lewis, O., *Five Families: Mexican Case Studies in the Culture of Poverty*, New York: Basic Books, 1959.

Minujin, A., & Nandy, S., *Global Child Poverty and Well-being: Measurement, Concepts, Policy and Action*, Bristol: The Policy Press, 2012.

Pantazis, C., Gordon, D., & Levitas, R., *Poverty and Social Exclusion in Britain*, Bristol: The Policy Press, 2006.

Rothwell, R., & Zegveld, W., *Reindusdalization and Technology*, London: Longman Group Limited, 1985.

Townsend, P., *Poverty in the United Kingdom*, London: University of Califomia Press, 1979.

五　外文期刊论文

Alkire, S., Foster, J., "Counting and Multidimensional Poverty Measurement", *Journal of Public Economics*, Vol. 95, No. 7(2011): 476-487.

Agyire-Tettey, F., Asuman, D., Ackah, C. G., et al., "Multidimensional Child Poverty in Ghana: Measurements, Determinants, and Inequalities", *Child Indicators Research*, Vol. 14, No. 3(2020): 957-979.

Adams, T., Corcoran, M. E., "Family and Neighborhood Welfare Dependency and Sons' Labor Supply", *Journal of Family & Economic Issues*, Vol. 16, No. 2(1995): 239-264.

Biggeri, M., Ferrone, L., "Measuring Child Multidimensional Deprivation: A Sustainability Perspective", *Sustainability*, Vol. 13, No. 7(2021): 22-39.

Baker, R. S., "The Changing Association Among Marriage, Work, and Child Poverty in the United States, 1974-2010", *Journal of Marriage and Family*, Vol. 77, No. 5(2015): 1166-1178.

Berzin, S. C., "Difficulties in the Transition to Adulthood: Using Propensity Scoring to Understand What Makes Foster Youth Vulnerable", *Social Service Review*, Vol. 82, No. 2(2008): 171-196.

Bird, K., Shinyekwa, I., "Even the Rich are Vulnerable: Multiple Shocks and Downward Mobility in Rural Uganda", *Development Policy Review*, Vol. 23, No. 1(2010): 55-85.

Bode, I., "Disorganized Welfare Mixes: Voluntary Agencies and New Governance Regimes in Western Europe", *Journal of European Social Policy*, Vol. 16, No. 4(2006): 346-359.

Biggeri, M., Libanora, R., Mariani, S., et al., "Children Conceptualizing Their Capabilities: Results of a Survey Conducted during the First Children's World Congress on Child Labour", *Journal of Human Development*, Vol. 7, No. 1 (2006): 59-83.

Bartlett, S., "Does Inadequate Housing Perpetuate Children's Poverty?", *Childhood*, Vol. 5, No. 4(1998): 403-420.

Chzhen, Y., de Neubourg, C., Plavgo, I., de Milliano, M., "Child Poverty in the European Union: The Multiple Overlapping Deprivation Analysis Approach (EU-MODA)", *Child Indicators Research*, Vol. 9, No. 2 (2016): 335-356.

Chen, W. H., Corak, M., "Child Poverty and Changes in Child Poverty", *Demography*, Vol. 45, No. 3(2008): 537-553.

Curran. M. A., "The Efcacy of Cash Supports for Children by Race and Family Size: Understanding Disparities and Opportunities for Equity", *Race and Social Problems*, Vol. 13, No. 4(2021): 34-48.

Courtney, M. E., Hook, J. L., Lee, J. S., "Distinct Subgroups of Former Foster Youth during Young Adulthood: Implications for Policy and Practice", *Child Care in Practice*, Vol. 18, No. 4(2012): 409-418.

Corrales, T., Waterford, M., Goodwin-Smith, I., et al., "Childhood Adversity, Sense of Belonging and Psychosocial Outcomes in Emerging Adulthood: A Test of Mediated Pathways", *Children and Youth Services Review*, Vol. 63, No. 2(2016): 110-119.

Dutta, S., "Multidimensional Deprivation among Children in India and Bangladesh", *Child Indicators Research*, Vol. 14, No. 2(2021): 917-955.

Dirksen, J., Alkire, S., "Children and Multidimensional Poverty: Four Measurement Strategies", *Sustainability*, Vol. 13, No. 1(2021): 1-36.

Defina, R. H., Hannon, L., "The Impact of Adult Incarceration on Child Poverty: A County-Level Analysis, 1995-2007", *The Prison Journal*, Vol. 90, No. 4(2010): 377-396.

del Río, M. F., Strasser, K., "Chilean Children's Essentialist Reasoning about Poverty", *British Journal of Developmental Psychology*, Vol. 29, No. 4 (2011): 722-743.

Eamon, M. K., Wu, C. F., Zhang, S., "Effectiveness and Limitations of the Earned Income Tax Credit for Reducing Child Poverty in the United States", *Children and Youth Services Review*, Vol. 31, No. 8(2009): 919-926.

Evers, A., "Mixed Welfare Systems and Hybrid Organizations: Changes in the Governance and Provision of Social Services", *International Journal of Public*

Administration, Vol. 28, No. 10(2005): 737-748.

Fonta, W. M., Nkwenkeu, S. F., Mukesh, L., et al., "Multidimensional Poverty Assessment among Adolescent Children in the Mouhoun Region of Burkina Faso, West Africa", *Child Indicators Research*, Vol. 12, No. 4(2019): 1287-1318.

Fintel, M. V., "Chronic Child Poverty and Health Outcomes in South Africa Using a Multidimensional Poverty Measure", *Child Indicators Research*, Vol. 14, No. 4(2021): 1571-1596.

Ferriss, A. L., "Social Structure and Child Poverty", *Social Indicators Research*, Vol. 78, No. 3(2006): 453-472.

Friedman, S., Lichter, D. T., "Spatial Inequality and Poverty among American Children", *Population Research and Policy Review*, Vol. 17, No. 2 (1998): 91-109.

Fazzi, L., "Social Workers' Views on Community Involvement in Child Protection Work in Italy", *Child and Family Social Work*, Vol. 24, No. 1(2019): 1-8.

François-Xavier, M., "Governance and Modern Welfare States" *International Social Science Journal*, Vol. 50, No. 155(1998): 57-67.

Hanson, J. L., "Nacewicz B M. Amygdala Allostasis and Early Life Adversity: Considering Excitotoxicity and Inescapability in the Sequelae of Stress", *Frontiers in Human Neuroscience*, Vol. 25, No. 1(2020): 1-23.

Harper, C., Marcus, R., Moore, K., et al., "Enduring Poverty and the Conditions of Childhood: Life Course and Intergenerational Poverty Transmissions", *World Development*, Vol. 31, No. 3(2003): 535-554.

Haurin, D. R., Parcel, T. L., Haurin, R. J., "The Impact of Homeownership on Child Outcomes. Low-Income Homeownership Working Paper Series", *Academic Achievement*, Vol. 1, No. 4(2001): 1-23.

Heckman, J., "The Developmental Origins of Health", *Health Economics*, Vol. 21, No. 1(2012): 24-29.

Hillis, S., Mercy, J., Amobi, A., et al., "Global Prevalence of Past-year Violence Against Children: A Systematic Review and Minimum Estimates",

Pediatrics: Official Publication of the American Academy of Pediatrics, Vol. 137, No. 3(2016) : 1-13.

Jessop, B., "The Changing Governance of Welfare: Recent Trends in Its Primary Functions, Scale, and Modes of Coordination", *Social Policy & Administration*, Vol. 33, No. 4(1999) : 348-359.

Joern, H., Michael, P., Malte, S., Volker, H., "The Two Faces of Market Support—How Deployment Policies Affect Technological Exploration and Exploitation in the Solar Photovoltaic Industry", *Research Policy*, Vol. 42, No. 4 (2013) : 989-1003.

Kim, E., Nandy, S., "Multidimensional Child Poverty in Korea: Developing Child-Specific Indicators for the Sustainable Development Goals", *Child Indicators Research*, Vol. 11, No. 3(2018) : 1029-1050.

Lichter, D. T., Qian, Z. C., Crowley, M. L., "Child Poverty Among Racial Minorities and Immigrants: Explaining Trends and Differentials", *Social Science Quarterly*, Vol. 86, No. 5(2005) : 1037-1059.

Lesner, R. V., "The Long-term Effect of Childhood Poverty", *Journal of Population Economics*, Vol. 31, No. 3(2018) : 1-36.

Minujin, A., Delamonica, E., Davidziuk, A., et al., "The Definition of Child Poverty: A Discussion of Concepts and Measurements", *Environment and Urbanization*, Vol. 18, No2(2006) : 481-500.

Main, G., Bradshaw, J., "Child Poverty in the UK: Measures, Prevalence and Intra-household Sharing", *Critical Social Policy*, Vol. 36, No. 1 (2016) : 38-61.

Milliano, M. D., Plavgo, I., "Analysing Multidimensional Child Poverty in Sub-Saharan Africa: Findings Using an International Comparative Approach", *Child Indicators Research*, Vol. 11, No. 3(2018) : 805-833.

Musiwa, A. S., "Extent and Depth of Child Poverty and Deprivation in Zimbabwe: A Multidimensional Deprivation Approach", *Child Indicators Research: The official Journal of the International Society for Child Indicators*, Vol. 13, No. 3(2020) : 885-915.

Mohaqeqi, K., Ghaedamini, H., Makki, A., et al., "Multidimensional

Child Poverty Index in Iran: Distribution of Deprivation across Provinces ", *Journal of Poverty*, Vol. 23, No. 4(2019) : 353-364.

Magadi, M., "Risk Factors for Severe Child Poverty in the UK", *Journal of Social Policy*, Vol. 39, No. 2(2010) : 297-316.

Magnuson, K., Votruba-Drzal E, " Enduring Influences of Childhood Poverty", *Focus*, Vol. 26, No. 2(2009) : 271-282.

Michael, M. L., Rank, M. R., "Estimating the Economic Cost of Childhood Poverty in the United States", *Social Work Research*, Vol. 42, No. 2 (2018) : 73-83.

Milena, B., "Examining the Interaction between Vertical and Horizontal Dimensions of State Transformation", *Cambridge Journal ofRegions Economy and Society*, Vol. 2, No. 1(2009) : 35-49.

Qi, D., Wu, Y., "Child Poverty in China-A Multidimensional Deprivation Approach", *Child Indicators Research*, Vol. 7, No. 1(2014) : 89-118.

Roelen, K., Gassmann, F., de Neubourg, C., "The Importance of Choice and Definition for the Measurement of Child Poverty-The Case of Vietnam", *Child Indicators Research*, Vol. 2, No. 3(2009) : 245-263.

Ranjith, S., Rupasingha, A., "Social and Cultural Determinants of Child Poverty in the United States", *Journal of Economic Issues*, Vol. 46, No. 1(2012) : 119-142.

Robeyns, I., "The Capability Approach: A Theoretical Survey", *Journal of Human Development and Capabilities*, Vol. 6, No. 1(2005) : 93-117.

Saunders, P., Brown, J. E., "Child Poverty, Deprivation and Well-Being: Evidence for Australia", *Child Indicators Research*, Vol. 13, No1(2020) : 1-18.

Stewart, K., Roberts, N., " Child Poverty Measurement in the UK: Assessing Support for the Downgrading of Income-Based Poverty Measures ", *Social Indicators Research*, Vol. 142, No. 2(2019) : 523-542.

Schilling, E. A., Aseltine, R. H., Gore, S., "The Impact of Cumulative Childhood Adversity on Young Adult Mental Health: Measures, Hodels, and Interpretations", *Social Science & Medicine*, Vol. 66, No. 1(2008) : 1140-1151.

Sen, A., "Issues in the Measurement of Poverty", *Scandinavian Journal of*

Economics, Vol. 81, No. 2(1979) : 285-307.

Smith, C. A., Smith, C. J., Kearns, R. A., et al., "Housing Stressors, Social Support and Psychological Distress", *Social Science & Medicine*, Vol. 37, No. 5(1993) : 603-612.

Voss, P. R., Long, D. D., Friedman, H. S., "County Child Poverty Rates in the US: A Spatial Regression Approach", *Population Research and Policy Review*, Vol. 25, No. 4(2006) : 369-391.

Verdeyen, V., Buggenhout, B. V., " Social Governance: Corporate Governance in Institutions of Social Security, Welfare and Healthcare", *International Social Security Review*, Vol. 56, No. 2(2003) : 45-64.

Wood, D. L., "Poverty and Child Health in the United States", *Pediatrics*, Vol. 137, No. 4(2016) : 1-16.

Wang, X., Zhou, L., Shang, X., " Child Poverty in Rural China: Multidimensional Perspective", *Asian Social Work and Policy Review*, Vol. 9, No. 2(2015) : 109-124.

Yamamori, T., "The Smithian Ontology of Relative Poverty: Revisiting the Debate between Amartya Sen and Peter Townsend", *Journal of Economic Methodology*, Vol. 26, No. 1(2019) : 70-80.

六 报告类文献

Agency, C., *CIDA's Action Plan on Child Protection*, Canadian International Development Agency, 2001.

CCF, *Understanding How Children Experience and Respond to Poverty*, New York: UNICEF, 2004.

Feeny, T., Boyden, J. O., *Children and Poverty: A Review of Contemporary Literature and Thought on Children and Poverty*, Christian Children's Fund, 2003.

Gordon, D., Nandy, S., Pantazis, C., Pemberton, S., Townsend, P., *The Distribution of Child Poverty in the Developing World*, Bristol: Center for International Poverty Research, 2003.

United Nations Children's Fund, *A Familiar Face: Violence in the Lives of*

Children and Adolescents, New York: UNICEF, 2017.

UNICEF, *The State of the World of the Children* 2005 – *Childhood under Threat*, New York: UNICEF, 2005.

UNICEF, *Seen Counted, Included: Using Data to Shed Light on the Well-Being of Children with Disabilities*, New York: United Nations Children's Fund, 2022.

七 网络文献

UNDP：Multidimensional Poverty Index 2021：Unmasking Disparities by Ethnicity，Caste and Gender，http：//hdr. undp. org/en/2021-MPI.

UNICEF：Children Living in Poverty：Overview of Definitions，Measurements and Policies，https：//equityforchildren. org/2009/09/children-living-in-poverty-overview-of-definitions-measurement-and-policies/.

《未成年人遭受家庭暴力案件调查与研究报告》，北京青少年法律援助与研究中心网站，https：//chinachild. org/index. php/2014/09/24/。

《中国农村扶贫开发纲要（2011—2020 年）》，联合国儿音基金会网站，http：//www. gov. cn/gongbao/content/2011/content_2020905. htm。

《九十年代中国儿童发展规划纲要》，找法网，https：//china. findlaw. cn/fagui/p_1/346158. html。

《中国经验 全球视角：联合国儿童基金会在华合作项目概览》，联合国儿童基金会网站，https：//www. unicef. cn/reports/unicef-china-and-beyond。

《经济、社会、文化权利国际公约》，中国人权网，https：//www. humanrights. cn/1966/12/16/0cd4fca6b1f244f8af2140aeacf7ee94. html。

《联合国可持续发展目标（SDGs）》，联合国网站，https：//www. un. org/sustainabledevelopment/zh/sustainable-development-goals/。

《校园暴力和欺凌：全球现状和趋势、驱动因素和后果》，联合国教科文组织网站，https：//www. unesco. org/en。

《儿童权利公约》，联合国儿童基金会网站，https：//www. unicef. org/zh/%E5%84%BF%E7%AB%A5%E6%9D%83%E5%88%A9%E5%85%AC%E7%BA%A6/%E5%84%BF%E7%AB%A5%E6%9D%83%E5%88%A9%

E5%85%AC%E7%BA%A6%E6%96%87%E6%9C%AC。

《中华人民共和国义务教育法》，中国人民政府网，https：//www.gov.cn/guoqing/2021-10/29/content_5647617.htm。

《中华人民共和国民法通则》，中国人大网，http：//www.npc.gov.cn/zgrdw/npc/lfzt/rlyw/2016-07/01/content_1992730.htm。

《国务院关于印发中国妇女发展纲要和中国儿童发展纲要的通知》，中国人民政府网，http：//www.gov.cn/zhengce/zhengceku/2021-09/27/content_5639412.htm。

《中华人民共和国国民经济和社会发展第十一个五年规划纲要》，中国政府网，http：//www.gov.cn/gongbao/content/2006/content_268766.htm。

《中国儿童发展纲要（2001—2010年）》，中华人民共和国国家卫生健康委员会官网，http：//www.nhc.gov.cn/cms-search/xxgk/getManuscriptXxgk.htm?id=18202。

《中国儿童福利示范项目年度报告2015》，联合国儿童基金网站，https：//www.unicef.cn/reports/barefoot-social-worker-annual-report-2015。

《"健康中国2030"规划纲要》，中国政府网，http：//www.gov.cn/xinwen/2016-10/25/content_5124174.htm。

《中共中央 国务院关于打赢脱贫攻坚战的决定》，中国政府网，http：//www.gov.cn/xinwen/2015-12/07/content_5020963.htm。

《中共中央 国务院关于打赢脱贫攻坚战三年行动的指导意见》，中国政府网，http：//www.gov.cn/zhengce/2018-08/19/content_5314959.htm。

《国务院关于印发"十三五"脱贫攻坚规划的通知》，中国政府网，http：//www.gov.cn/zhengce/content/2016-12/02/content_5142197.htm。

附　录

附录一　易地扶贫搬迁儿童相对贫困问题
调查问卷

亲爱的家长/同学：

　　您好！非常感谢您抽出宝贵时间来填写这份问卷。我们是××××课题组。本书的目的在于掌握现阶段我国易地扶贫搬迁社区处于义务教育阶段7~15岁儿童相对贫困的现状特征及其影响因素，从而制定出一套切实可行的易地扶贫搬迁儿童相对贫困治理政策方案。您填答的信息极为重要，是本书构建易地扶贫搬迁儿童相对贫困多维测度标准和识别指标体系的重要依据。调查问卷采用实名填写方式，答案无对错之分，请您根据自身实际情况如实填答。调查数据只作整体分析，仅供科学研究之用。对于您所填写的一切信息，我们将按照《中华人民共和国统计法》予以严格保密，不会泄露给任何个人和机构。调查数据使用结束后，问卷将被集中粉碎销毁，请安心填答。

　　非常感谢您的支持！

××××

2021 年××月××日

受访人地址：____省____市____县____街道____（乡镇）____村

受访人姓名：_____联系电话：_____

访问员姓名：_____联系电话：_____

调查时间：____年____月____日

填答方式说明：请根据您的实际情况在对应的数字选项中打"√"即可。除了有特殊注明事项之外，其他选项均为单选。

一　儿童问卷

A 部分：基本信息

A1. 性别：1. 男　2. 女

A2. 民族：1. 汉族　2. 少数民族（具体是：____）

A3. 出生日期：____年____月____日

A4. 户口状况：1. 农业户口　2. 非农户口　3. 没有户口

A5. 现在是否在上学？0. 否　1. 是（具体是：____年级）

A5.1 是否上过幼儿园/学前班？0. 否　1. 是　2. 没有幼儿园

A5.2 从哪年开始入学读书（不含幼儿园）？____年

A6. 现在的身高是：____（厘米）

A7. 现在的体重是：____（斤）

A8. 是否独生子女？0. 否　1. 是

A8.1 家中有多少个亲兄弟姐妹：____个

A9. 过去 12 个月，是否因病去医院或医疗场所看病？0. 否　1. 是（具体是：____次）

A9.1 是否有（先天/后天）残疾？0. 否　1. 是（具体是：____）

A10. 有无医疗保险？0. 否　1. 是

B 部分：日常生活

B1. 目前，你在家里主要由谁照管？

　　1. 父亲　2. 母亲　3. （外）祖父母　4. 亲戚　5. 无人照顾

　　6. 其他

B2. 过去 12 个月，父母是否外出打工挣钱？0. 否　1. 是

B2.1 父母外出打工形式：1. 父亲单方外出　2. 母亲单方外出

　　3. 父母双方外出

B3. 是否享受社区儿童服务（如社区儿童之家）？0. 否　1. 是

B4. 每天吃饭餐数：1. 一餐　2. 二餐　3. 三餐及以上

B5. 每天感觉能否吃饱？0. 不清楚　1. 否　2. 能

B6. 家里有无《新华字典》？0. 无　1. 有

B7. 一般情况下，你平时主要通过哪些传播媒介获取信息资料？（多选）

　　0. 缺媒介　1. 电视　2. 广播　3. 报纸　4. 杂志

　　5. 互联网　6. 手机　7. 其他

B8. 从你家到就读学校有多远？（＿＿公里）

B8.1 到就读学校所需时间：（＿＿分钟）

B9. 从你家到最近的医疗诊所/医院有多远？（＿＿公里）

B9.1 到最近医疗机构所需时间：（＿＿分钟）

B10. 过去 12 个月，是否在家中被监护人打骂过？

　　0. 没有　1. 偶尔　2. 经常

B11. 过去 12 个月，是否在学校被老师或同学打骂过？

　　0. 没有　1. 偶尔　2. 经常

B12. 过去 12 个月，是否在校外被他人欺负过（如抢东西、言语攻击、肢体冲突等）？

　　0. 没有　1. 偶尔　2. 经常

B13. 是否能自由支配日常生活（如去哪儿玩、和谁一起玩、几点回家等）？

　　0. 否　1. 是

B14. 是否能自主决定学习（如学什么、怎么学、何时学等）？

　　0. 否　1. 是

B15. 是否能自主决定自己的兴趣爱好（如玩游戏、做手工、打篮球等）？

　　0. 否　1. 是

二 家庭问卷

A 部分：基本信息

A1. 您的性别：1. 男　2. 女

A2. 您的出生日期：＿＿＿年＿＿＿月＿＿＿日

A3. 您的民族：1. 汉族　2. 少数民族（具体是：＿＿＿）

A4. 您的政治面貌：1. 群众　2. 党员

A5. 您的受教育水平：1. 文盲或半文盲　2. 小学　3. 初中及以上

A6. 您的婚姻状况：1. 未婚　2. 已婚　3. 离异　4. 丧偶　5. 其他

A7. 您是否户主（家庭实际管理者）？0. 否　1. 是

B 部分：家庭情况

B1. 您的家庭户籍人口数：＿＿＿人；家庭常住人口数：＿＿＿人。

B2. 您家是否被列为本地的低保户？0. 否　1. 是（具体是：＿＿＿人）

B3. 您家是否有外债（含贷款）？0. 无　1. 有

B4. 您家现住房的建筑面积是多少平方米？＿＿＿平方米

B5. 您家的饮用水来源主要是哪种？

　　0. 缺水　1. 江河湖水、雨水、窖水　2. 浅井水（深度<5 米）

　　3. 自来水　4. 桶装水/纯净水/过滤水　5. 池塘水/山泉水

　　6. 其他

B6. 您家常用的厕所是哪种？

　　0. 没有厕所、随地方便　1. 无独立厕所（公用厕所）

　　2. 室外非冲水厕所（如旱厕）　3. 室内非冲水厕所

　　4. 室外冲水厕所　5. 室内冲水厕所

B7. 您家最主要的做饭燃料是哪种？

　　0. 缺燃料　1. 柴草、秸秆、牲畜粪便

　　2. 灌木、木柴、木炭或煤　3. 罐装煤气/液化气

　　4. 天然气/管道煤气　5. 太阳能/沼气　6. 电　7. 其他

B8. 您家是否接入有线电视或互联网？0. 不知道　1. 否　2. 是

附录二　易地扶贫搬迁社区利益相关者
访谈提纲

　　您好！我是四川大学中国西部边疆安全与发展协同创新中心的一名在读博士研究生，现在需要耽误您 10 分钟左右的宝贵时间来完成一项关于儿童生存与发展状况的访谈。此次访谈主要以面对面的问答形式进行，访谈内容不涉及被访者的个人隐私，且访谈结果仅供科学研究之用。为了确保访谈资料的有效性和真实性，请如实回答每个问题。非常感谢您的支持与配合！

一　社区基层管理者

　　1. 可以简单介绍下社区搬迁儿童的基本生活状况吗？

　　2. 针对特殊困难儿童，社区实施的帮扶措施有哪些？成效如何？

　　3. 在社区儿童福利资源的提供过程中是否遇到了困难？是如何解决的？

　　4. 当前，社区"九年一贯制学校"的建设情况如何？

　　5. 您知道什么是儿童参与吗？您认为，社区或学校应从哪些方面为儿童的参与提供支援？

　　6. 随着搬迁群众的稳定入住，社区是如何解决他们的生计发展问题的？

　　7. 您觉得，应该如何提升易地扶贫搬迁后续的儿童公共服务质量？

二　社区社工站负责人

　　1. 在日常的儿童服务过程中，您觉得社区儿童对于哪些方面的需求比较迫切？

　　2. 您通常会通过何种途径去满足他们反映的这些需求？取得的效果如何？

3. 儿童在社区遭受同伴排斥或欺负的情况如何？您觉得出现此种现象的原因是什么？

4. 针对社区儿童的服务管理工作，您认为哪些方面还需要引起相关部门的重视？

5. 您觉得，社会组织和高校志愿者能够为这些儿童做些什么？

三　社区搬迁居民

1. 可以简单介绍下您家的基本生活情况吗？

2. 您的家庭开支主要用于哪些方面？对于孩子的教育培养及资金投入如何？

3. 目前，您主要从事什么工作？是通过何种渠道实现就业的？

4. 搬迁到这里生活后，您参加过相关的就业技能培训吗？

5. 您在这里有亲戚或者朋友吗？平常在生活上遇到困难的话会互相帮忙吗？

6. 您了解国家相关社会救助政策的申请程序、标准以及条件吗？

7. 除了领取低保补贴外，当地政府或社区是否还为您（或孩子）提供了其他帮扶？

8. 您认为，今后政府或社区应该在哪些方面加强搬迁群众和随迁儿童的生活保障力度？

图书在版编目（CIP）数据

易地扶贫搬迁儿童相对贫困的多维测度与治理／郭
真华著. -- 北京：社会科学文献出版社，2024.12.
ISBN 978-7-5228-4620-0

Ⅰ. D632.4

中国国家版本馆 CIP 数据核字第 2024NS3346 号

易地扶贫搬迁儿童相对贫困的多维测度与治理

著　　者／郭真华

出 版 人／冀祥德
组稿编辑／黄金平
责任编辑／吕　剑
文稿编辑／郭晓彬
责任印制／王京美

出　　　版／社会科学文献出版社·文化传媒分社 （010）59367004
　　　　　　地址：北京市北三环中路甲 29 号院华龙大厦　邮编：100029
　　　　　　网址：www.ssap.com.cn
发　　　行／社会科学文献出版社 （010）59367028
印　　　装／三河市龙林印务有限公司

规　　　格／开　本：787mm×1092mm　1/16
　　　　　　印　张：13　字　数：215 千字
版　　　次／2024 年 12 月第 1 版　2024 年 12 月第 1 次印刷
书　　　号／ISBN 978-7-5228-4620-0
定　　　价／89.00 元

读者服务电话：4008918866